Couvertures supérieure et inférieure
en couleur

VOYAGE
D'UN FRANÇOIS
EN ITALIE.

TOME SEPTIEME.

VOYAGE D'UN FRANÇOIS EN ITALIE,

FAIT DANS LES ANNÉES 1765 & 1766.

Contenant l'Histoire & les Anecdotes les plus singulieres de l'Italie, & sa description; les Mœurs, les Usages, le Gouvernement, le Commerce, la Littérature, les Arts, l'Histoire Naturelle, & les Antiquités; avec des jugemens sur les Ouvrages de Peinture, Sculpture & Architecture, & les Plans de toutes les grandes villes d'Italie.

TOME SEPTIEME.

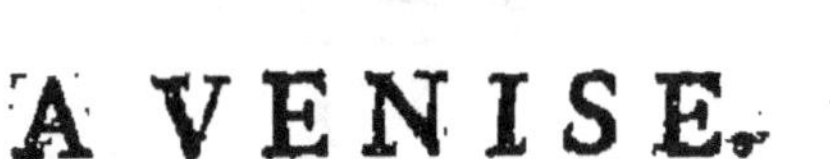

A VENISE.

Et se trouve A PARIS

Chez DESAINT, Libraire, rue du Foin.

M. DCC. LXIX.

Mi giovèrà narrar' altrui
Le novità vedute, e dir, io fui.
Gier. Liber. XV. 38.

VOYAGE EN ITALIE,

FAIT DANS LES ANNÉES 1765 & 1766.

CHAPITRE PREMIER.

Description du Pausilipe & de la route de Pouzol.

Nous ne pouvons mieux commencer la description des environs de Naples, que par le Pausilipe; c'est une montagne située le long du bassin de Naples, du côté du couchant; elle est ainsi appellée de Παῦσις τῆς λύπης, cessation de tristesse, nom qui répond très-bien à la beauté de sa situation.

La chose la plus singuliere du Pau-

Grotte du Pausilipe.

silipe est le chemin creusé au travers de la montagne, sur une longueur de 450 toises, & qu'on appelle *la Grotta*; elle fut commencée probablement pour en tirer de la pierre & du sable, & continuée pour abréger le chemin de Pouzol à Naples, qui passoit autrefois par-dessus la montagne; le peuple dit qu'elle fut faite par les enchantemens de Virgile, & cette fable est même rapportée dans la chronique de Jean Villani. *Celano* dit que ce furent les habitans de Cumes qui la creuserent, & cette ville qui fut en effet si célebre dans l'antiquité, pourroit bien avoir exécuté un aussi grand ouvrage, pour se faciliter le chemin de Naples, de Nola, & celui d'une partie de la Campanie; car ce genre d'ouvrages étoit fort du goût des anciens peuples d'Egypte, de Grece, de Sicile & d'Italie ([a]). Varron, (*de Re rust. L.* 3, 17.) semble l'attribuer à Lucullus. Strabon, L. V, l'attribue à Marcus Cocceius, & on l'a marqué de même dans

([a]) *Est & ibi fossa occulta* (Κρυπτὴ), *per montem Puteolis ac Neapoli interpositrum acta, eodem modo quo alium Cumas versum diximus fuisse ductum: viaque stadiorum multorum longitudine aperta est, in qua decedere occurrentia invicem jumenta possint · lumenque passim incisis in montis superficiem imminentem fenestris justam satis altitudinem demittitur.* Str.

une inscription qu'y fit placer le Duc de *Medina* las Torres; mais il est très-probable que cet ouvrage est plus ancien que la domination Romaine.

Le Viceroi Pierre de Tolede fit agrandir cette grotte, qui est actuellement large, haute & bien percée; elle a au moins 50 pieds de hauteur & 30 de largeur. Deux ouvertures ou soupiraux de la voûte y répandent un peu de jour, & dans le milieu il y a une chapelle dédiée à la Vierge. La direction de ce percé est telle, que vers la fin d'Octobre le soleil couchant l'éclaire dans toute sa longueur, d'où il suit qu'elle fait un angle de 18 degrés vers le sud avec la ligne de l'ouest, ou de 72 degrés avec la ligne du midi, du côté du couchant.

La pierre de cette grotte, aussi-bien que celles des grottes de Cumes, est dans certains endroits de la Pouzolane durcie; dans d'autres, une espece de moëllon tendre & d'un blanc jaunâtre, dont presque toute la montagne est formée. Naples est bâtie de cette pierre; celles des catacombes de *Capo di Monte* est à peu près de même; & si elles ont eu deux milles de longueur.

comme on le prétend, elles ont dû être aussi difficiles à percer que la grotte du Pausilipe. Il y a dans la même montagne du Pausilipe une carriere d'où l'on tire encore de la pierre tendre pour les bâtimens du Roi à Portici; mais la pierre bleuâtre que l'on tire sur le chemin de Pouzol pour le pavé de Naples, & quelqu'autres travaux publics, est une espece de lave de volcan. (M. Guétard, p. 367.)

Au-dessus de la grotte on voit encore les restes de l'ancien aqueduc qui portoit les eaux du Serino à la *Piscina Mirabile* de Misene, ancien réservoir dont nous aurons occasion de parler.

Tombeau de Virgile.

LE TOMBEAU DE VIRGILE est aussi sur cette colline, au-dessus même de l'entrée de la grotte, près de S. Antoine & dans la vigne du Marquis Salcitro. Cet endroit paroît designé dans Ælius Donat, Grammairien célebre, qui vivoit à Rome en 354, & qui dit dans la vie de Virgile que ses cendres ayant été transportées à Naples, par ordre d'Auguste, furent placées sur le chemin de Pouzol, *intra lapidem secundum*, c'est-à-dire, avant le deuxieme mille, Plusicurs Auteurs disent avoir vu le sarcophage ou l'urne cinéraire de Virgile, tels sont *Pietro di Stefano* & *Alfonso d'Eredia*, Evêque d'Ariano. Depuis long-temps ce n'est qu'une masure en forme de petite tour quarrée de dix à douze pieds de hauteur, & ouverte sur les côtés, comme une espece de lanterne.

Au-dessus de cette masure, parmi beaucoup de ronces, de pariétaires, de clématites & autres herbes sauvages, est un ancien laurier dont tous les voyageurs ont parlé; les uns disent qu'il est crû de lui-même, d'autres qu'on l'a planté, & même replanté dans ce siecle-ci; quoi qu'il en soit, il en est parlé dans l'inscription que fit faire le Vice-roi Pierre d'Arragon, au-dessus de la grotte:

> Ecce meas cineres tumulantia saxa coronat,
> Laurus rara solo vivida Pausilipi,
> Si tumulus ruat æternum hic monumenta Maronis;
> Servabit laurus laurifori cineres.

Virgilio Maroni super hanc rupem superstit, tumultuo sponte e vanis lauris coronato, sic lusit Aragon.

C'est ce tombeau que chantoit le Stace lorsqu'il s'applaudissoit d'être à Naples.

> .... Maronei sedens in margine Templi,
> Sumo animum ac magni tumulis accanto magistri.

Au plus haut de cette colline est l'Eglise de S. Strato, qui se présente de fort loin à la vue. En descendant du tombeau de Virgile on trouve la côte appellée Mergellina.

Tombeau de Sannazar.

SANTA MARIA DEL PARTO, Eglise des Servites ; elle est remarquable par le tombeau de Sannazar, qui est une curiosité du même genre que la précédente, & située sur la côte appellée Mergellina. Le Couvent fut fondé par Jacques *Sannazaro*, l'un des modernes les plus célebres pour la Poësie Latine, qui étoit né à Naples, & qui mourut en 1530. Il étoit Secretaire du Roi Frédéric II, qui fut dépouillé de son Royaume par Louis XII en 1501. Ce Prince lui avoit donné une maison de campagne, dans laquelle il y avoit une tour que Sannazar affectionnoit, & que Philibert, Prince d'Orange, Général des troupes de l'Empereur & Viceroi de Naples, fit abattre ; cela fit beaucoup de peine à Sannazar ; mais au lieu de la rétablir il y fit bâtir une Eglise qu'il appella *Santa Maria del Parto*, relativement à un grand & beau Poëme qu'il avoit fait *de Partu Virginis*. Sannazar ayant appris dans la suite que le Prince d'Orange avoit été tué dans un combat, il ne put s'empêcher de dire avec une espece de satisfaction, que Mars avoit été le vengeur des Muses : *la vendetta d'Appollo ha fatto Marte.* Après la mort de Sannazar les Servites, qui occupoient son Eglise, lui firent élever un très-beau mausolée derriere le chœur; il y est représenté au naturel. Deux statues de marbre décorent ce mausolée; elles représentoient Apollon & Minerve; mais un Viceroi voulant les enlever, sous prétexte que cela étoit trop peu édifiant dans une Eglise, les Religieux firent graver sur les piedestaux les noms de *David* & de *Judith*, au moyen dequoi elles se sont trouvé sanctifiées & hors de censure. On y voit aussi un bas-relief qui représente des Satyres, des Nymphes & des Tritons, pour faire allusion aux trois genres de poësie dans lesquels ce Poëte s'est distingué. Les figures sont de *Santa Croce*, Napolitain, achevées cependant par le Frere Ange *Poggi-Bonsi*, de l'Ordre des Servites. La disposition générale de ce monument est assez bien; mais la sculpture n'a rien qui puisse fixer l'attention des connoiſſeurs. Le Cardinal Bembo y a fait mettre ce diſtique où il compare avec raiſon Sannazar & Virgile, dont les tombeaux ſont ſi voiſins. Le nom de *Sincerus* ou *Azzio Sincero* étoit le nom paſtoral de Sannazar.

> Da ſacro cineri flores, hic ille Maroni
> Sincerus Muſâ proximus ut tumulo.

Au-deſſus du mauſolée de Sannazar on a peint une Renommée qui le couronne de lauriers, & un Parnaſſe avec le cheval Pégaſe; d'un côté la Prudence, de l'autre la Sageſſe; plus haut l'on a repreſenté la Grammaire, la Rhétorique, la Philoſophie, l'Aſtronomie. Il y a beaucoup d'autres peintures qui ſont toutes de Nicolas de Roſſi; le P. Nappi les fit faire en 1699, pour décorer davantage un endroit illuſtré par l'habibitation & le tombeau de ce grand Poëte.

On fait voir dans la premiere chapelle à droite, un tableau de S. Michel qui tient le diable ſous ſes pieds; on aſſure que Diomede Caraffa, Evêque d'Ariano, fit peindre ſous la figure du diable, une femme de qualité qui avoit des vues ſur lui, avec ces paroles : *Fecit victoriam, alleluia ;* il faisoit allusion au nom de cette Princesse, qui s'appelloit, dit-on, *Vittoria Avalos.* Ce Prélat mourut en 1550. Il y a dans le Couvent près de l'Eglise, un cabinet où l'on va pour y jouir du coup d'œil de la mer, qui est délicieux.

En suivant la côte on trouve un grand nombre de belles maisons, entr'autres, une ancienne maison de la Reine Jeanne. Les Vicerois & la premiere Noblesse de Naples y ont toujours eu des châteaux & des lieux de délices. L'endroit appellé *lo Scoglio*, est une promenade très-fréquentée par les carrosses, les gens de pied & les gondoles qui y abordent de toutes parts ; c'est-là où l'on va faire les soupers les plus agréables & les parties les plus intéressantes. Le Marquis de Carpio étant Viceroi, y donna des fêtes superbes, illuminations, feux d'artifices, courses de chevaux, combats de taureaux, & mit cet endroit fort à la mode ; on voit encore en été, les lundi au matin, beaucoup de felouques qui ramenent ceux qui ont été souper à Pausilipe.

Les promenades qui se font de nuit au Pausilipe & dans le bassin de Na- Lumiere de la mer.

ples, y occasionnent souvent le spectacle de la mer lumineuse; on a beaucoup écrit sur ce phénomene singulier, & la plupart des Physiciens ont cru que cette lumiere venoit d'un insecte phosphorique. Il y a véritablement dans la mer un insecte qui donne de la lumiere; c'est le *Nereis phosphorans* de Linnæus, (*Amœnitates Academicæ*, T. III. Dissert. 39).

On le trouve principalement au mois de Juin & de Juillet; il est blanc, mou, de la grosseur d'un petit grain de blé; on peut l'observer sur les feuilles de goesmont & sur celles dont se servent les marchands de poisson pour conserver leurs coquillages; car même au bout de deux ou trois jours on y retrouve encore ces animaux.

M. Vianelli qui en a donné la description, appelle cet insecte *Cicindela* ou *Lucioletta dell' acqua marina*; son ouvrage a pour titre, *Nuove scorpete intorno le luci notturne dell' acqua marina*. M. Grizellini en a donné aussi la description en François; son mémoire a pour titre *Nouvelles Observations sur la scolopendre marine*. M. l'Abbé Nollet qui a vu aussi ces petits animaux, en parle dans les Mémoires de l'Académie pour 1750, page 57, de même que Donati, dans son histoire naturelle de la mer Adriatique, & Bartolin dans son livre *de Luce animalium*; mais il faut bien distinguer la lumiere de ces insectes de celle qui est propre à l'eau de la mer, & que l'on y apperçoit en tout temps, quand on l'agite avec force; un coup de rame suffit pour produire un tourbillon de lumiere, & il y a des temps dans les pays chauds, où l'on voit toute la surface de la mer briller sans interruption; le sable même qu'elle a mouillé est quelquefois lumineux; cela vient ou d'une huile phosphorique de la mer, ou de la matiere électrique ou de quelqu'autre cause semblable. Voyez les Mémoires présentés à l'Académie, T. III. Ozanam & Beccari dans leurs Traités sur les phosphores.

La pointe ou promontoire appellée *Coroglio*, qui est vis-à-vis de l'isle de de Nisida, se fortifie ordinairement en temps de guerre, & il y a actuellement quelques redoutes qui furent faites après le départ des Anglois; c'est-là le poste que le Duc de Guise attaquoit en 1648, lorsque les Espagnols se remirent en possession, le 7 Avril, de la ville de Naples qu'il avoit espéré de leur enlever; cette pointe est à quatre milles du port. On y fait remarquer aux François une maison appellée *Palazzo delle canonnate*, depuis que les vaisseaux François la canonnerent, la prenant, dit-on, pour un fort. Un peu plus loin est l'endroit qu'on nomme *Gaiola*, qui signifie la grotte, parce que Lucullus y avoit fait tailler un endroit propre à prendre les bains; il y a un petit Temple fort ancien qu'on appelle *Scuola di Virgilio*, mais que l'on croit avoir été un Temple de la Fortune, d'après une inscription ancienne trouvée près delà. L'Eglise de *Santa Maria a Fortuna*, paroît avoir pris son nom du même Temple; cette Eglise a un grand concours de peuple le premier Dimanche après Pâques.

C'est au cap de Pausilipe qu'étoient les fameuses pêcheries de Vedius Pollion; car on y a trouvé un demi-buste du fils de Pollion. C'est aujourd'hui un rocher désert & couvert de broussailles, parmi lesquelles on voit les *Opuntia* ou figuiers d'Inde croître naturellement en pleine terre; c'est la plante sur laquelle vient la cochenille.

On double le cap de Pausilipe quand on va par mer à Pouzol & à Baies, & la plupart des voyageurs le font ainsi dans des felouques; cependant il est nécessaire d'y aller aussi par le côté de la Solfatare & du lac d'Agnano.

Lorsqu'on veut aller à Pouzol par le côté de la Solfatare, on n'a qu'une demie-lieue à faire au-delà de la grotte du Pausilipe pour arriver au lac d'Agnano. L'on trouve en chemin des ruines d'anciens édifices, & l'on voit sur la droite la montagne des Camaldules, qui est la plus haute des environs de Naples; elle domine même le château S. Elme : on appelloit l'Eglise *S. Salvadore à prospetto*, peut-être à cause de la belle vue qu'on y a; elle s'appelle actuellement *S. M. Scala cæli*, à l'occasion du songe mystérieux de S. Romuald, fondateur des Camaldules, qui voyoit ses Religieux monter au ciel par une échelle, au sommet de laquelle la Sainte Vierge les recevoit. Ce Couvent est riche; les dehors & les jardins en sont très-agréables. Ces Peres vivent dans la plus grande retraite; il y en a même qui ne sortent jamais, & qu'on appelle *Padri chius[illegible]* mais nous avons déja parlé de cet Ordre, (I. 230.)

Au-dessous de cette montagne est une carriere de pierre dure qu'on appelle à Naples *Piperno*, *pietra forte*, comme l'on appelle à Rome *Peperino* une pierre de taille dont nous avons parlé. Elle sert pour faire les portes & les fenêtres; il y a une centaine de forçats qui y travaillent, & cinquante soldats pour les garder, avec des barques pour le transport de la pierre.

Agnano. Les ruines de l'ancienne Agnano sont à peine suffisantes pour faire juger qu'il y ait eu une ville dans cet endroit; mais le lac d'Agnano est singulier en ce qu'il paroît quelquefois bouillonner sur ses bords, principalement quand il y a beaucoup d'eau; ce bouillonnement, semblable à celui de l'*acqua Zolfa* de la campagne de Rome, ne vient que de l'air où des vapeurs qui se font jour au travers de l'eau; il n'y a point de chaleur sensible dans ce lac. On y pêche de très-bonnes tanches, & l'on n'y voit rien de corrosif; on prétend qu'il est dangereux de s'y baigner, qu'il y a un insecte qui s'attache aux nageurs, & dont on ne peut se débarasser; mais j'ai peine à croire que ce ne soit pas un conte semblable à celui du Remora. Le plus grand danger de ce lac est celui du mauvais air en été, causé principalement par le chanvre qu'on y fait rouir; la plupart des habitans se retirent alors vers la montagne des Camaldules, pour éviter la puanteur & l'infection.

Etuves de S. Germain.

Sur le bord du lac d'Agnano sont les étuves de S. Germain, *stuffa di S. Germano*. Il y sort de la terre une vapeur chaude, qui, retenue par les bâtimens qu'on y a faits, suffit pour produire des sueurs abondantes & salutaires. *Falco* en fait l'éloge dans son livre, avec d'autant plus de complaisance, qu'il y avoit été guéri d'une grande maladie, appellée la Sydération, espece de putréfaction interne très-dangereuse. Il y a quatre chambres où l'on place les malades, qui la plupart se couchent sur des bancs de pierre, enveloppés dans une couverture. La chaleur y est de 39 à 40 degrés sur le thermometre de M. de Réaumur, suivant l'observation de M. de la Condamine, qui éprouva même que sa douleur de rhumatisme y étoit suspendue, (Mém. de l'Acad. pour 1757, p. 371). Il y a un endroit où la vapeur est plus condensée, & qui sert pour les maux de jambes.

On trouve dans les trous par où sort la vapeur, une matiere saline, jaune en aiguilles, qui est alumineuse, & par-là indique assez la nature de cette exhalaison.

Grotte du Chien.

LA GROTTE DU CHIEN est aussi près des étuves dont nous venons de parler, & au pied de la même colline; son nom de *Grotta de' Cani*, vient sans doute de l'usage immémorial où l'on est de faire voir sur des chiens le danger de cette grotte. Elle est creusée dans un terrein sablonneux, à la profondeur de dix pieds, elle n'a que neuf pieds de haut à l'entrée, & beaucoup moins dans le fond, sur environ quatre pieds de large.

On assure que le Viceroi *Don Pietro di Toledo*, y ayant fait enfermer deux criminels, ils y moururent, & que Charles VIII, lors de la conquête qu'il fit du Royaume de Naples, y ayant fait mettre un âne, cet animal fut suffoqué. Quand on baisse la tête en dehors de la grotte pour regarder à fleur de terre, on voit s'élever jusqu'à six pouces du sol une vapeur légere semblable à celle du charbon ; cette vapeur est humide, car l'on observe que le terrein en est toujours mouillé ; cette humidité se communique même aux parois de la grotte qui sont humides tout autour à quelques pouces de hauteur, souvent même le haut de la grotte est mouillé, & l'on y voit comme des gouttes d'eau qui se condensent à la surface des parties les plus élevées ; soit qu'elles viennent de la filtration d'une eau intérieure ou des parties les plus légeres de la vapeur. M. l'Abbé Nollet qui parle de cette grotte dans les Mémoires de l'Académie pour 1750, dit à la page 69, que cette vapeur ne produit ni pleurs ni écoulement sensible, & cela est vrai pour l'ordinaire. On ne voit sur le mur aucune incrustation ni dépôt de matiere saline ; on n'y sent aucune odeur, si ce n'est cette odeur de terre qu'un souterrein chaud & enfermé a coutume de produire.

Un chien que l'on prend par les pattes & que l'on tient couché dans la vapeur, s'agite d'abord beaucoup ; en deux minutes de temps il y perd le mouvement ; mais étant mis hors de la grotte, il reprend aussi ses forces en deux minutes. A en juger par les mouvemens de sa poitrine & de sa gueule, c'est l'air qui manque à sa respiration pendant qu'il est dans la grotte, & c'est en respirant l'air à longs traits, qu'il se guérit quand on l'a délivré.

Le P. de la Torre éprouva en 1748, qu'un crapaud résistoit à cette vapeur pendant une demi-heure, qu'un lézard n'étoit pas mort au bout de cinq quarts-d'heure, & qu'une grosse sauterelle remuoit encore dans la vapeur après plus de deux heures; mais les oiseaux y résistent peu. M. l'Abbé Nollet y mit un coq, à peine eut-il la tête dans la vapeur qu'il fit des efforts pour vomir; les alimens qu'il avoit pris quelques minutes auparavant lui revinrent dans le bec; il fut suffoqué tout d'un coup & sans retour; cela arrive à peu près de même quand on les met dans la machine du vuide. M. l'Abbé Nollet l'a souvent observé, (Mém. de l'Ac. 1750, p. 78.)

Quand on plonge dans cette vapeur un flambeau allumé, il s'éteint sans aucun bruit, & la fumée nageant, pour ainsi dire, entre l'air & la vapeur, sort de la grotte parallélement à la terre,

& paroît indiquer par sa direction, que la vapeur au lieu de se mêler à l'air, sort de la grotte aussi-tôt qu'elle est arrivée à six pouces de hauteur.

M. l'Abbé Richard, (T. IV. p. 272) dit que ces vapeurs sont sulfureuses, vitrioliques, & probablement arsenicales, qu'après y avoir resté quelque temps debout, ses pieds & ses jambes s'engourdissoient & y perdoient le sentiment au point qu'il avoit peine à se soutenir. Cependant je dois observer que ces vapeurs ne sont certainement pas sulfureuses, ou qu'elles le sont très-peu; car le papier bleu laissé dans la grotte pendant demi-heure, n'y change presque pas de couleur, si ce n'est d'une légere nuance tirant sur le violet; quoique toutes les vapeurs acides aient la propriété de changer en rouge les couleurs bleues des végétaux. Le syrop de violette mis dans un gobelet où il y ait de la terre de cette grotte, & dans un autre qui ait été renversé long-temps sur la terre, ne change pas de couleur; le cuivre n'y est point altéré, & n'y perd point son poli; ainsi cette vapeur ne donne pas de marques d'acidité.

Elle n'est point arsenicale; car on la

respire sans y sentir aucun goût d'arsenic; un poulet mange sans en être incommodé du pain qui a été longtemps baigné dans la vapeur; d'ailleurs les effets de l'arsenic attaquent les parties internes du corps, & ne sont pas de nature à cesser aussi-tôt qu'on est à l'air, comme cela arrive près de la grotte. Cette vapeur n'est point alkaline, car elle ne fait aucune impression âcre sur la langue; elle ne change point la couleur du syrop violat; elle ne donne aucun signe de fermentation sur un linge trempé dans le vinaigre.

Pour juger par moi-même de la nature de cette vapeur, je voulus la respirer, comme avoient fait M. l'Abbé Nollet en 1749, & M. de la Condamine en 1755; je plaçai le visage d'abord à six pouces de terre, je n'y sentis aucune impression désagréable, j'approchai peu à peu, je plongeai la bouche dans le fluide, j'y sentis une vapeur d'étuve suffocante par sa chaleur humide, une odeur terreuse plutôt que saline; j'inspirai fortement cette vapeur pendant quelques secondes, & elle ne me fit ni tousser ni éternuer, quoique cela fût arrivé à M. l'Abbé Nollet, elle ne me causa aucune sorte d'engourdissement ni d'incommodité; je recommençai plusieurs fois, je restai long-temps dans la grotte, malgré les craintes & les instances des personnes qui étoient avec moi; je mis le visage plusieurs fois jusqu'à terre, & les yeux même, le plus sensible de nos organes, n'en étoient point affectés.

Le P. de la Torre regarde ces vapeurs comme étant vitrioliques & métalliques, (V. son Hist. du Vésuve, art. 95); c'est pourquoi, dit-il, elles retombent dans l'instant par leur pesanteur naturelle. Il est vrai que cette vapeur est plus pesante que l'air, puisqu'elle ne peut s'y élever au-delà de quatre pouces en hiver, & d'un pied en été; on voit aussi qu'elle n'a ni la fraîcheur ni l'élasticité qui sont nécessaires pour la respiration; cette seule raison suffiroit pour faire mourir les animaux dans la grotte : d'ailleurs elle n'est point d'une nature malfaisante : le chien qu'on met plusieurs fois le jour en expérience pendant des années entieres, n'en est jamais incommodé, il ne souffre pour ainsi dire que pendant le temps où l'on met obstacle à sa respiration. M. Serrao, célebre Médecin de Naples, ayant fait l'ouverture de quelques animaux morts dans la Grotte, n'y a jamais trouvé d'autre vice que le poumon un peu affaissé, comme cela arrive aux animaux morts sous le récipient de la machine pneumatique; il est donc probable que cette vapeur ne nuit aux animaux qu'en les noyant, ou en les privant d'air, & que ce n'est point une *Mephitis* ou Moffete empoisonnée, comme il s'en trouve quelquefois.

Le P. de la Torre, d'après les Médecins de Salerne, m'a assuré qu'il y a d'autres endroits dans le royaume de Naples où l'on éprouve le même effet que dans la Grotte du chien. Après les grandes éruptions du Vésuve, on observe quelquefois dans les caves & dans les puits des environs, une espece de vapeur semblable, mais qui n'est point permanente; après avoir rempli le lieu de sa source, elle déborde & se répand dans les endroits qui sont plus bas, où elle s'arrête ensuite; voyez l'ouvrage de *Leonardo di Capua* sur les Moffetes, & le sixieme chapitre du livre de M. Serrao, qui a pour titre *Istoria dell' incendio del Vesuvio accaduto nel mese di Maggio dell' anno* 1737. *Scritta per l'Academia delle Scienze*, traduit & imprimé à Paris en 1741.

ACQUA DI PISCIARELLI, est une eau

fameuse dans le pays ; elle sort près du lac d'Agnano derriere la Solfatare, & paroît provenir des pluies & des neiges qui s'amassent dans le bassin de cette montagne brûlée, & qui traversent la terre de la Solfatare ; elles y contractent la chaleur & le goût salin qu'on leur trouve au sortir de la montagne, & qui en fait la vertu. Quant à la chaleur, M. de la Condamine a trouvé qu'elle faisoit monter le thermometre à 68 degrés sur la division de M. de Reaumur, (il en faut 80 pour l'eau bouillante), les eaux de Bagneres, de Barege & de Cauterets, ne vont pas au-delà de 40 degrés, quoiqu'elles soient bitumineuses, mais elles ne sortent pas d'un pays aussi embrasé que les collines de la Solfatare.

LA SOLFATARE est située un quart de lieue plus loin que le lac d'Agnano, près de l'ancien chemin de Pouzol ; c'est une petite plaine ovale, d'environ 250 toises de longueur, placée sur une petite hauteur & environnée de collines, à l'exception de l'ouverture par laquelle on y entre, qui est du côté du midi : on l'appelle Solfatare à cause de la quantité de soufre qu'elle contient & qu'on y ramasse effectivement. On l'appelloit Solfatare.

anciennement *Phlegra*, nom qui étoit commun aux endroits, qui donnoient des indices de feu ; elle a été aussi appellée *Forum Vulcani*, ou *Colles Leucogæi* ; c'est-là pricipalement où l'on disoit qu'Hercule avoit défait les géans, (Diod. de Sic. L. IV), & même avant l'éruption du Vésuve, arrivée l'an 79, on y voyoit des indices d'embrasemens ; des eaux thermales, & du soufre. (Strabon L. V. Pline L. 35. Chap. 15).

Le terrein de la Solfatare est chaud dans certains endroits, dans d'autres parties on sent la chaleur à trois pouces de profondeur ; il y en a même où il est brûlant à la surface ; on y fait des creux dans lesquels se placent certains malades à qui cette chaleur sulfureuse peut être utile. Il y a une partie où il croît du bois, ou du moins des broussailles. On voit sortir en plusieurs endroits de cette esplanade, une vapeur ou fumée sulfureuse ; mais il y a sur-tout, vers une des extrémités, une ouverture singuliere d'où il sort continuellement, en abondance & avec bruit, une fumée chaude & épaisse qui donne du véritable sel ammoniac ; elle monte à 15 ou 20 toises, quand il ne fait pas de vent, & elle jette une foible lueur dans l'obscurité

curité lorsqu'on y met du papier, il ne s'enflamme point, mais il se seche & se consume bien-tôt s'il y reste quelque temps. Le fer qu'on y met en sort tout mouillé, quoique le papier en sorte sec; cette différence vient de ce que la vapeur acide condensée par la fraîcheur du fer s'y ramasse par gouttes; car la lame de couteau qu'on y laisse assez long-temps pour s'échauffer, en sort aussi seche que le papier. L'argent s'y noircit, le cuivre y est dissous, rongé & mis en forme de scorie. Les pierres qu'on y met s'impregnent de sel ammoniac qu'on y ramasse lorsqu'elles ont resté environ un mois sur la vapeur.

Il paroît que dès le temps de Pline on exploitoit les minieres de soufre dans ce canton-là : *Invenitur sulphur in Napolitano campanoque agro, collibus qui vocantur Leucogæi; quod est cuniculis effossum perficitur igni.* On l'y trouve encore actuellement; M. l'Abbé Nollet a donné la description de ce travail dans les Mémoires de l'Académie pour 1750, page 103. On tire pendant l'hiver du creux de ces collines une terre durcie, ou plutôt une sorte de pierre tendre, toute imprégnée de soufre; on la met dans de grands pots de terre, placés dans un fourneau où ils restent l'espace de huit heures; chacun de ces pots communique par un tuyau à un autre pot vuide, où le soufre en se sublimant est obligé de passer; la vapeur s'y condense, & le soufre coule par un trou fait à la partie inférieure du pot vuide; il est reçu par une tinette de bois, dans laquelle on le prend pour le faire fondre, l'épurer, & le mouler suivant l'usage. Il y a quelquefois jusqu'à huit ou neuf ouvriers qui travaillent, & l'on en fait chaque année 273 quintaux; il se vend 12 liv. le quintal.

On trouve de temps en temps des filets d'alun sur des pierres de la Solfatare; alors on les répand sur la terre, pour que la chaleur du sol commence à les disposer; on ramasse aussi de l'alun sur l'aire du bassin, dans un espace d'environ 50 toises de diametre, où il fleurit de lui-même dans l'espace d'environ dix jours. Enfin l'alun se tire d'une terre blanche, qui ressemble à de la marne; on la lave dans de l'eau de pluie, & on met cette eau dans des chaudieres de plomb enterrées; la chaleur naturelle du terrein suffit pour dissoudre l'alun &

faire évaporer l'eau ; l'alun reste au fond, & on le ramasse en forme de gros crystaux ; on fait dissoudre ces crystaux pour avoir de l'alun d'une plus grande pureté ; mais il est moins pur que l'alun de Rome : les Tanneurs l'emploient tel qu'il est ; mais les Apothicaires le font encore crystaliser. On fait environ 37 quintaux d'alun par année, & il s'y vend 16 livres le quintal.

On tire encore de la Solfatare, près de deux quintaux de sel ammoniac, qui se vend 94 livres le quintal, il se sublime de lui-même dans l'endroit où sort la vapeur dont j'ai parlé, & s'attache aux pierres qu'on y met pour la recevoir ; on prétend que ce sel ammoniac n'est pas tout-à-fait semblable à celui que nous tirons de l'Egypte, parce que l'alkali volatil minéral n'est pas tout-à-fait le même que l'alkali volatil animal ; cependant M. Henckel assure avoir trouvé dans les minéraux le véritable alkali volatil, & il se plaint même de ce que la distinction des trois regnes, suivie avec trop d'exactitude, a fait tomber les Chymistes dans des écarts considérables. Au reste, le sel ammoniac de la Solfatare a une odeur d'acide sulfureux, & répand dans l'eau une teinte jaunâtre qui vient d'une terre qui se dépose ensuite.

Dans l'attelier où l'on travaille l'alun, on apperçoit quelques efflorescences vertes sur le mur ; il paroît que c'est du vitriol, mais il est en trop petite quantité pour qu'on puisse l'exploiter ; il y a cependant des auteurs qui ont écrit qu'il se tiroit du vitriol de la Solfatare. Le produit des exploitations de la Solfatare appartient, tant à l'hôpital de l'Annonciation de Naples, qu'à l'Evêque de Pouzol.

La Solfatare, quoi qu'en aient dit des personnes fort habiles, n'a point de communication, ni même de relation avec le Vésuve ; c'est un fourneau d'une espece bien différente, on n'y voit point de flamme, il n'en sort ni laves ni scories ; du moins je n'y en ai point vu, quoique M. Fougeroux dise qu'il y en a. Les pierres qu'on y voit paroissent avoir été calcinées par une chaleur qui a eu plus de durée que de violence ; on y trouve beaucoup plus de vapeurs que de matieres brûlées, plus de soufre, de sels & de pyrites, que de fer & de matieres métalliques ; les métaux ne s'y trouvent point en substance, & la couleur blanchâtre y est la plus ordinaire. Le fer dont le mélange avec le soufre peut produire un embrasement étant ici en trop petite quantité, il n'en résulte qu'une simple chaleur d'effervescence.

Dans la partie orientale de la Solfatare, il y a un petit bassin d'eau qui bouillonne continuellement d'un côté; quoiqu'il n'y ait que 34 degrés de chaleur; ce bouillonnement n'est donc produit que par le soulevement de quelque vapeur qui perce le fond dans cet endroit du bassin, à peu près comme au lac d'Agnano. Au pied des collines qui environnent la Solfatare, on trouve des sources qui sont extrêmement chaudes, mais on ne les voit point bouillir, du moins à la surface.

Il paroît que le terrein de la Solfatare est miné par-dessous, & que c'est une voûte qui couvre un espace vuide ou un bassin de vapeurs; du moins on en juge ainsi par le retentissement qu'on entend lorsqu'on jette une pierre avec force dans un creux qu'il y a vers le milieu du bassin.

LES CAPUCINS ont un Couvent qui est un peu au midi de la Solfatare, & qui présente aussi quelques vestiges de feu. On sent dans l'Eglise, à côté même Capucins.

de l'autel une émanation de vapeurs, *una stuffa* ou *mephitis*, qui est suffisante pour échauffer le pavé, & faire sécher le linge de la maison. Deux ouvertures placées sous les marches du Sanctuaire donnent aussi une vapeur chaude & humide; mais depuis l'année 1754 qu'on a repavé l'Eglise avec des briques, la vapeur est moins chaude qu'elle n'étoit autrefois.

Dans la chapelle qui est à gauche en entrant, il y a une vapeur soufrée qui sort de la muraille; il y a aussi une chapelle sépulchrale où l'on conserve plusieurs corps presqu'entiers. Lorsqu'un an après leur mort on les trouve entiers dans la bière où ils ont été déposés, on les suppose saints; on les place avec leur habit de Capucin, debout ou couchés, suivant que le demande la décoration du lieu, & on les expose ainsi à la vénération des ames dévotes. J'ai vu dans la chapelle un Prêtre ainsi exposé avec ses habits, que la famille renouvelle de temps en temps.

Cette Eglise a été bâtie en 1580, par la ville de Naples, à l'honneur de S, Janvier, qui fut martyrisé dans le même endroit; on fait voir dans cette

Eglise la pierre sur laquelle on croit qu'il fut décolé, sous l'Empire de Dioclétien. On a mis vers le premier autel sur la droite en entrant, cette inscription, *Locus decollationis D. Januarii & Sociorum ejus.* On montre aussi, mais seulement au travers d'une grille, une pierre teinte du sang de ce martyr, & un buste de même Saint, qui est très-ancien, dont on raconte beaucoup de merveilles; le frere Capucin qui me montroit l'Eglise, m'assura qu'un Avocat nommé *Don Girolamo Murano*, avoit perdu le nez pour avoir voulu faire une expérience sur celui de ce buste de S. Janvier, qui fut attaché miraculeusement, au rapport de Parrino, (page 56.) On porta cette figure en procession dans la grande peste de 1656, & la peste cessa quelques jours après.

La cîterne qui est dans le jardin des Capucins, & qui se remplit d'eau de pluie, est élevée en l'air sur une voûte, pour que les vapeurs du sol ne gâtent pas l'eau qu'elle renferme; elle est assez grande pour contenir 24 mille bottes, chacune de 530 pintes de Paris.

Les vapeurs qui s'exhalent dans l'Eglise des Capucins augmentent en été, & rendent l'habitation plus incommode. Les Capucins sont obligés pour lors de se retirer à Pouzol où ils ont une autre maison.

Ces Peres ont la permission de cultiver du tabac pour leur usage, & on leur tolere 50 tiges par personne; mais on parle de supprimer ce privilege; on auroit pu craindre que cette permission n'occasionnât une contrebande au-dehors; mais les Capucins étoient retenus par un fort intérêt. Le Roi qui donne à chacune des huit Provinces de Franciscains qui sont dans le Royaume, onze quintaux de laine, & même 18 à celle de Naples, avoit déclaré qu'il retireroit cette aumône au premier cas de contrebande.

Je remarquai dans le jardin de ces Peres une vigne qui étoit chargée d'une façon singuliere de raisin d'une très-bonne qualité; je m'étonnois de la trouver dans un pays aussi aride que les bords de la Solfatare; on augmenta mon étonnement en m'apprenant que cette vigne avoit été long-temps presque stérile, quoique l'on eût soin de la tailler, & qu'elle étoit devenue feconde à l'excès depuis qu'on l'avoit abandonné & qu'on avoit négligé de la tailler; probablement l'ardeur du soleil est si grande que les embryons sont brûlées, à moins qu'il n'y ait beaucoup de feuilles & de bois pour les défendre.

Au-dessous de ce Couvent il y a une grotte fort large, dans laquelle un carrosse rouleroit facilement, par laquelle on croit qu' autrefois on alloit de Pouzol au lac d'Agnano, sans monter jusqu'à la Solfatare. Ce passage est actuellement fermé par les éboulemens des terres.

Le mont *Olibano* est entre le Couvent des Capucins & le bord de la mer; l'on en tira des pierres autrefois pour paver les grandes routes, au rapport de Suétone. On y voit des conduites qui portoient à Baies les eaux du Serino; & du côté de la mer est une grande inscription au sujet des eaux minérales de Pouzol.

En allant de la Solfatare à Pouzol, on peut voir l'amphithéâtre dont nous parlerons plus bas.

CHAPITRE II.

Description de Pouzol & de Baies.

Pozzuoli ou Pouzol est une ville de dix mille ames, située à deux lieues &

demie de Naples, vers le couchant, sur le golfe appellé *Sinus Puteolanus.* * Elle fut fondée, suivant Strabon, 522 ans avant J. C. & 537 ans après la fondation de Cumes, par Diceus, fils de Neptune ou d'Hercule; selon Suidas, par des Samiens venus à Cumes sous la conduite de *Dicearchus*, 469 avant J. C. Elle fut appellée d'abord *Dicearchia*, du nom de son fondateur; celui de *Pozzuoli*, en Latin *Puteoli*, est venu du grand nombre de puits ou de sources minérales qui y sont; d'autres disent que ce fut à cause des puits qui furent creusés par les Romains, lorsque *Quintus Fabius* y conduisit une colonie dans la guerre contre Annibal, & qu'il la fortifia, comme le raconte Tite-Live.

Cette ville fut d'abord gouvernée en forme de République; on en a trouvé la preuve dans des inscriptions anciennes. Elle avoit ses Duumvirs, ses Décurions, ses Basiliques; Cicéron l'appelle ville municipale; mais elle fut aussi colonie. On a trouvé une inscription du temps de Vespasien, où elle est appellée *Colonia Flavia.*

Lorsque les Romains eurent établis sur ce parage le centre de leurs délices & du luxe de leurs campagnes, Pouzol fut une ville considérable ; elle s'étendoit jusqu'à la colline qui est du côté de la Solfatare, où l'on voit encore des restes d'édifices, & où l'on trouve des tombeaux, sur-tout du côté de l'Eglise de S. Jacques.

L'Eglise cathédrale étoit un Temple dédié à Auguste, comme il paroît par l'inscription : *L. Calfurnius L. F. Templum Augusto cum ornamentis DD.* Il est composé de belles pierres de tailles assemblées sans ciment ; il y avoit des colonnes Corinthiennes ; il en reste une partie du côté de la cour, mais elle ne suffit pas pour juger de ce qu'étoit ce Temple autrefois. Cette cathédrale est dédiée à S. Janvier & à S. Procule, compagnon de son martyre, qui étoit de Pouzol. L'on y conserve le corps de celui-ci, de même que celui de S. Patrobe, premier Evêque de Pouzol, l'un des 72 Disciples de J. C. Ce fut S. Paul qui le premier y prêcha l'Evangile, comme on le voit dans les Actes des Apôtres, ch. 88.

Le plus beau reste d'antiquité qu'il y ait à Pouzol est un Temple qu'on dit avoir été de Jupiter Sérapis. Il pourroit bien se faire que c'eût été le Temple des Nymphes, bâti sous Domitien, en pierre blanches, célebre par les Oracles dont parle Filoxene dans la vie d'Apollonius de Tyane. Une partie de l'emplacement de ce Temple appartient au Roi, mais il y en a une partie dans les jardins du Prince Ferrandina. Les fouilles en ont été faites en 1750, & l'on en a tiré des statues & des vases d'un très-beau travail. Ce Temple étoit environné de 42 chambres quarrées; il en subsiste encore beaucoup, mais elles sont presqu'entiérement ruinées; il reste quatre belles colonnes de marbre blanc cannelées, dont deux sont sur pied & deux à terre; les autres sont à Portici. Ces colonnes étoient inégales; les plus hautes sont à l'entrée du Sanctuaire & aux quatre coins principaux. (V. Philosophical Transactions, 1757, n°. 21, p. 166.) Ce Temple est pavé en entier de larges dalles de marbre blanc, les murs en étoient revêtus, & tout annonce que cet édifice étoit de la plus grande magnificence.

Temple de Sérapis.

M. l'Abbé Guenée remarqua avec étonnement que ces colonnes de marbre, qui ont été baignées jusqu'à une certaine hauteur par les eaux de la mer, font criblées de trous faits par les dattes ; il reste encore dans ces trous des coquilles dont quelques-unes sont longues de trois pouces ; les deux colonnes qui sont encore sur pied, & celles qui sont à terre, ont été également percées par ces petits animaux, (Mém. de M. Guétard, p. 371.)

On trouva en 1693 à Pouzol, un beau piedestal de marbre blanc, qui est élevé sur la place ; il a cinq pieds huit pouces de long, & il est chargé sur ses quatre faces de bas-reliefs qui sont beaux, mais très-mutilés ; on y distingue 14 figures représentant 14 villes de l'Asie mineure, Thenia, Magnesia, Philadelphia, Tmolus, &c. Les noms sont au-dessous de chacune ; l'inscription est à l'honneur de Tibere, & l'on croit que c'étoit le piedestal d'une statue qui lui fut élevée par ces 14 villes. On auroit creusé dans les environs, pour y trouver la statue, s'il n'eût fallu abattre des bâtimens. Ce piedestal a été gravé & décrit dans un un petit ouvrage d'Antoine Bulifon.

En creusant pour bâtir une Eglise, en 1704, derriere les jardins de l'ancienne maiſon du Viceroi Pierre de Tolede, on trouva une belle ſtatue Romaine de ſept pieds, trois pouces de haut, avec la toge, & une inſcription ſur le piedeſtal : Q. *Flavio Maſio Egnatio Lolliano.... decœtreſſium patrono digniſſimo :* elle a été reſtaurée avec ſoin.

Pont de Caligula.

PONTE DI CALIGOLA ; on donne ce nom à des maſures qui ſont dans la mer, près du port de Pouzol, du côté de Baies, dont il reſte 13 piliers & pluſieurs arcs; il paroît que ce ſont les ruines d'un mole fait de pierres & de briques pour briſer les flots & garantir les vaiſſeaux de la tempête. C'étoit une maniere de bâtir plus légere & plus commode que celle des moles pleins & ſolides. Mais le nom qu'on lui donne de pont de Caligula vient de ce que l'on a cru que c'étoit la fin ou la culée d'un pont de vaiſſeaux, que cet Empereur inſenſé fit faire de Baies à Pouzol, & dont il eſt parlé dans Suétone. Il vouloit aller en triomphe ſur la mer, à l'exemple de Xercès, & pour cela il entreprit de faire conſtruire un pont qui avoit 3600 pas; mais la difficulté de bâtir vers le milieu de cet eſpace où la mer étoit trop profonde, lui fit employer des vaisseaux ; on les fixa par des ancres, on les assembla par des chaînes ; on y forma un grand chemin avec de la terre, des pavés & des parapets semblables à ceux de la voie Appienne ; ce fut par cette nouvelle route que l'Empereur fit son triomphe, le premier jour à cheval, avec une couronne de chêne ; le second jour dans un char de triomphe, suivi de Darius que les Parthes lui avoient donné en ôtage.

Le port ayant été endommagé par la mer, l'Empereur Antonin le fit réparer, comme on l'apprend par une inscription trouvée au fond de la mer, qui est élevée à la porte de la ville : les habitans lui éleverent un arc de triomphe avec une inscription qui est rapportée par Jules Capitolin, dans la vie de cet Empereur.

La Noblesse de Pouzol est distinguée & forme un corps ou *Seggio*, à l'exemple de celle de Naples. S. Procule, compagnon de S. Janvier de Naples, y avoit pris naissance. Les Histoires ont célébré une Héroïne de Pouzol, *Maria Pozzolana*, qui se distingua par son courage à la guerre, & par sa continence au milieu des soldats avec qui elle étoit au service.

L'éruption de *Montenuovo* qui sortit de terre en 1538, à une demi-lieue de Pouzol, causa un effroi qui fit déserter les habitans. Le Viceroi Don Pierre de Tolede voulant la repeupler & rassurer les habitans par son exemple, y fit bâtir une belle maison de campagne, appellée *la Starza*, que l'on voit encore à un mille au nord de Pouzol. Le terrein des environs est très-fertile; il y a sur-tout beaucoup de jardins qui servent à l'approvisionnement de Naples.

Les anciens faisoient grand cas des teintures en bleu & en pourpre qui se faisoient à Pouzol; ce pourpre étoit comparé à celui de Tyr.

La pouzolane est une espece de gravier qui tire son nom de cette ville, & qui a la propriété de faire avec la chaux, un ciment de la plus grande dureté, propre à bâtir dans l'eau & à résister à toute espece d'humidité; on en a transporté jusqu'à Constantinople, en France & ailleurs. Les parties minérales, brûlées & vitrifiées que les volcans ont mêlées avec le sable, font sans doute la dureté du ciment. Les Chymiftes prennent du verre pilé quand ils veulent lutter des vaiffeaux avec un foin extraordinaire. La chaux qui eft elle-même un produit du feu, agit à peu près de même, quand elle eft tirée de certaines pierres; car on fait de la chaux en Lorraine qui a la même dureté. (Voyez l'Art du Chaufournier.) On trouve à Rome, & même ailleurs de la pouzolane, c'eft-à-dire, du gros fable qui produit le même effet pour bâtir dans le fond de l'eau; il y en a même en Auvergne parmi d'autres traces de volcans. On peut juger de la force de cette pouzolane en voyant les ceintres de briques de trois arches du pont dont nous avons parlé, qui ne fe font rompus que vers la clef de la voûte, & qui fe foutiennent parfaitement.

Amphitéâtre.

L'amphithéâtre de Pouzol, qu'on appelle dans le pays *Coloſſeo*, étoit en effet auffi grand que le Colifée de Rome; c'eft le morceau le mieux confervé de toutes les antiquités de Pouzol, quoiqu'il foit extrêmement ruiné. Suétone nous apprend qu'on y célebra des jeux auxquels Augufte affifta. L'arêne qui fert aujourd'hui de jardin, a 250 pieds de long; on voit encore les portiques qui servoient d'entrée & qui régnoient sous les gradins, & les caves où l'on enfermoit les bêtes. Au-devant de chaque pilier il y a une pierre creusée pour recevoir l'eau que l'on donnoit à boire aux animaux renfermés. On assure que S. Janvier, S. Procule & plusieurs autres Martyrs y furent exposés par ordre du tyran Thimotée. L'on a fait une chapelle à l'honneur de ces Saints Martyrs, & l'on y a mis en 1734, une inscription qui dit que S. Janvier ayant été exposé à des ours affamés, ces animaux se mirent à genoux devant lui, ensorte que le tyran fut obligé de lui faire couper la tête.

Un grand bâtiment souterrein qu'on appelle labyrinthe de Dédale, & qui n'est pas loin du Colisée, paroît avoir été une conserve d'eau ou citerne, destinée aux usages de la ville; le bâtiment est de brique, revêtu en dedans d'un enduit fort dur. Un autre bâtiment de plus de 60 pieds de long, voûté, soutenu par des piliers, qui est tout près du labyrinthe, paroît avoir servi au même usage.

On trouve à une demi-lieue de Pouzol plusieurs tombeaux, *Colombaria*, où l'on descend avec des échelles.

Le golfe de Pouzol étoit autrefois aussi peuplé & aussi délicieux que l'est aujourd'hui celui de Naples. C'étoit sur ce rivage, à l'occident de Pouzol, qu'étoit une vaste maison de campagne de Cicéron, qu'il appelloit *Academia*, du nom des portiques d'Academus à Athenes; c'est-là où il composa ses livres intitulés *Quæstionum Academicarum*; on en montre encore quelques masures en briques, sur lesquelles on ne peut rien décider; la plus grande partie est sans doute couverte par la mer, qui en étoit alors si proche, que l'on pouvoit pêcher de ses fênêtres.

Les pêcheurs & les enfans qui vont dans l'eau, trouvent souvent des restes de marbres, de porphyres & d'agates, des pierres gravées, des médailles, des lampes; souvent même la mer en jette sur le rivage, & l'on ne manque pas d'en présenter aux étrangers, dès qu'on les voit arriver. Tout ce que les Romains avoient ôté à la mer par leurs constructions & leurs terrasses, a été repris & recouvert par les flots.

Le golfe de Pouzol a une lieue de largeur & une lieue de longueur. Tacite l'appelle *lacus Baianus*; c'étoit le lieu de l'Italie le plus recherché par les Romains, celui où ils avoient bâti leurs plus belles maisons de campagne, où ils avoient établi le centre du luxe & des plaisirs. Cicéron, *de Lege Agraria contra Rullum*, §. 36, parle du mont Gaurus & de *via Herculana*, comme des endroits les plus délicieux : *Multarum deliciarum & magnæ pecuniæ*.

Baies. *Baies* qui occupe la partie occidentale de ce golfe, étoit sur-tout le pays à la mode :

Nullus in orbe locus Baiis prælucet amœnis

Les eaux qu'on venoient y prendre en avoient fait un rendez-vous de voluptés & de débauches. Les femmes galantes y venoient passer l'automne ; rien n'étoit plus capable d'y attirer les Romains; chacun y voulut bâtir, l'emplacement ne fut pas suffisant, l'art y suppléa par des substructions, des terrasses, des jettées faites sur la mer même.

Horace reproche aux voluptueux de ſon temps, qu'au lieu de ſonger à la mort ils s'occupent à reculer les bornes de la mer, peu contens de la vaſte étendue de ſes rivages.

> Tu ſecanda Marmora,
> Locas ſub ipſum funus ſepulchri
> Immemor ſtruis domos,
> Mariſque Baiis obſtrepentis urges,
> Summovere littora,
> Parum locuples continente ripâ.
> *L. II. Od.* 18.

Enfin Martial ne ſait quels éloges donner à la beauté de ce rivage.

> Littus beatæ Veneris aureum,
> Baias ſuperbæ blanda dona naturæ,
> Ut mille laudem Flacce verſibus Baias,
> Laudabo dignè non ſatis tamen Baias.
> *Mart. L. XI.* 81.

Rien ne marque mieux la viciſſitude & la fragilité des choſes humaines que la vue de ces ruines & de ces rivages, actuellement deſerts. L'air même eſt devenu empeſté, ſoit à cauſe des marécages, ſoit à cauſe des lacs où l'on fait rouir le lin, & des exhalaiſons ou moffetes qui ſortent de toutes parts. Charles VIII & Louis XII y perdirent une grande partie de leurs troupes, dans les expéditions qu'ils firent pour la conquête de Naples. Les marécages qui environnent Baies & Pouzol, y rendent l'air si mal sain à la fin de l'été, que sur 120 hommes de garnison il y en avoit chaque jour, quand j'y étois, huit à dix qui tomboient malades, & qu'on étoit obligé de remplacer; les étrangers n'osent y coucher dans ce temps-là. Le château de Baies, qui est sur la hauteur, est même la seule partie habitée de ce rivage; le bas n'offre que les débris d'anciennes substructions qui soutenoient les bâtimens, les jardins & les terrasses; mais que la mer a pour ainsi dire engloutis.

Varron dit que cette ville avoit été appellée *Baia*, du nom d'un des compagnons d'Ulysse, qui y fut enterré. On voit en effet dans l'Odyssée d'Homère, qu'Ulysse vint à Bauli, qui n'est qu'à une demi-lieue de Baies. Cette ville avoit autrefois un petit port assez commode; mais il est devenu impraticable, à cause des décombres de bâtimens qui l'ont presque comblé; c'est aussi dans ces cantons qu'Hercule défit les Géans, 1238 ans avant J. C. suivant la chronologie du P. Pétau.

Jules-César y avoit une maison de campagne, dans laquelle Marcellus fut empoisonné 123 ans avant J. C. par Livie, femme d'Auguste, qui vouloit à quelque prix que ce fût, faire Empereur son fils Tibere, qu'elle avoit eu de Tibere-Claude Néron. C'est ce jeune Marcellus dont Virgile parle à la fin de son sixieme livre, d'une maniere si pathétique & si tendre, qu'en entendant ces vers Octavie s'évanouit.

Varron parle aussi de la belle maison d'*Irrius*; Tacite de celle de *Pison*, où se forma la conjuration contre Néron, & dont il paroît encore quelques restes; il cite également celle de Domitia, tante de Néron, que ce tyran fit empoisonner pour envahir ses biens. Domitien y avoit des viviers où il élevoit des poissons domestiques, ceux d'Hortensius dont parle Cicéron, étoient aussi sur ce rivage, la maison de Julia Mammea que l'Empereur Alexandre Sévere y fit bâtir, étoit sur-tout de la plus grande magnificence.

Séneque parlant de celles de César, de Pompée & de Marius, qui étoient entre le lac Averne & les étuves de

Tritola sur la hauteur, dit qu'elles avoient été bâties avant que Baies fût devenue un séjour de débauches; c'étoit des châteaux plutôt que des maisons de campagne, *scias non villas esse, sed castra*, mais du temps de Séneque, c'étoit un pays où un Philosophe ne pouvoit pas habiter; il écrit à son ami Lucilius qu'il en étoit parti le lendemain de son arrivée, *postero die quam attigeram reliqui: locum ob hoc devitandum, cùm habeat quasdam naturales dotes quia sibi illum celebrandum luxuria desumpsit... Diversorium vitiorum esse cœperunt; illic sibi plurimum luxuria permittit; illic tanquam aliqua licentia debeatur loco, magis solvitur.*

Ce fut à Baies que se forma principalement le célebre Triumvirat de César, de Pompée & d'Antoine, 61 ans avant J. C. Ce fut alors que Caton s'écria: Nous avons des maîtres, c'en est fait de la République.

Enfin ce fut à Baies que mourut l'Empereur Adrien, l'an 138 de J. C. Après y avoir exercé ses cruautés; la violence de sa maladie l'avoit rendu triste, puis insensé, il finit par devenir cruel. Son corps fut brûlé à Pouzol dans la maison de Cicéron. Il

Il y a encore trois grands restes d'anciens temples en forme de rotondes, qui se voient près du rivage de Baies, ils sont en partie enterrés & inondés par les eaux des marécages, & l'on est obligé de s'y faire porter sur les épaules des mariniers : l'un est un temple de Vénus ; le second, un temple de Mercure ; le troisieme, un temple de Diane.

Trois Temples antiques.

Les Felouques peuvent aborder environ à cent pas du premier ; on croit que c'est un temple de *Venus Genitrix*, élevé par César, d'autres croient que c'étoit un bain ; cet édifice est une rotonde ruinée, dont une partie de la voûte se soutient encore en l'air. Il y a trois chambres au bas, qu'on appelle les chambres ou les bains de Vénus ; l'éboulement des terres voisines en a rendu l'accès difficile, il n'y en a que deux qui méritent attention ; l'une est sur un plan quarré, & l'autre sur un plan moitié quarré & moitié ovale. Au milieu de la voûte de cette derniere, il y a une ouverture quarrée, dont on ne sait point quel a pu être l'usage. On voit sous l'arcade de celle-ci la racine d'un arbre qui y a percé & qui s'y est comme pétrifié. Les voûtes de ces deux chambres sont reparties en caissons pleins de bas-reliefs de stuc, dont les sujets sont fort obscenes, & répondent à la divinité à qui ce lieu étoit consacré. La plupart représentent des figures nues de l'un & de l'autre sexe, qui tendent à exprimer la force de la nature, & donnent à penser que ce lieu n'étoit destiné qu'à des mysteres infâmes. Parmi ces figures on remarque un Gladiateur dans la même attitude que celui de la ville Borghese à Rome. Tous ces bas-reliefs sont beaux, sur-tout ceux de la derniere chambre; les ornemens des cadres en sont simples, d'un très-bon goût, & dans le genre de ceux de la sépulture d'Agrippine, dont nous parlerons bien-tôt.

Le temple de Mercure que le vulgaire appelle *Truglio*, est à cent pas du premier, dans un endroit également marécageux; avant que d'y arriver on apperçoit l'ouverture de trois voûtes ruinées & pleines de ronces qui font un effet admirable; il y a sous l'une de ces voûtes une grande piece remplie par un pied & demi d'eau, c'est cependant celle par laquelle il faut passer pour entrer dans le temple: on se fait porter jusques sur la breche d'un mur de communication, & l'on descend dans une grande rotonde de brique, dont le vaisseau est d'une belle proportion, & qui prend son jour par le milieu de sa voûte, comme le panthéon à Rome. On ne manque pas d'y faire observer que si l'on parle bas contre la muraille, & qu'une autre personne se tienne à l'opposite, elle entend parfaitement tout ce qu'on lui dit, pendant que ceux du milieu n'entendent rien, ce qui prouve que la voûte est elliptique.

Le temple de Diane Lucifere se trouve à deux cens pas plus loin; quelques marbres qu'on y a trouvés avec des têtes de cerfs, ont fait présumer qu'il pouvoit appartenir à Diane plutôt qu'à Neptune, à qui d'autres antiquaires l'avoient donné; c'est encore une rotonde de brique, dont la voûte s'est écroulée: son plan extérieur forme un octogone; & vue d'une certaine distance, elle ressemble à une vieille tour très-large, couronnée de ronces.

Il faut que les anciens aient reconnu que la brique étoit plus durable qu'aucune autre matiere, & qu'elle se lioit mieux avec la pouzolane, car tous ces édifices sont bâtis de brique dans un pays où cependant la pierre est très-commune ; à l'égard des voûtes, elles sont faites la plupart avec une lave très-spongieuse & très-légere, qui ressemble à de la pierre-ponce, & qui étoit fort propre à former ainsi de vastes coupoles, qui n'étoient pas destinées à supporter de grands poids. On trouve des Architectes qui croient que ces ruines, à commencer depuis celles des Palais de Néron & de Jules César, & en y comprenant le temple de Neptune, ne sont que les restes d'un très-grand Palais, & que ces rotondes étoient des bains.

Le tombeau d'Agrippine est une partie de bâtiment en forme de demi-cercle, avec une galerie tout autour ; la voûte est repartie en compartimens de stuc, dont les cadres sont de très-bon goût, ainsi que quelques figures & quelques griffons traités de bas-relief, qui sont de la même matiere. On distingue sur les murs des traces de peintures, mais elles sont enfumées par les flambeaux dont on se sert pour y aller ; on appelle cet endroit le tombeau d'Agrippine, parce qu'on sait que cette mere infortunée périt aux environs de ce lieu-là, par ordre de son fils, l'an 59 de

J. C. Il y avoit long-temps que Néron étoit fatigué par la présence & les remontrances d'Agrippine ; il étoit occupé à chercher un moyen de la faire mourir sans qu'on pût l'en accuser. Anicetus, affranchi, qui commandoit la flotte de Misene, ennemi d'Agrippine, indigne flatteur de son Maître, lui proposa un stratagême qu'ils jugerent très-propre à cacher leur forfait, sous l'apparence d'un naufrage ; on fit construire un vaisseau dont une partie pouvoit se détacher & tomber dans la mer au premier signal. Néron renvoya sa mere dans ce vaisseau après un grand souper ; elle s'entretenoit avec *Acerronia*, sa confidente, du plaisir de cette nouvelle réconciliation, lorsque la machine joua ; mais l'effet ne fut pas assez prompt, ceux qui n'étoient point dans le secret, embarrasserent les autres. Agrippine eut l'adresse de se sauver à la nage, tandis que sa confidente, qui, pour être secourue se disoit la mere de l'Empereur, fut massacrée comme telle ; Agrippine ne tarda pas à l'être aussi dans sa propre maison : *Centurioni ferrum distringenti protendens uterum, ventrem feri, exclamavit, multisque vulneribus confecta est.* Tac. Ann. L. XIV. §. 8.

Elle fut enterrée par ses domestiques près du chemin de Misene & de la maison de César, qui étoit sur la hauteur : *Mox domesticorum cura levem tumulum accepit, viam Miseni propter, & villam Cesaris dictatoris quæ subjectos sinus editissima prospectat.* Tac. Annal. L. XIV. §. 9. Cette position ne me paroît pas convenir à l'edifice que l'on montre aujourd'hui sous le nom de tombeau d'Agrippine; il n'est point sur le chemin de Misene au lac Lucrin, & il a plutôt l'air d'un reste de théâtre.

On donne aussi le nom de bains de Néron aux étuves de *Tritola*, qui sont auprès de Baies; du moins c'est sous ce nom que les paysans du voisinage les montrent aux voyageurs; ils vont avec la plus grande facilité jusqu'au fond d'une grotte longue & étroite, chercher une eau presque bouillante, dont la source est au fond de cette grotte. La chaleur qui en sort est si grande, qu'au bout de dix pas on est, pour ainsi dire, suffoqué, & il faut de l'habitude & de la force pour aller plus loin; les paysans qui y entrent sont presque nuds, & ils en reviennent au bout de deux minutes tout couverts de sueur, le visage aussi enflammé que s'ils avoient été dans un four. Lorsqu'on baisse la tête fort près de terre, on a beaucoup moins de peine à respirer, parce que la vapeur chaude occupe toujours le plus haut de l'étuve, & que l'air froid arrive par la partie inférieure; d'ailleurs il n'y a aucun danger à redouter dans ces étuves. On sait par des expériences que M. Tillet a rapportées dans les Mémoires de l'Académie des Sciences pour 1764, qu'on peut s'accoutumer à soutenir dans un four une chaleur incroyable, sans aucun accident.

Il y a dans ces étuves six especes de rues, qui ont six pieds de haut & trois pieds & demi de largeur. L'Hôpital de l'Annonciation de Naples tient une Maison à Pouzol au commencement de l'été, d'où l'on envoie à ces étuves les malades qui ont besoin de suer; il y a pour les femmes une grotte séparée de celle des hommes; on y passe une demi-heure, plus ou moins, après quoi l'on se met au lit dans un endroit moins chaud. Le nom de *Tritola* que porte cette étuve vient du mot *Frittola*, parce qu'on y frotte les malades pour exciter encore mieux la ſueur, ou du mot grec Τριταῖος, qui veut dire fievre tierce, que l'on guérit dans ces étuves. Le ſable même du rivage, & celui que l'on ramaſſe au fond de l'eau, ſert dans la Médecine; quoique l'eau ſoit froide & entretienne la fraîcheur du ſable qu'elle touche, il ſuffit de pénétrer dans ce ſable à deux travers de doigts, pour trouver un terrein brûlant où il eſt impoſſible de tenir la main. Au-deſſous de cette étuve il y a une grande ſalle voûtée d'où il ſort pluſieurs ſources, avec des ſieges tout autour.

Cette côte & tous les environs du golfe de Pouzol, ſont remplis de fontaines minérales dont les anciens ont parlé, & ſur leſquelles Sébaſtien Bartoli a fait un Traité exprès. (Voyez PARRINO, *Guida de' foraſtieri per Pozzuoli*, &c. 1751.) J'en ai vu tirer une pierre à bâtir, qui eſt un tuf formé par des matieres de volcans, une pouzolane qui a pris de la conſiſtance, & où l'on apperçoit encore les veſtiges des matieres brûlées.

CHAPITRE III.

Description de Monte nuovo, du lac d'Averne & de la grotte de la Sibylle.

MONTE NUOVO est une colline qui peut avoir 200 pieds de hauteur, sortie du milieu des eaux du lac Lucrin, le 30 Septembre 1538, avec un bruit horrible; le village de *Tripergole* fut abîmé par cette éruption. Les habitans de Pouzol prirent la fuite, & une partie de ce lac célebre par la pêche qu'on y faisoit autrefois, fut désséchée & remplie par la nouvelle montagne ([a]). Monte nuovo.

L'éruption de Monte Nuovo est racontée par Simone Porzio, par Giulio Cesare Capaccio, dans ses Dialogues imprimés en 1634, par Pierre-Jacques

([a]) Ce n'est pas le seul exemple qu'on ait eu d'un effet semblable de volcans. on trouve dans l'histoire de l'Académie pour 1708, le détail de la nouvelle isle formée dans l'Archipel, auprès de celle de Santorin, au mois de Juillet 1707, à la suite d'un tremblement de terre. V. aussi le voyage de Tournefort, & l'histoire de l'Académie pour 1722, sur la nouvelle isle des Açores.

de Tolede, dans son Dialogue sur le tremblement de 1538, imprimé à Naples en 1539, par Scipion Mazzella, dans ses antiquités de Pouzol, & par Leandro Alberti, dans sa description de l'Italie; les matieres dont cette montagne est composée, ne sont que des laves, des pierres brûlées & spongieuses, & des scories qui paroissent être sorties d'un fourneau.

Le feu, le soufre, les cavernes, les moffettes, les vestiges de volcans, les voyages d'Ulysse, d'Hercule & d'Enée sur ces parages, les rendirent si respectables, si sacrés, si pittoresques, si poëtiques, pour ainsi dire, qu'on ne doit pas être surpris de leur célébrité & des fables dont on les a embellis.

LE LAC D'AVERNE, qui est à un mille au nord de Baies, est une espece de bassin de 300 toises de diametre, environné de collines qui lui dérobent presque l'aspect du soleil; lorsque ces montagnes étoient couvertes d'épaisses forêts; ce devoit être l'image d'un tombeau, & je ne suis pas étonné qu'on y eut établi des sacrifices aux Dieux manes, & qu'on y vit fort peu d'oiseaux; delà vint le nom d'Averne,

Ἄορνος, *Avibus carens.* Il pouvoit d'ailleurs y avoir des vapeurs sulfureuses, qui les en écartassent. Au bord de ce lac commence une sombre caverne dont les avenues étroites & escarpées prêtent à l'idée que Virgile nous en donne, en décrivant cette grotte de la Sibylle.

Spelunca alta fuit vastoque immanis hiatu,
Scrupea, tuta lacu nigro, nemorumque tenebris,
Quam super haud ullæ poterant impu[illegible] volantes
Tendere iter pennis : talis sese halitus atris,
Faucibus effundens, supera ad convexa ferebat,
Unde locum Graii dixerunt nomine Avernum.

Æneidos. VI. 237.

Cette grotte paroît avoir été dans le principe, l'issue d'un chemin taillé pour aller de Cumes au lac d'Averne, & dont on voit l'entrée du côté de la ville de Cumes. La grotte du Pausilipe nous donne une idée de ces sortes d'entreprises, qui furent du goût des premiers habitans de Grece & de Sicile ; mais son ancienneté perdue dans l'obscurité des temps fabuleux, étoit bien suffisante pour monter l'imagination des Poëtes. Ils ont prétendu que Déiphobe, fille de Glaucus & Prêtresse d'Apollon & de Diane, connue sous le nom de

Sibylle de Cumes, passoit par cette caverne pour aller au Temple d'Apollon & au lac d'Averne. On est obligé, en entrant dans la grotte, & pendant les 15 premiers pas, de se tenir courbé; ensuite on y marche debout & sans crainte, la grotte devenant très-haute; elle est moins large que la partie de cette grotte qu'on voit à Cumes; ce qu'elle a de commun avec elle, c'est qu'elle est creusée dans la pouzolane. Il n'est pas possible d'y pénétrer plus de cent cinquante pas, à cause des terres écroulées qui la bouchent. Lorsqu'on a fait ce trajet, on rencontre à droite un petit sentier tournant, où une seule personne peut passer à la fois; au bout de quarante pas on entre dans une petite chambre quarrée, que l'on prétend être l'endroit où la Sibylle rendoit ses oracles.

On y montre une ouverture pleine de terres éboulées, qu'on dit avoir été l'une des portes secrettes de la Sibylle. A côté de cette chambre est une salle où il y a deux baigneires de pierre brutte, & quelques restes d'anciennes mosaïques sur le mur, dont le dessein est en compartimens; cette salle est pleine d'eau tiéde, jusqu'à la hauteur d'un pied & demi. Les voyageurs prennent chacun une torche, & se font porter sur le dos de leurs guides, dans une seconde chambre où l'on trouve un regard d'eau tiede, & une autre porte pleine de terre éboulée, qu'on dit être la porte secrette des bains de la Sibylle. Un antre profond & ténébreux, tel que celui-ci, & une chambre avec des compartimens de mosaïque, n'avoit rien que de convenable à la retraite de la Sibylle. Cependant l'on est revenu de ces idées fabuleuses, & l'on croit que ce souterrein n'étoit autre chose qu'un chemin pratiqué sous la montagne, & que les deux chambres que l'on y trouve à une certaine distance, étoient un bain où l'on n'avoit pas cherché à se procurer plus de commodité qu'on n'en trouve aujourd'hui aux étuves de S. Germain, qui sont sur le bord du lac d'Agnano, & dont nous avons parlé.

Le rameau d'or qu'Enée trouva dans les forêts voisines, fait allusion aux mines d'or que l'on trouvoit dans ce pays, & dont Virgile parle dans le second livre des Géorgiques :

> Hæc eadem argenti rivos, ærisque metalla,
> Ostendit venis atque auro plurima fluxit.

Champs Elisées.

Pour soutenir l'allégorie des Enfers, les Poëtes appellerent Champs Elisiens une campagne plus agréable & plus découverte, qui est sur les bords d'un petit golfe appellé *Mare Morto*, à un mille de Baies; peut-être du temps des Romains étoit-ce un lieu de sépulture. On l'appelle actuellement *Mercato di Sabbato*. Ce lac de *Mare Morto* est très-poissonneux, il communique avec la mer par un petit détroit, que l'on barre dans certains temps pour empêcher le poisson d'en sortir.

Un autre lac qui est à une mille de celui-ci, étoit appellé l'Achéron; c'est celui où étoit supposé le batelier des Enfers, c'est-à-dire, le vieux Caron:

> Portitor has horrendus aquas & flumina servat,
> Terribili squallore Charon.
>
> *Æn.* VI. 298.

Son nom qui signifioit en Grec la mort, venoit de Χαιρω, *Gaudeo*, parce qu'il conduisoit aux Champs Elisées. Ce lac s'appelle aujourd'hui *Lago Fusaro* ou *Colucacio*; il ne sert qu'à rouir du chanvre,

& à nourrir du poisson, qui réussit très-bien.

Près delà étoit la maison d'un des plus riches Sénateurs de Rome, appellé *Servilius Vatia*, qui, pour se soustraire aux regards dangereux de l'Empereur Tibere & de Séjan, s'y retira pour vivre dans un agréable loisir, loin de la Cour & libre des soins ambitieux qui occupoient les Courtisans; c'est de lui que l'on disoit, au rapport de Séneque :

O Vatia, tu solus scis vivere. (*Epist.* 55.)

Il ne voulut être connu que par son indifférence & son éloignement pour les affaires : *nulla alia re quam otio notus, consenuit, & ob hoc unum felix habebatur*. Séneque décrit ensuite la situation & les délices de cette maison fameuse; il me paroît par ce qu'il en dit qu'elle étoit fort près de Baies; il faut, pour en juger, avoir sous les yeux la carte de Pouzol & de ses environs, que Petrini a donné en 1750. On a trouvé dans les ruines qui sont vers le lac Fusaro, diverses inscriptions rapportées dans Capaccio.

Entre le lac appellée *Mare Morto*

& le rivage de la mer, est un grand bâtiment appellé *Piscina mirabile*, qui étoit, selon toutes les apparences, un réservoir d'eau ; il a 200 pieds de long sur 130 de large, & il est soutenu par 48 gros piliers disposés sur quatre lignes; on y descend par deux escaliers de 40 marches chacun ; l'enduit qu'on y voit encore sur les murs est aussi dur que la pierre, & donne lieu de croire que c'étoit réellement une citerne où l'on rassembloit les eaux de pluie ; on croit qu'elle fut faite lorsque Agrippa conduisit une armée navale à Misene.

Piscina mirabile.

CENTO CAMERELLE, autre reste de constructions antiques sur le penchant de la montagne, & tout près de la mer; il paroît avoir été la substruction ou le soutien des terrasses de quelque grand édifice ; on l'appelle aussi labyrinte à cause du grand nombre de chambres voûtées qui communiquent les unes aux autres, & dans lesquelles on pourroit en effet s'égarer ; tout cela tombe en ruines. Il y a plusieurs étages d'arcs & de chambres, les unes au-dessus des autres, avec un enduit encore blanc au-dedans.

Parmi les maisons considérables que les Romains avoient bâti du côté du promontoire de Misene, celle de Lucullus étoit une des plus fameuses, mais on n'en sait pas précisément la situation; ce fut-là que Tibere mourut, cette maison fut agrandie encore par Valerius Asiaticus, mais ce luxe & cette opulence lui devinrent funestes; Messaline & Vitellius engagerent l'Empereur Claude à le faire arrêter, pour avoir la confiscation de ses biens; on lui donna le choix du genre de mort, & il se coupa les veines, l'an 46 de J. C.

CAPO MISENO est la pointe occidentale & méridionale du golfe de Pouzol & de Baies, à une lieue & demie de Pouzol & de Cumes; Virgile dit qu'Ænée y ayant fait enterrer *Misenus* un de ses compagnons, donna son nom au promotoire. Misene.

Qui nunc Misenus ab illo
Dicitur, æternumque tenet per secula nomen.
Æn. VI. 234.

D'autres disent que c'étoit le nom d'un des compagnons d'Ulysse; quoi qu'il en soit, il y avoit sur cette hauteur une ville, & au-dessous un port qui étoit fréquenté par les vaisseaux des Romains. Agrippa l'avoit fait construire, & il servoit pour la sûreté de cette mer, comme Ravenne pour la mer Adriatique : il y avoit un phare pour éclairer les vaisseaux : les Auteurs parlent souvent de la flotte de Misene, qui étoit regardée comme un objet de la plus grande importance ; Tacite dit en parlant de Vitellius, que la défection de cette flotte, lui fit craindre les derniers revers ; *Audita defectione Misenensis classis, Romam revertit, recentissimum quodque vulnus pavens, summi discriminis incuriosus.* (Hist. L. III. §. 56). Pline le naturaliste la commandoit lorsque l'éruption du Vésuve l'attira du côté de cette montagne, le 24 Août 79. *Erat Miseni, classemque imperio præsens regebat*, (Pline L. VI. Lett. 16).

La ville de Misene fut prise & pillée par les Lombards, sous la conduite de Sicard, Prince de Benevent, l'an 836 ; les Sarrazins acheverent de la ruiner en 890, & emmenerent les habitans prisonniers ; il ne reste plus que des ruines informes de cette ville ; ce qu'on y voit de plus singulier est un souterrein percé dans la montagne, & qu'on appelle *Grotta Dragonara* ; quoiqu'il soit presque ruiné actuellement, on y pénetre encore assez avant ; il y a une allée longue, tortueuse, avec plusieurs chambres sur les côtés. Les uns disent que Néron avoit fait percer cet aqueduc pour y rassembler les eaux chaudes de Baies, & que ces chambres étoient des citernes où l'on faisoit arriver l'eau de pluie pour rafraîchir les eaux chaudes à volonté ; d'autres disent que c'étoit des fouilles d'où l'on avoit tiré la pouzolane, ou des magasins pour les vins & autres provisions de la flotte de Misene.

On trouva, en creusant dans les ruines de Misene, en 1699, un beau piedestal de marbre de quatre pieds de haut, où il y avoit une inscription à l'honneur d'un Prêtre de Jupiter, qui vivoit sous le regne d'Antonin, il a été transporté à Naples ; si l'on y avoit autant qu'à Rome le goût d'antiquités & de recherches, on trouveroit sans cesse dans ces campagnes des monumens de cette espece.

Au pied de la montagne de Misene il y a dans la mer même, une source d'eau douce qui sort avec assez de force pour conserver sa douceur, comme celle qui sort du côté de Genes dans le Golfe de la Spetia. On croit que c'étoit celle du temple des Nym-

Fontaine singuliere.

phes, bâti par Domitien, où il y avoit une ſource intariſſable. Peut-être auſſi cette ſource vient elle des eaux de quelques aqueducs qui ont été rompus.

Bauli. Si l'on veut remonter par mer juſqu'à Cumes, qui eſt à une lieue & demie au nord du cap de Miſene, & à trois lieues de Naples, en ligne droite, on paſſe près de *Bauli*, village ſitué ſur la hauteur au fond d'une petite anſe, où l'on dit qu'Hercule aborda en revenant d'Eſpagne, après avoir défait le tyran Gérion; on fait venir le nom de Bauli des étables où Hercule plaça ſes bœufs. On ajoute qu'il y ouvrit un chemin juſqu'au lac Averne, qui fut appellée *via Herculea*, ſuivant Dion & Strabon; on voit encore au fond de la mer, lorſqu'elle eſt tranquille, les veſtiges d'un ancien chemin; mais il peut être un reſte des conſtructions Romaines, qui s'étendoient ſur toute cette côte, & qui ont été enſevelies ſous les eaux.

Ce fût-là que Néron conduiſit ſa mere, qu'il avoit fait venir d'Antium dans le deſſein de la faire périr. *Excipit manu & complexu ducitque Baulos, id villæ nomen eſt quæ promontorium*

Misenum inter & Baianum lacum flexo mari alluitur. Il lui donna un grand souper, lui prodigua toutes les marques de la plus parfaite réconciliation, lui fit mille carresses, la reconduisit jusqu'au vaisseau qui devoit la transporter dans sa maison du lac Lucrin, & sur lequel elle faillit de périr, comme nous l'avons dit en parlant de son tombeau, pag. 53.

CUMES, *Cuma*, en Latin *Cumæ*, ville située à une demi-lieue de Bauli, & à trois lieues de Naples; elle étoit de la plus haute antiquité, ayant été bâtie même avant Capoue par des Grecs venus de l'isle d'Eubée ou Négrepont, sous la conduite de Phérécide, environ 1000 ans avant J. C. Cumes.

Inde Phereciadum muros, *Sil. Ital.*

Et tandem Euboïcis Cumarum allabitur oris.

Æn. VI. 2.

Son nom Κῦμα, signifie en Grec le flot de la mer.

Virgile raconte que lorsqu'Enée y aborda, il y trouva un Temple que Dédale y avoit bâti à l'honneur d'Apollon, en lui consacrant les ailes qui lui avoient servi pour s'échapper du labyrinthe de Minos. Enée y voyoit avec plaisir les sujets que Dédale y avoit représentés ; la mort d'Androgée, fils de Minos, que les Athéniens avoient tué ; le sacrifice annuel que Minos les avoit forcé de faire de sept enfans ; l'amour de Pasiphaé pour un taureau ; la naissance du Minotaure ; l'amour d'Ariane, fille de Minos, pour Thésée.

Si l'on veut expliquer toutes ces allégories, on peut croire que Dédale étoit un Crétois persécuté venu à Cumes sur un vaisseau d'une légéreté & d'une vîtesse surprenante, qui bâtit à Cumes un Temple d'une beauté jusqu'alors inconnue en Italie : *posuitque immania Templa*, Æn. VI. 19. Ce fameux Temple d'Apollon, suivant le témoignage de Servius, fut ensuite converti en une Eglise ; mais il n'en reste plus aucun vestige.

La ville de Cumes qui étoit si ancienne & si célebre, devint presque déserte quand Baies & Pouzol eurent attiré toute l'affluence des Romains ; du moins Juvenal nous la dépeint ainsi, lorsqu'il dit à *Umbritius* qu'il fait très-bien de quitter Rome pour aller dans un pays plus solitaire & moins infecté de crimes que ne l'étoit la capitale :

> Laudo tamen vacuis quod ſedem figere Cumis,
> Deſtinet, atque unum civem donare Sibyllæ.
>
> *Sat.* 3.

Dans la ſuite elle fut dévaſtée par les Vandales, les Goths, les Sarrazins; en 1207, elle étoit devenue un aſyle de voleurs & de corſaires qui infeſtoient le Royaume de Naples; les Allemands qui s'y étoient fortifiés inccommodoient ſi fort les environs, que l'Evêque d'Averſa appella à ſon ſecours Godefroi de Monteſuſcolo, grand Capitaine de ce temps-là; les Napolitains envoyerent auſſi Pierre de Lettra. Ils chaſſerent les Allemands en 1207, raſerent la fortereſſe & tout ce qui reſtoit de Cumes, l'on réunit même ſon Evêché à celui de Naples.

Grotte de la Sibylle.

C'eſt à Cumes qu'étoit l'entrée de la grotte de la Sibylle:

> Exciſum Euboicæ latus ingens rupis in antrum,
> Quo lati ducunt aditus centum, oſtia centum.

On voit en effet une grotte profonde qui ſemble ſe diriger du côté de Baies, & qui pouvoit auſſi communiquer à celle dont l'entrée eſt ſur le bord du lac Averne; les éboulemens qui ont fermé les paſſages, font qu'on ne va pas à 100 toiſes de diſtance. On y trouve un petit chemin étroit, qui conduit à pluſieurs chambres, dont une paroît avoir été pavée en moſaïque, revêtue de ſtuc, & ornée de peintures; on y montroit autrefois les bains de la Sibylle, ſon tombeau, & le ſiege même où elle avoit rendu ſes oracles.

Une autre voûte d'environ 80 pieds de long, & qui eſt garnie de niches, paroît avoir été un lieu de ſépulture, comme les catacombes de Naples. Il y a encore pluſieurs autres chambres ſouterreines dans les environs de Cumes.

Le Temple des Géans eſt un ancien édifice de 29 pieds de long ſur 25 de large, dont la voûte eſt encore ornée de compartimens, & dans lequel on voit trois grandes niches quarrées; on ignore quelle étoit autrefois ſa deſtination, mais ſon nom rappelle les anciens habitans de ce pays-là, que Diodore de Sicile, dans ſon IVe Livre, dit avoir habité dans les champs Flégréens, & avoir été vaincus par Hercule; c'étoit 1238 avant Jeſus-Chriſt, ſuivant la chronologie du P. Petau.

Le

Le Cardinal Acquaviva, Archevêque de Naples, faisant creuser en 1606, près de Cumes, on découvrit un Temple presque entier, d'ordre Corinthien, pavé de marbre, qu'on jugea avoir été élevé par Agrippa à l'honneur d'Auguste, & l'on en tira grand nombre de statues qui furent portées à Naples pour orner le bâtiment de l'Université.

ARCO FELICE est un reste de gros mur de briques avec une porte rustique & dégradée, qui faisoit probablement partie de l'enceinte de Cumes; le mur a plus de 60 pieds de hauteur, & la porte 18 pieds de largeur. On y voit quelques vestiges du grand chemin qui venoit jusqu'à Cumes, pour lui servir de communication avec la voie Appienne. On trouve près de cet arc un ancien reste de bâtiment qui paroît avoir été une conserve d'eau.

TORRE DI PATRIA, une lieue au nord de Cumes, à l'embouchure du *Literne* ou *Clanio*, est une ancienne tour ainsi appellée parce qu'on y voit en gros caracteres le mot *Patria*, reste d'une ancienne inscription; c'étoit, dit-on, le tombeau de Scipion l'Africain. Ce grand homme, vainqueur d'Annibal,

Tombeau de Scipion.

de Syphax & de Carthage, à qui les Romains avoient offert de le créer Consul & Dictateur perpétuel, étoit en butte à Caton, ce rigide Censeur qui n'avoit jamais loué personne, & qui ne cessoit d'aboyer après lui, *allatrare*, suivant l'expression de Tite-Live. Scipion fut accusé de *peculat*; on prétendoit qu'il avoit vendu la paix à Antiochus; mais au lieu de se justifier, il dit tout haut: Romains, c'est à pareil jour que j'ai vaincu Annibal, allons en remercier les Dieux; tout le monde le suivit & ses accusateurs furent abandonnés. Cependant Scipion indigné de cette accusation, se retira dans sa maison de campagne près de Literne, où il mourut 187 ans avant J. C. il y fut enterré avec le Poëte Ennius qu'il avoit toujours aimé, & qui avoit chanté ses victoires. On voyoit sur son tombeau cette inscription, *ingrata patria nec ossa mea habebis*; & l'on croit que le mot *patria* qu'on voit sur cette tour, est le reste de l'inscription. La ville de Literne qui étoit près delà ne subsiste plus.

PATRIA n'est qu'à trois lieues de Mondragone, dont nous avons parlé à l'occasion du voyage d'Horace, & à neuf lieues de Gaëte, dont nous avons aussi donné la description.

Les isles de Nisida, de Procida & d'Ischia, que l'on voit quand on est à Baies ou à Misene, méritent aussi d'être vues, spécialement Ischia, où l'on trouve beaucoup de fontaines minérales & d'anciens vestiges de volcans.

L'isle de Procida est peuplée de faisans pour la chasse du Roi. En conséquence on avoit défendu absolument, il y a environ 12 ans, d'avoir des chats dans aucune maison de l'isle; au bout de quelques années les rats s'y multiplierent tellement, qu'ils y formerent une affreuse calamité; les jardins, les maisons, les Eglises, les Sacristies, les armoires, jusqu'aux tuyaux d'orgues, tout étoit dévoré par les rats; les provisions des particuliers, les cadavres avant la sépulture, les enfans même dans leurs berceaux, étoient en proie à cette terrible espece d'animaux; l'isle entiere alloit devenir inhabitable. Les paysans consternés allerent se jetter au pieds du Roi, en lui demandant justice; ils semerent six à sept cent de ces animaux sur son passage, & cette terrible défense fut révoquée. Cela me rappelle le fléau qu'on éprouve quelquefois au Pérou par les *Chaco* ou fourmis de visite ; on est obligé quand elles passent dans un endroit, de déserter la maison ; il y auroit du risque pour la vie à vouloir y habiter pendant le temps de leur séjour ; mais du moins elles nettoyent la maison de toute sorte de reptiles, & leur chasse faite, elles s'en vont.

CHAPITRE IV.

Du Château Royal de Portici.

APRE'S avoir décrit la partie occidendentale du golfe de Naples, nous passons à la description du rivage opposé, moins célebre autrefois, mais devenu plus intéressant par le spectacle singulier du Vésuve, par les découvertes d'Herculanum, & les belles maisons de Portici.

Le chemin qui conduit de Naples à Portici, depuis le pont de la Magdelaine, est large, agréable, garni de maisons d'un côté, & ayant le rivage de l'autre. Une partie a été plantée ;

mais les arbres ne s'y conservent pas à cause de l'air de la mer ou sirocco & de la sécheresse du rivage. On passe à Saint *Giovanni Teduccio* & à *Pietra Bianca*, pour arriver à Portici.

PORTICI est éloigné de deux lieues du centre de Naples; c'est un village très-long, très-bien bâti, & où le Roi Don Carlos a fait élever un château considérable.

Château du Roi.

Il consiste en une cour octogone qui a 260 pieds de longueur; mais qui est étroite, & traversée par le grand chemin; elle est environnée de bâtimens neufs, mais mal décorés. Il y a une autre cour sur le bord de la mer, à laquelle on travailloit en 1765, & qui devoit être bordée de bâtimens pour les gardes. Il n'y a rien de plus beau dans ce Palais que deux figures équestres, de marbre blanc, qui ont été tirées d'Herculanum. La statue de Marcus Nonius Balbus fils, est placée à droite sous le vestibule du Palais, où elle est environnée de vitrages, afin que l'on ne puisse l'endommager. Balbus a l'air fort jeune; il a la tête découverte, les cheveux courts; il est vêtu d'une cuirasse qui ne lui descend

Belle statue de Nonius Balbus.

pas tout-à-fait jusqu'aux hanches, & qui laisse appercevoir au-dessous une espece de camisole ou de chemise sans manches, qui lui descend presqu'au milieu des cuisses. Il a le bras droit, de même qu'une partie des cuisses & les jambes nues; sa main droite est élevée en l'air à la hauteur de sa tête, & il tient de la main gauche la bride de son cheval, qui est très-courte. Le bras du même côté est couvert d'un manteau qui pend de dessus l'épaule, & qui, en servant de fond au côté droit du corps, le met entiérement à découvert. Il est chaussé avec des especes de brodequins qui lui vont un peu au-dessus de la cheville; il est monté sans selle & sans étriers, à la maniere des anciens. Le cheval est dans une attitude assez tranquille; un de ses pieds est levé fort haut & les trois autres posent à terre: ce cheval a encore pour point d'appui un morceau de marbre en forme de borne ronde, sur laquelle son ventre pose, & par derriere un petit morceau de marbre quarré qui vient s'arcbouter comme une quille à l'extrémité de sa queue: sa hauteur est, suivant le catalogue des monumens d'Herculanum, de six palmes 10 onces, ou 5 pieds 6 pouces 4 lignes, à prendre depuis la croix des épaules jusqu'à terre; la ſtatue de Balbus ſuit la même proportion.

Cette figure équeſtre de Balbus a quelque choſe de froid au premier aſpect, mais elle gagne beaucoup à l'examen, par la noble ſimplicité de ſa compoſition, de ſa draperie & de ſes ajuſtemens : le deſſein en eſt fin & de la plus grande précicíſion : la tête du cavalier eſt très-belle, celle du cheval eſt pleine de feu : quand on regarde cet ouvrage avec ſoin, on y découvre une infinité de beautés de détail : enfin il y regne par-tout un ſi grand caractere de vérité, qu'on diroit que ce marbre reſpire. Lorſqu'on l'a découverte, on a trouvé à côté l'inſcription ſuivante :

M. NONIO M. F.
BALBO. PR. PRO. COS.
HERCVLANENSES.

«Les habitans d'Herculanum ont fait »ériger cette ſtatue à Marcus Nonius »Balbus, fils de Marcus, Procurateur »& Proconſul».

Une autre ſtatue de marbre blanc, érigée à Marcus Nonius Balbus pere, Statue de Balbus pere.

est placée à gauche dans un vestibule du château vis-à-vis de la précédente : cette statue a été trouvée la derniere ; elle est de même grandeur & aussi belle que la premiere, mais elle n'est pas si bien conservée ; il lui manquoit la tête & une main quand on l'a tirée des fouilles, & elle a été restaurée ; la tête qu'on y a mise a été copiée juste, d'après celle d'un homme, dans la physionomie duquel on a trouvé un assez beau caractere & qu'on a cru pouvoir convenir à la figure : cette tête est très-bien rendue, sans cependant avoir la même finesse de dessein que l'antique. A l'égard de l'attitude de Balbus pere, elle est simple, & cette figure est presque dans le même mouvement que celle du fils. La conformité de composition, jointe à la similitude du caractere du dessein, font croire que ces deux figures équestres sont du même Sculpteur ; il a risqué une chose qui lui a très-bien réussi comme dans la figure précédente ; c'est de jetter le manteau du cavalier tout d'un côté, ce qui produit un effet d'autant plus heureux, qu'à l'opposite on jouit entiérement de la figure qui se dessine à merveille sous la cuirasse. Le cheval n'est pas moins beau que l'autre : voici l'inscription trouvée à côté de cette statue, qui ne laisse aucun doute sur celui à qui elle a été élevée.

M. NONIO. M. F. BALBO.

PATRI

D. D.

« A Marcus Nonius Balbus pere, » qui étoit fils de Marcus ».

Ces deux figures ont été découvertes dans le forum ou chalcidique, d'où l'on a enlevé aussi les tableaux de Thésée & d'Hercule, dont nous parlerons plus bas. Ces chef-d'œuvres de sculpture sont extrêmement précieux, non-seulement par leur beauté intrinseque, mais encore par leur rareté ; puisque ce sont les seuls monumens d'antiquité en marbre que nous ayons dans ce genre.

Il est à souhaiter qu'on obtienne du Roi des deux Siciles, la permission de les mouler pour en avoir des modeles dans notre Ecole. Quelles ressources ne trouveroient pas dans l'étude de ces monumens, ceux de nos Sculpteurs qui par la prééminence de leurs talens sont choisis par les villes de France, pour exécuter les statues équestres qu'elles consacrent à la gloire de nos Rois.

La coupole de l'escalier de Portici est décorée d'une perspective de Vincent Ré, peinte avec tant de vérité, qu'elle fait une illusion complette.

Les appartemens sont d'une magnificence royale, j'y ai sur-tout admiré *la Camera di Porcellana*, qui est une chambre toute revêtue & meublée avec la porcelaine qui se faisoit à Capo di Monte, c'est une des plus belles choses que j'aie vu en Italie ; les pieces de porcelaine qui revêtissent les murs, se levent & se détachent pour être changées ou nettoyées à volonté.

Le pavé des appartemens est une chose unique : il n'y a point d'autres Palais qui ait le privilege d'être pavé d'ancienne mosaïque Grecque & Romaine, & il y en a peu qui soient ornés d'autant de statues, de bas-reliefs, de vases précieux & autres monumens d'antiquité. On y remarque deux tables quarrées d'un beau verd antique ; quatre autres tables quarrées faites de laves du mont Vésuve, d'un gris piqué de petites taches blanchâtres, & parsemé de taches noirâtres; des échantillons de marbres tirés de toutes les parties du Royaume, & dont plusieurs sont de la plus grande beauté, tels sont la breche de S. Nicandre dans la Pouille, & un marbre de Capoue qui ressemble presque à de l'albâtre oriental.

Des peintures de plusieurs grands Maîtres: j'y ai sur-tout admiré des fruits de Jean Breugle ou Breughel de velours, célebre Peintre Flamand, mort en 1642, qui sont d'une vérité à faire illusion; je remarquai encore des portraits de deux géants; le Roi de Naples les a fait faire d'après nature, on m'a dit qu'ils ont 9½ palmes ou sept pieds huit pouces de hauteur; cependant le plus grand dont j'aie ouï parler depuis long-temps, Bernard Gilli, de Trente, n'a que sept pieds deux pouces de France.

Huit tableaux ovales d'Annibal Carrache, représentant des têtes d'Apôtres fort belles.

Quatre petits camayeux antiques peints sur marbre, ce qui est d'autant plus remarquable, que jusqu'au moment qu'ils ont été découverts, on n'avoit point encore trouvé de peinture des anciens sur cette matiere. Ces camayeux sont d'un ton roussâtre, tirant sur le bistre, & ressemblent plutôt, par la maniere dont ils sont exécutés, à des desseins qu'à des peintures, ils sont d'ailleurs très-beaux : il y en a un où l'on voit le nom du Peintre, Alexandre d'Athenes, ce qui est très-rare dans les peintures antiques ; un petit bas-relief de marbre représentant une femme assise qui tourne le dos à une Divinité, & caresse une colombe ; vis-à-vis de cette femme on en voit une autre plus jeune, debout, appuyée sur son coude, & ayant le menton aussi appuyé sur sa main : le tour de cette figure est grand, noble & simple ; la tête en est très-belle ; son caractere est plein de candeur ; sa draperie est traitée d'une maniere méplate, & les plis en accusent parfaitement le nud ; les deux autres figures ne sont pas rendues aussi heureusement.

Un autre petit bas-relief où il y a une femme voilée pour laquelle on sacrifie, & derriere elle une figure qui a un double flambeau renversé. Ce morceau est fort beau, sans avoir toute la finesse du précédent : ces deux sujets sont très-bien traités de bas-relief, & leur sculpture a peu de saillie.

Une tête de Philosophe à grande barbe, aussi de marbre & d'un beau caractere. Un très-beau buste de plâtre bronzé représentant un guerrier, ce qui nous fait voir que les anciens avoient aussi l'art de bronzer, quoique nous ne sachions pas quel pouvoit être leur procédé pour y parvenir.

On voit aussi dans ces appartemens des ouvrages en cire, où il y a une vérité & une expression infinie, entr'autres un Maître d'Ecole.

Des ouvrages en vernis faits à Londres, à Venise & à Paris; comme ils sont tous du plus beaux choix, on peut y juger, par comparaison, du degré de perfection où le vernis a été porté dans ces trois villes; il m'a paru qu'on donnoit, sans balancer, la préférence à celui de Martin fait à Paris.

Il en est de même, ce me semble, des glaces que j'y ai vues; il y en a de Paris, & il y en a de Venise; celles-ci sont plus petites, & de loin elles défigurent un peu les objets, parce que leurs deux surfaces ne sont pas parfaitement paralleles, cela vient de la maniere de les fabriquer; on les souffle à Venise, en France on les coule sur des tables, & cette derniere opération rend leur épaisseur beaucoup plus uniforme.

LES JARDINS du Roi sont à l'orient du château, de l'autre côté du chemin & sur le penchant du Vésuve; ils sont vastes, mais peu ornés. Ils contiennent beaucoup d'arbres toujours verds & toujours tristes; il y en a un surtout que l'on y trouve en abondance, parce que son fruit se réserve pour les grives; on appelle ces fruits *Sorvole pelose*, en Toscane *Corbetzole*, à Rome *Cerase marina*; ils sont comme de grosses fraises, & en ont presque le goût.

M. Acciaioli qui a son habitation au fond du jardin, & qui me les fit voir, m'assura qu'on y avoit trouvé en creusant, jusqu'à sept étages différens de laves, provenues de différentes éruptions successives, dont les intervalles paroissent avoir été remplis à chaque fois pendant plusieurs siecles, par de nouveaux établissemens. L'on y habite également, sans s'inquiéter de la huitieme lave, qui peut-être bientôt doit faire déserter encore ces agréables rivages.

On va voir aussi près du château, des jardins de M. le Conseiller Caravita, qui sont très-beaux & très-bien entretenus, & dont les arbres sont d'une belle venue ; les plate-bandes sont renfermées dans de petites bordures de fayance, qui s'élevent de huit à neuf pouces ; une belle allée de Cyprès de trois à quatre cent toises de longueur, va se terminer presque jusqu'à la mer ; le terrein en est mastiqué, ce qui le rend toujours d'une très-grande propreté. Il y a dans ce jardin beaucoup de myrthe mâle, *Mortella*, beaucoup de statues en pierre, & différens morceaux d'architecture ; mais tout cela est mauvais.

Le Propriétaire est un vieillard respectable de 90 ans, dont le plus grand plaisir est d'avoir de la musique chez lui, d'y recevoir beaucoup de monde, & d'ouvrir ses jardins à la bonne compagnie ; c'étoit en effet, tous les Dimanches au soir, le rendez-vous général de la Cour qui étoit alors à Portici. Les jardins de M. Caravita conviennent, on ne peut pas mieux, au Palais du Roi ; mais la considération que l'on doit à la vieillesse & au caractere du maître, a empêché la Cour d'en demander la cession.

Il y a encore à Portici un jardin de Botanique ; il appartient au Prince de

Chiaramonte, qui est curieux dans ce genre.

CHAPITRE V.

Des découvertes faites à Herculanum.

HERCULANUM, cette ville autrefois ensevelie sous les cendres du Vésuve, & retrouvée de nos jours, est une des choses les plus extraordinaires & les plus curieuses qu'on puisse voir, je ne dis pas aux environs de Naples, mais dans toute l'Europe; c'est aujourd'hui une source intarissable de monumens antiques, de statues, de médailles, de manuscrits; les Physiciens, les Antiquaires, les voyageurs même les moins curieux y descendent avec empressement, & y trouvent des objets de curiosité.

Avant que de parler des fouilles d'*Herculanum* & des découvertes qu'on y a faites, il faut bien dire un mot de l'ancienne existence de cette ville, & de ce que l'histoire nous en raconte. M. Bayardi avoit entrepris un ouvrage d'un détail immense sur toute l'histoire d'*Herculanum*; les deux premiers volumes parurent en 1752 ([a]); mais le premier volume ne parle que des mesures des anciens; & à la fin du second volume, après plus de 1100 pages d'impression, l'Auteur n'étoit pas encore arrivé à l'année où Hercule entreprit de délivrer Thésée des prisons d'Edonée ou de Pluton; ensorte qu'il n'étoit pas prêt d'arriver à l'année de la fondation d'Herculanum ([b]).

Histoire d'Herculanum.

Quoique cette ville tire son nom d'Hercule, on n'est point d'accord sur la maniere de l'écrire; les Auteurs Latins ont écrits *Herculanum*, *Herculanium*, & plus communément *Herculaneum*; les Poëtes l'appellent aussi *Urbs Herculea*, *Salinæ Herculeæ*. Les Auteurs Grecs écrivent *Heracleion*, *Heraclanon*, *Herculaneion*. Depuis qu'on a parlé de la découverte de ses ruines,

([a]) *Prodromo delle antichita d'Ercolano, di Monsignor Ottavio Antonio Bayardi, Referendario dell' una e dell' altra segnatura, Academico Etrusco, e Citadino Romano, in Napoli* 1752, *nella regale Stamperia Palatina*, 2 vol. in-4°.

([b]) Il y a aussi un grand ouvrage de Mazzocchi intitulé : *Alexii Symmachi Mazochii, Neapolit. Eccles. Canonici, Regii Sacræ Scripturæ interpretis Commentariorum in Regii Herculanensis Musei æneas tabulas Heracleenses, Neapoli*, 1754, 2 vol. in-folio.

les Italiens l'ont nommée *Herculana*, *Herculaneo*; mais le plus ſouvent *Ercolano*. Les François n'ont pas été plus d'accord; quelques uns l'ont appellé *Héraclée*; mais ce nom paroît devoir être réſervé à d'autres villes. M. l'Abbé Nollet l'appelle *Herculea*; M. l'Abbé Richard l'appelle toujours *Herculée*; M. Requier *Herculane*, & c'eſt le nom que j'aurois voulu adopter en François; mais M. le Comte de Caylus & M^rs^. de l'Académie des Inſcriptions paroiſſent avoir choiſi le nom d'*Herculanum*. M. de la Condamine, M. Groſlée, M. Cochin, M. Peton, le Traducteur de de Winkelman, l'ont adopté; ainſi quoique ce ſoit une choſe très-arbitraire, & que le mot d'*Herculane* me paroiſſe plus naturel, je retiendrai le mot d'*Herculanum*, qui paroît être conſacré par des autorités plus reſpectables.

Polybe, en parlant de Capoue, de Naples, de Nola, ne cite point Herculanum; mais cet Hiſtorien vivoit 150 avant Jeſus-Chriſt, & peut-être alors cette ville étoit encore peu connue. Diodore de Sicile, qui vivoit ſous Jules-Céſar & ſous Auguſte, parle dans ſon 4e. livre du voyage d'Hercule; mais il ne parle point d'Herculanum. Strabon qui vivoit du temps d'Auguste & de Tibere, est le plus ancien Auteur qui en ait parlé ; c'est dans le 5e livre de sa Géographie. Après Naples, dit-il, on trouve *Herculanum*, dont l'extrémité s'avance dans la mer, & dont l'air est très-salubre. Cette ville, aussi bien que *Pompeii* qui vient après, & qui est arrosée par le fleuve Sarno, fut habitée autrefois par les Osques, les Etrusques, les Grecs, & ensuite par les Samnites, qui en ont été chassés à leur tour.

Denys d'Halicarnasse, qui vivoit aussi sous Auguste, raconte, dans le premier livre de ses Antiquités Romaines, l'arrivée d'Hercule en Italie. Il revenoit d'Espagne où il avoit défait le tyran Gérion; il avoit detruit les brigands qui infestoient l'Espagne & les Gaules; il avoit policé les nations Sauvages qui habitoient ces pays, & s'etoit ouvert par les Alpes un chemin que personne n'avoit encore tenté; enfin, ajoute-t-il, Hercule ayant reglé les affaires d'Italie à son gré, & son armée navale étant arrivée d'Espagne aux bords du Sarno, il sacrifia aux Dieux la dixieme partie des richesses qu'il rapportoit ; & pour donner à sa flotte un lieu de relâche, il forma une petite ville de son nom, qui est encore habitée par les Romains ; elle est située entre Pompeii & Naples, & son port en tout temps est un lieu de sûreté.

Les Osques, les Cuméens, les Tyrrhéniens & les Samnites occuperent successivement cette côte. Les Romains s'y établirent 293 ans avant J. C. & occuperent spécialement Herculanum. Cette ville 100 ans avant J. C. étant entrée dans la guerre sociale ou Marsique, contre les Romains, elle fut reprise par le Proconsul T. Didius. Le trisayeul de l'Historien Velleius Paterculus commandoit une Légion qu'il avoit levée à ses dépens, & contribua beaucoup à la prise de cette ville.

Quelque temps après Herculanum fut faite colonie Romaine ; on voit ce titre dans une inscription qu'elle avoit consacrée à *L. Munatius Concessanus*, son protecteur, & qui fut trouvée anciennement auprès de *Torre di Greco* ; elle est à Naples chez les Peres de Saint Antoine ([a]).

([a]) *Observations sur Herculanum, par MM. Cochin & Bellicard.* 1755.

Cette ville devint riche & considérable, à en juger par les restes qu'on en a découvert ; elle est citée dans Pline & dans Florus parmi les villes principales de la Campanie. Dans le temps où toute la côte délicieuse du golfe de Naples étoit couverte par les maisons des plus riches Romains, il ne pouvoit manquer d'y en avoir près d'Herculanum. Les Lettres de Cicéron parlent de celle qu'y avoient les Fabius, & que deux freres possédoient par indivis. Séneque parle d'une maison de Caligula, que cet Empereur fit détruire, parce que sa mere y avoit été détenue prisonniere du temps de Tibere ; elle étoit, dit-il, d'une si grande beauté qu'elle attiroit les regards de tous ceux qui passoient le long de la côte.

La description que fait Stace d'une maison située à *Sorrento*, c'est-à-dire, sur la même côte & à six lieues d'Herculanum, peut faire juger de la magnificence & de la richesse qui brilloient dans ces maisons de plaisance ; les figures antiques de bronze & de métal de Corinthe aussi estimé que l'or, les portraits des Généraux, des Poëtes, des Philosophes, les chefs-d'œuvres d'Apelles, de Policlete, de Phydias; tous les genres de beautés y étoient accumulés. On ne doit pas être étonné de retrouver dans les ruines d'Herculane des figures de la plus grande perfection :

> Quid referam veteres ceræ ærisque figuras,
> Si quid Apellæi gaudent animasse colores,
> Si quid adhuc, vacuâ tamen, admirable Pisâ,
> Phidiacæ rasere manus; quod ab arte Myronis,
> Aut Polycletæo quod jussum est vivere cælo,
> Æraque ab Isthmiacis auro potiora favillis,
> Ora ducum & vatum, sapientumque ora priorum.
>
> *Statius.*

Herculanum abîmée.

Martial, Statius mettent Herculanum au nombre des villes abîmées par les éruptions du Vésuve; mais Dion Cassius, qui vivoit l'an 230 de J. C. & qui a composé une histoire Romaine, est le premier historien qui le dise formellement en décrivant l'éruption de l'an 79. « Une quantité incroyable de » cendres emportée par le vent, rem» plit l'air, la terre & la mer, étouffa » les hommes, les troupeaux, les pois» sons & les oiseaux, & engloutit deux » villes entieres, Herculanum & Pom» peii, dans le temps même que le peu» ple étoit assis au spectacle. (D. Caff.

L. 66. n°. 21.)». Cependant Florus vers l'an 100 de J. C. parloit encore d'Herculanum, qu'on croit avoir été engloutie dès l'an 79; quoi qu'il en ſoit de la date de ce terrible événement, on ne peut pas douter que la ville d'Herculanum n'ait été enſevelie ſous les cendres ou laves fabloneuſes du Véſuve; on trouve ſes bâtimens à 68 pieds ſous terre dans l'endroit où eſt le théâtre, & à 101 pieds ſous terre, du côté de la mer & du château du Roi. Le maſſif dont elle eſt recouverte eſt une cendre fine, griſe, brillante, qui, mêlée avec de l'eau a fait un compoſé que l'on briſe quoique avec peine, & qui tombe en pouſſiere; il y a des endroits où elle ſe détache d'elle même & s'ébouleroit fort promptement, ſi on ne la ſoutenoit par des planches & des étais; en regardant cette pouſſiere au microſcope, on y voit des parties noires & bitumineuſes, des parties vitrifiées, d'autres minérales & métalliques, & on y trouve une qualité ſaline, un peu alumineuſe, ce qui prouve, comme nous l'avons dit en parlant du Véſuve, que c'eſt une matiere de même nature que la lave en maſſe dont nous rapporterons bien-tôt l'analyſe; elle ne donne cependant pas une odeur de soufre quand on la brûle : sans doute que l'acide sulfureux s'en est évaporé.

Cette matiere ne couvrit que peu à peu, la ville d'Herculanum, & laissa aux habitans toute la liberté de s'enfuir ; car depuis le temps que l'on fouille, à peine y a-t-on trouvé une douzaine de squelettes, il y avoit même fort peu d'or & d'effets précieux, si ce n'est de ceux qu'il étoit difficile d'emporter.

Cette poussiere étoit encore brûlante lorsqu'elle tomba, car l'on trouve les portes & autres bois de la ville réduits en une espece de charbon, qui conserve encore de la mollesse à cause de l'humidité de la terre. Dans les maisons où la lave n'avoit pas pénétré, tout est rôti & réduit en charbon sans être consumé ; tels sont les livres, qui étoient d'écorce & qu'on a trouvés en grand nombre, le bled, l'orge, les feves, les figues, le pain même en entier, tout cela a été réduit en charbon, sans que la lave y ait touché, & par la seule chaleur qu'elle communiquoit à l'air environnant.

On trouve beaucoup de maisons & de chambres qui sont remplies de cete lave,

ce

ce qui paroît indiquer que l'eau qui s'y mêla charia cette matiere, & la disperfa dans l'intérieur; à moins qu'on ne dise avec le P. de la Torre. (Hist. du Vés. art. 71 & 119), qu'elle arriva comme une espece de courant de matiere embrasée & fluide, qui couloit à raison du bitume fondu qu'elle contenoit, & qui pénétra dans les maisons : cela lui paroît vraisemblable; parce que, dit-il, si elle étoit tombée en poussiere & qu'elle n'eût été distribuée que par les eaux survenues à la suite des cendres, elle n'auroit pas conservé cette grande chaleur qui réduisoit tout en charbons.

La cendre & la lave, dont nous avons parlé, remplissent exactement tout l'intérieur des appartemens, on trouve des murs qui ont fléchi, d'autres qui sont renversés, ce qui prouve que la lave a été détrempée & a coulé comme une espece de pâte ou de fluide. Le ciment que cette cendre a formé avec l'eau, est devenu si compact, & dans la suite a si bien garanti de l'humidité tout ce qu'il environnoit, qu'il a empêché la fermentation, & qu'il a conservé les couleurs même des peintures, que les acides & les alkalis auroient rongées par-tout ailleurs.

Au dessus de cette lave qui tomba dans la premiere éruption, l'on trouve une espece de poudre blanche disposée par lits, mais avec quelques interruptions; elle provient sans doute des pluies de cendres qui sont venues successivement en divers temps; par-dessus cette cendre on trouve dix à douze pieds de terre, dans laquelle on rencontre d'anciens tombeaux, & par-dessus cette terre la lave dure en grandes masses pierreuses, telle qu'elle a coulé dans les dernieres éruptions, depuis l'an 1036; & par-dessus celle-ci de nouvelles couches de terre végétale, comme je l'ai remarqué à l'occasion des jardins de Portici.

C'est ainsi que ce rivage dangereux paroît avoir été habité & dévasté à plusieurs reprises différentes; la beauté du climat fait qu'on y retourne volontiers, aussi-tôt qu'un ou deux siecles d'intervalle ont fait oublier les derniers embrasemens. On étoit encore, en 1631, dans la plus profonde sécurité, comme on l'avoit été au mont Ætna, en 1536, mais ces éruptions précédées d'un long calme, sont toujours les plus terribles.

Le souvenir des villes d'*Herculanum*

[illegible] Pompeii étoit tellement éteint, & de [illegible] du qu'on disputoit au commence[illegible] siecle sur le lieu de leur ancienne situation : Celano mettoit Herculanum au sommet du Vésuve, quelques auteurs l'avoient placée à Ottaiano qui est de l'autre côté du Vésuve, Biondo & Razzano la mettoient à *Torre dell' Annunziata ;* sur la carte de Petrini, elle est marquée à près d'une lieue au midi de Portici ; Ambrogio Lione pensa que c'étoit à *Torre del Greco*, qui est à une demi-lieue de Portici, en effet l'on avoit trouvé dans le dernier siecle des inscriptions du côté de *Torre del Greco*, dans lesquelles il étoit parlé de cette ville, & que Capaccio a rapportées dans son histoire de Naples ; ce qui la faisoit supposer plus méridionale que Portici, où cependant elle s'est trouvée réellement ; il y avoit des Savans qui croyoient que Pompeii étoit dans cet endroit, quoiqu'elle se soit trouvée ensuite sur les bords du Sarno, deux lieues plus loin ; lors même qu'on a eu découvert des ruines sous Resina & Portici, on pensa que c'étoient celles de Retina dont parle Pline, mais on croit aujourd'hui que Retina n'étoit qu'un petit village sur le bord de la mer, où habitoient les matelots; toutes ces incertitudes ont été fixées par les découvertes que nous allons raconter.

Découvertes de 1713.

Le Prince d'Elbeuf, Emanuel de Lorraine, étoit allé à Naples en 1706, à la tête de l'armée Impériale qu'on avoit envoyée contre Philippe V; il y épousa en 1713, la fille du Prince de Salsa, à la suite d'une avanture de bal. Ce mariage lui fit desirer une maison de campagne aux environs de Naples; il en fit bâtir une à Portici & voulut la faire décorer de stucs; un François qu'il avoit avec lui excelloit dans la composition d'un stuc aussi dur & aussi brillant que le marbre, qu'il composoit comme les anciens, avec les débris, les éclats & la poussiere de différens marbres; il ne s'agissoit que d'en rassembler une quantité suffisante. Un paysan de Portici en avoit trouvé en creusant un puits dans sa maison: le Prince d'Elbeuf acheta de ce paysan la liberté de faire des fouilles au même endroit. Telle fut la premiere occcasion des découvertes d'Herculanum; on a reconnu depuis que cette premiere ouverture étoit justement au-dessus du théâtre de cette ancienne ville. Après quelques jours de travail on découvrit une statue d'Hercule, & ensuite une Cléopatre. Ces premiers succès encouragerent le Prince, on continua les excavations avec plus d'ardeur; on trouva bientôt l'architrave ou le dessus d'une porte en marbre, avec une inscription & sept statues Grecques semblables à des Vestales, & qui furent envoyées en France.

Quelque temps après on trouva un Temple antique, de forme ronde, environné de 24 colonnes d'albâtre fleuri; l'intérieur étoit orné d'un pareil nombre de colonnes & d'autant de statues de marbre Grec, qui furent envoyées à Vienne au Prince Eugene. (Recueil de ce qui a été publié sur Herculane, par M. Requier, 1754.)

Le produit de ces recherches devint bientôt assez considérable pour réveiller l'attention du Gouvernement, & l'on forma opposition aux travaux du Prince d'Elbeuf, depuis ce temps-là il ne fut presque plus question de nouvelles découvertes, jusqu'au temps où Don Carlos, devenu Roi de Naples, voulut faire bâtir un château à Portici en 1736. Le Duc d'Elbeuf céda au Roi sa maison & le terrein d'où l'on avoit tiré tant de belles choses. Le Roi fit creuser à 80 pieds de profondeur perpendiculaire, & l'on ne tarda pas à reconnoître une ville entiere qui avoit existé à cette profondeur. On retrouva même le lit de la riviere qui traversoit la ville, & une partie de l'eau qui la formoit. (M. Requier, p. 132.)

M. Venuti, célebre antiquaire, dirigeoit alors les excavations; il découvrit le Temple de Jupiter, où étoit une statue d'or, & ensuite le théâtre, les inscriptions qui étoient sur les principales portes, les fragmens des chevaux de bronze doré & du char auquel ils étoient attelés, qui avoient décoré la principale entrée de ce théâtre, une multitude de statues de marbre, de colonnes & de peintures, dont nous allons donner une idée.

Il n'y avoit pas 50 ouvriers (en 1765) qui y fussent occupés depuis le départ du Roi pour l'Espagne, & on ne laissoit pas de faire continuellement des découvertes nouvelles. Les ouvriers font leurs tranchées au hazard, de cinq ou six pieds de haut, sur trois ou quatre de largeur. Ils ſont obligés de les étayer enſuite avec de la charpente, ou de réſerver des maſſifs de terre pour ſoutenir la terre toujours prête à s'ébouler.

Quand on a fouillé dans un endroit, on eſt obligé de le remplir enſuite avec la terre que l'on retire d'un boyau voiſin ; on eſt aſſujetti à cette maniere de procéder, par la néceſſité de ménager les édifices de Reſina & de Portici, qui ſont au-deſſus de ces fouilles, & cela fait qu'on ne peut avoir qu'imparfaitement les plans de la ville & de ſes édifices.

On reconnoît cependant que toutes les rues d'Herculanum étoient tirées au cordeau, & avoient de chaque côté des parapets ou trottoirs pour les gens de pied, comme il y en a dans les rues de Londres ; elles étoient pavées de laves toutes ſemblables à celles que jette actuellement le Véſuve ; ce qui ſuppoſe des éruptions bien plus anciennes que celle de l'an 79.

L'édifice le plus conſidérable qu'on ait découvert dans les fouilles d'Herculanum, eſt un bâtiment public où il paroît que ſe rendoit la juſtice, appellé,

Découvertes du Forum.

suivant les uns, *Forum*, suivant les autres, *Chalcidicum*; c'étoit une cour de 228 pieds, dont la forme étoit rectangle, environnée d'un péristile ou portique de 42 colonnes, plus haut de deux pieds que le niveau de la cour, pavé de marbre & orné de différentes peintures. M. Bellicard qui le vit en 1750, en a donné une courte description avec un petit plan dans ses *Observations sur Herculanum*, aussi-bien que M. Requier, dans son Recueil.

Le portique d'entrée étoit composé de cinq arcades ornées de statues équestres de marbre, dont deux ont été conservées; ce sont les fameuses statues des deux Balbus, dont nous avons parlé; & l'on a trouvé plusieurs statues des familles Nonia & Annia, dans le théâtre & ailleurs.

Dans un enfoncement qui se voyoit en face de l'entrée, à l'extrémité de l'édifice, au-delà du portique parallele à celui de l'entrée, il y avoit une espece de sanctuaire élevé sur trois marches, où étoit la statue de l'Empereur Vespasien, & à ses côtés deux autres figures dans des chaises curules; à droite & à gauche il y avoit dans le mur deux niches ornées de peintures, avec les ſtatues en bronze de Néron & de Germanicus, de neuf pieds de haut; il y avoit d'autres figures de marbre & de bronze ſur les murs du portique.

Ce *Forum* étoit joint par un portique commun à deux Temples moins grands, de forme rectangle, voûtés, ornés intérieurement de colonnes, de peintures à freſque & de quelques inſcriptions en bronze; il y avoit un de ces Temples de 150 pieds de long.

On découvrit auſſi en 1750, près de ces mêmes Temples, c'eſt-à-dire, ſous Reſina & près du château du Roi, un théâtre dont M. Bellicard a donné le plan dans le même ouvrage; les gradins des ſpectateurs ſont diſpoſés dans une demi-ellipſe qui a 160 pieds de diametre, coupée ſur ſa longueur, & le théâtre étoit un rectangle de 72 pieds ſur 30, orné d'une façade d'architecture & de belles colonnes de marbre placées ſur le *proſcennium*, dans le goût du théâtre de Palladio à Vicence; cependant comme le théâtre de Marcellus à Rome étoit exactement en demi-cercle, M. Bellicard ſoupçonne le plan Théâtre.

qu'on lui avoit donné, de n'être pas fidele à l'égard de l'ovalité. La salle de ce théâtre avoit 21 rangs de gradins, & plus haut une galerie ornées de statues de bronze, de colonnes de marbre & de peintures à fresque, qu'on en a détachées avant que de reporter la terre dans les fouilles. Une partie des murs étoit revêtue de marbre de Paros ; j'ai vu encore en 1765 beaucoup de gradins à découvert, & l'on y travailloit journellement. C'est-là, sans doute, le théâtre où l'on étoit assemblé le jour de la grande éruption de l'an 79, qui ensevelit sous les cendres Herculanum & Pompeii, suivant Dion Cassius.

Un tombeau que l'on découvrit dans le même-temps étoit décoré extérieurement de piedestaux d'un bon genre, l'intérieur étoit un caveau de briques, ayant 12 pieds sur neuf de large, environné de niches, avec des urnes cinéraires, tout étoit resté en place au point que la brique même posée sur chaque urne n'étoit pas dérangée, la cendre y avoit cependant pénétré & avoit tout rempli.

Maisons. Un peu plus loin, en creusant sous la vigne d'un particulier, on a trouvé plusieurs rues bien alignées & des maisons particulieres, dont plusieurs étoient pavées de marbres de différentes couleurs, en compartimens, d'autres de mosaïque faite avec quatre ou cinq especes de pierres naturelles; d'autres enfin avec des briques de trois pieds de longueur & de six pouces d'épaisseur; il y en a de semblables dans un Temple découvert à Pouzol vers 1750. On apperçoit tout autour des chambres une espece de gradin d'un pied de haut, où peut-être s'assoyoient les esclaves. Les murs des maisons étoient le plus souvent peints à fresque en compartimens. On y remarque des cercles, des lozanges, des colonnes, des guirlandes, des oiseaux. M. Cochin a fait graver quelques-uns de ces ornemens dans ses observations sur Herculanum; les bandes sont quelquefois jaunes, quelquefois grises; les fonds varient également, mais il n'y a guere de maisons où l'on n'en ait trouvé. Ce genre de décoration s'est maintenu en Italie jusqu'à notre temps; on ne voit presque pas de tapisseries dans les appartemens ordinaires, mais beaucoup de peintures à fresque sur les murailles; cela décore les appartemens, sans en diminuer la fraîcheur. Les murs des maisons sont souvent ornés de colonnes de briques, qui sont engagés d'un tiers de leur diametre, & qui sont enduites d'un ciment blanchi au-dehors. J'ai vu la même chose dans le Temple de Pompeia; c'est l'*intonacatura* des Italiens, qui se fait avec de la chaux & du marbre pilé.

Verre Antique.

Les fenêtres, à ce qu'il paroît, étoient ordinairement fermées en bois pendant la nuit & ouvertes pendant le jour; on a trouvé du verre, mais ce n'est qu'à un bien petit nombre de maisons; ce verre étoit fort épais. Il paroît que l'on n'avoit point alors l'art de faire des vitres aussi minces que les nôtres, & aussi facilement qu'on les fait actuellement. Il n'en faut pas être étonné, ce n'est que dans ces derniers temps que ce genre d'agrément est devenu si général; il y avoit à Lyon au commencement de ce siecle, la moitié moins de vitres qu'il n'y en a maintenant, & les fenêtres des ouvriers y sont encore fermées en toiles ou en papiers.

On trouve cependant à Herculane des bouteilles de verre & des gobeſets en grand nombre. Ce verre eſt abſolument terne; il a perdu ſon poli par les acides qui en ont attaqué & décomposé la ſurface ; il s'en trouve des morceaux qui brillent des couleurs priſmatiques les plus vives, parce qu'ils ſont écaillés, & diviſés, ſans qu'on s'en apperçoive, en feuillets ou tranches extrêmement minces ; or, il eſt de la nature des lames très-minces de répandre des couleurs différentes, ſuivant la différence de leur épaiſſeur, ainſi qu'on le voit par les belles expériences qui ſont dans l'optique de Newton ; on a remarqué la même choſe dans le verre tiré des catacombes de Rome : il y en a un morceau à Paris au Cabinet du Roi, qui a preſque autant d'éclat que les pierres d'Iris, auprès deſquelles ce verre antique eſt placé.

Il y avoit auſſi à Herculanum des fenêtres fermées avec un gypſe tranſparent débité par lames minces, comme la pierre ſpéculaire, qui pouvoit tenir lieu de verre ; on s'en ſert encore quelquefois : les fenêtres de l'Egliſe de *San Miniato* à Florence, ſont fermées par une eſpece d'albâtre ou de pierre mince & tranſparente.

CHAPITRE VI.

Description du Cabinet de Portici.

Cabinet d'Antiques.

LE CABINET D'ANTIQUES ou le *Museum* de Portici, le plus curieux & le plus riche qu'il y ait en Italie, a été formé depuis 1750, en conséquence des fouilles d'Herculanum, de Pompeii & de Stabia ; il est placé dans les entresols d'un bâtiment extérieur qui tient au Palais du Roi, du côté de Naples, sous la garde de M. Filippo Cartoni ; un jeune homme très-peu instruit le fait voir aux étrangers, mais on ne reçoit de lui aucune lumiere ; & comme il est défendu de rien écrire sur le lieu, l'on ne peut en avoir la description que d'une maniere assez imparfaite, jusqu'à ce qu'elle ait été publiée dans le pays.

La description de tous ces monumens & de leurs usages, & l'explication des peintures & des statues, méritoient bien d'occuper les Antiquaires les plus habiles : dès qu'on eût commencé de former ce *Museum* vers 1750, ou 1755, M. le Marquis Tanucci créa une Académie de Belles-Lettres qui devoit s'y appliquer ; elle s'assembloit dans son appartement à la Secretairerie tous les quinze jours, & l'on travailloit de concert avec lui : cette compagnie étoit composée de MM. Mazzochi, Zarillo, Carcani, Galliani, le Baron Ronca, Nicolao Ignara, Camillo Paderni, Planura, Castelli, Aula, Monti, Giordano, Baiardi, Valetta, Pratillo, Cercati, avec le P. de la Torre & le P. Tangi : nous avons déjà six volumes de leur travail, dont le premier contient un catalogue de 738 tableaux, de 350 statues, de de 1647 vases ou meubles remarquables, sans y comprendre les lampes, candélabres & trépieds qui sont comptés séparément. Ce volume parut en 1755, les cinq autres sont les gravures & les explications des principales peintures, dont le dernier a paru en 1768.

Cette belle collection a été gravée par ordre & aux frais du Roi, qui a fait déja des présens de la moitié de l'édition ; j'ai vû offrir jusqu'à 50 sequins du volume, par des gens riches qui n'étoient pas à portée de l'avoir autrement qu'à prix d'argent. Mais le Roi a voulu se réserver le privilége de donner seul cette marque de distinction aux gens de Lettres ou aux personnes en place.

On voit dans la cour un grand banc de pierre en demi-cercle de 15 à 18 pieds de diametre, qu'on croit avoir été placé dans le lieu de la sépulture des Prêtres. Il y a aussi dans la cour, dans l'escalier & dans les appartemens, plusieurs statues de marbre, qui sans être du premier ordre, comme celles des Nonius, ont cependant de la beauté; les têtes sont ordinairement médiocres, mais les draperies sont travaillées avec délicatesse & avec goût. On y remarque sur-tout une grande figure de femme d'un âge avancé, érigée par les décurions d'Herculanum, à l'honneur de Giria mere de Balbus, qui étoit le protecteur de leur ville, & femme de Balbus le pere: cette statue a 6 pieds de haut, elle est voilée & drapée de grande maniere; on y a trouvé l'inscription qui marque ce qu'elle étoit.

Statues Antiques.

Douze statues de femmes drapées, entre lesquelles on voit une Vestale admirable.

Deux figures mutilées d'hommes assis; elles sont de grandeur un peu colossale.

Une figure debout plus grande que

nature, qu'on dit représenter un Consul Romain, la draperie en est de la plus grande maniere & indique parfaitement le nud.

Les statues de bronze sont en si grand nombre dans ce Cabinet, que tout le reste de l'Europe auroit peine peut-être à en fournir autant, & elles sont belles en général; on y remarque sur-tout un Mercure assis de grandeur naturelle, la plus belle de toutes les statues de bronze qu'on y a trouvées; un Jupiter plus grand que nature; un Faune qui dort, grande figure en bronze; un Mercure; deux Lutteurs, dont l'un est dans la posture d'un aggresseur, & l'autre sur la défensive, & qui sont très-beaux; un Faune yvre placé sur un outre de vin, de 7 à 8 pieds de haut; on en a trouvé 12 pareilles dans le théâtre; deux figures nues d'un tiers plus grandes que nature, on prétend que l'une représente Jupiter; cette statue a eu la tête & le corps applatis sous le poids des laves; quoique cet accident l'ait endommagé beaucoup, on y reconnoît toujours de grandes beautés, les cuisses & les jambes sont bien conservées & fort belles.

Deux Consuls Romains, dont l'un avoit vraisemblablement les yeux d'un autre métal, ainsi qu'il est aisé de s'en appercevoir par les trous qui restent, & où il y a tout lieu de croire qu'ils étoient incrustés. On ne trouve dans l'antiquité que trop d'exemples de ce mauvais usage; & la plupart de ces statues ont souvent des yeux d'argent, qui font un contraste désagréable avec le fond presque noir.

Cinq statues de danseuses plus petites que nature; trois femmes drapées; plusieurs bustes représentans des Philosophes, & d'autres hommes illustres; quelques fragmens d'une statue équestre de bronze, qui fait présumer que ce devoit être un bel ouvrage, à en juger par la tête du cheval, & par les jambes de l'homme qui subsistent encore.

Tous ces morceaux tant en marbre qu'en bronze, se distinguent par une composition d'un grand style, un excellent caractere de dessein & une belle exécution.

Nous aurons bien-tôt occasion de remarquer que les peintures ne sont pas de la même beauté.

Tous les appartemens du Cabinet

dont nous parlons, sont pavés de mosaïque ancienne d'Herculanum, on les transporte par morceaux de 4 à 5 pieds; la derniere piece du Cabinet contient les morceaux, dont les sujets ou l'exécution ont mérité d'être distingués. J'y ai remarqué une figure qui tient un tambour de basque, une autre qui joue de deux flûtes à la fois, & une troisieme tenant les crotales. On y voit des figures à cheval sans étriers & sans selles, une simple toile couvre le cheval, & elle ne tient que par une sangle & un poitrail.

Ces appartemens sont garnis de beaux vases d'argent & de bronze, avec des urnes sépulchrales & des vases de terre Etrusques, semblables à ceux qu'on voit à Rome dans la Bibliotheque du Vatican & ailleurs.

On y remarque un autel de bronze, une chaise pliante, *Sella Curulis*, dont les pieds sont faits en forme d'S, le *Lectisternium* ou lit de parade consacré aux Dieux, & beaucoup d'instrumens qui servoient aux sacrifices.

Les armoires vitrées dont ces salles sont garnies, contiennent un grand nombre de petits Dieux lares; quelques figures panthées ou polythées, qui sembloient les attributs de plusieurs Divinités. La variété de ces attributs dépendoit de la dévotion des personnes qui les faisoient faire, pour exprimer dans un seul objet toutes les Divinités sous la protection desquelles elles se mettoient. Ces petits Dieux sont tous de bronze, & plusieurs sont d'un très-bon goût.

Des trépieds du plus beau travail, un sur-tout dont la cuvette est portée par trois sphynx ailés très-bien faits; un autre qui est aussi de bronze & soutenu par trois Satyres ou especes de Priapes, dont les caracteres de têtes sont admirables & les attitudes pleines d'expression. Ce qu'il y a de singulier, c'est que chacun de ces Priapes n'a qu'une oreille, une jambe & un pied, & chaque cuisse prend naissance au milieu du bas-ventre.

Figures obscenes.

Il y avoit aussi dans une armoire un recueil de Priapes d'une très-belle conservation; ils sont de bronze, les uns de grandeur naturelle, les autres plus petits. Ces Priapes ne sont point comme les précédens, les simulacres du Dieu de ce nom, mais de simples représentations du membre viril en érection. La plupart ont deux cuisses & deux pieds de lion ou d'autre animal, qui prennent leur naissance vers les testicules; ils ont quelquefois des ailes & sont enjolivés de plusieurs sonnettes ou grelots; on peut les suspendre comme des lustres, & pour peu qu'on les touche ils forment un petit carillon. Indépendamment de ces Priapes, qui sont en très-grand nombre, il y en a une infinité de très-petits qui n'ont pas plus de six à huit lignes de long. On prétend que les femmes s'attachoient ces derniers sur les reins dans l'espérance de devenir fécondes.

J'ai vu un manche d'aspersoir qui a la figure d'un Priape; peut-être pensoit-on qu'un meuble de jardinage pouvoit porter le caractere du Dieu qui présidoit aux jardins; un petit cadran dont le style étoit de même forme.

Au reste les villes de la Campanie, Capoue & Baies, étoient regardées, plus que tout autre endroit de l'Italie, comme des lieux de volupté & de licence. Vénus étoit spécialement honorée à Herculanum, & l'on trouve les attributs de ce culte obscene sur beaucoup de lampes de bronze, où l'imagination s'est épuisée dans les formes les plus bisarres & les plus libidineuses; mais on ne les a point exposées dans le cabinet de Portici. Les lampes de terre cuite sont en général plus modestes.

Instrumens divers.

On voit aussi dans ce cabinet des instrumens d'agriculture, les sonnettes qu'on attachoit au col des bestiaux; les instrumens de différens Arts, comme les pieces pour figurer la pâte des gâteaux; les instrumens de bronze qui portent les lettres dont on marquoit les briques; ils auroient bien dû, ce me semble, faire inventer l'Imprimerie: car plusieurs de ces lettres assemblées n'auroient-elles pas imprimé leur couleur sur du papier, sur de la peau, sur de la toile, comme elles imprimoient leur forme sur de la pâte?

Des plumes de bois, des écritoires de forme cylindrique, avec de l'encre dedans; des tablettes sur lesquelles on étendoit la cire, des instrumens pour unir la cire, des poinçons ou styles pour écrire, des grattoirs pour effacer l'écriture, & un étui de bronze qui renfermoit des styles.

Tous les instrumens de ménage, toute

la batterie de cuisine, tous les ustenciles domestiques se retrouvent dans ce *Museum* ; on y eût trouvé de quoi monter une maison complette à cet Antiquaire passionné, qui ne vouloit être éclairé que par les lampes sépulchrales antiques, & qui, au lieu de dire, une piece de deux sols, disoit toujours un sesterce.

Des lanternes, des candelabres sur lesquels on mettoit des lampes, qui ont jusqu'à 5 pieds de haut, dont les ornemens sont d'un bon genre. M. Cochin en a fait graver deux dans ses observations.

Des fourneaux portatifs en bronze, d'une forme assez ingénieuse, qui servoient à chauffer de l'eau dans un vase, & des choses solides sur une grille ; d'autres pour chauffer de l'eau en mettant le feu dans le milieu ; un vase ou espece de marmite de bronze à double fond, avec trois petites cheminées ; il paroît qu'on y mettoit du feu.

Des tasses & des soucoupes en argent, comme celles de nos tasses à café, dont la forme & la ciselure sont de la plus grande beauté ; des aiguieres plus commodes que les nôtres, en ce que l'orifice étoit porté sur le côté, & l'anse placée au-dessus de la partie la plus pésante, pour qu'elle fût en équilibre quoique pleine. Des pincettes à main pour prendre le charbon.

Des instrumens en forme de cuillers quadruples, propres à faire cuire quatre œufs à la fois séparément; grand nombre de coquilles de cuivre avec des manches, pour faire cuire la pâtisserie. Un gril de fer pour la cuisine. J'y ai vu beaucoup de cuilliers, mais aucun meuble, ce me semble, qui approchât de nos fourchettes.

Des marmites dont les deux anses se rabaissent & se collent sur les côtés, pour occuper moins de place. Des vases dont les anses sont en forme de serpens entrelassés; d'autres vases ayant des anses doubles de chaque côté. Des passoires ou especes de cribles comme les nôtres, en argent & d'un travail admirable. Un mortier à piler du sel, d'une forme applatie, avec un trou pour faire tomber le sel; des bassins dans la forme de nos corbeilles à fruit.

Un bassin de bronze incrusté d'argent; beaucoup de vases dorés & de batterie de cuisine argentée; il n'y en a point d'étamée: cet art utile d'appliquer

pliquer l'étain sur le cuivre manquoit aux Romains ; aussi leur batterie de cuisine étoit-elle toujours d'un métal composé, comme notre bronze, & non pas de cuivre pur, métal trop facile à dissoudre & qui se change trop vîte en verd-de-gris.

Les denrées même s'y trouvent encore en nature ; on y a trouvé des œufs très-bien conservés. Une tourte d'environ un pied de diametre, dans sa tourtiere au-dedans du four. J'y ai vu du froment dont les grains sont entiers, quoique noirs & charbonneux ; des feves, des noix qui ont encore leur couleur naturelle, mais qui ne sont au-dedans que du charbon. De petits pains ronds, qui n'étoient pas encore cuits ; d'autres déja cuits, quoique moisis & & à demi-brûlés ; ils ne sont point méconnoissables, leur forme est entiere ; on y voit même les lettres dont on les marquoit. Il y en a un de neuf pouces de diametre sur quatre d'épaisseur, où sont écrits ces mots, *Segilo e granii. E. Cicere.* Des amandes, des figues, des dattes, (*pignole* ;) de l'huile desséchée & dont il ne reste que la partie résineuse. Du vin même qui est à sec &

réduit en une matiere concrete & noirâtre ; on sait que les vins des anciens étoient épais & déposoient beaucoup ; & l'on en peut juger, sur-tout, par celui-là. L'on en est assuré, parce qu'on a trouvé des caves revêtues de marbre, avec les bouteilles rangées sur des gradins.

Les verres & les bouteilles y étoient une chose fort commune, de même que les lacrymatoires, petites fioles qui étoient supposées renfermer les larmes répandues sur les tombeaux ; il y en a même où l'on voit des figures empreintes.

Des pots de terre assemblés en forme de panier à porter deux bouteilles de vin. Des assiettes de terre absolument plates, pour mettre les gâteaux. Des tuiles d'une forme très-commode, pour border le faîte des maisons ; elles finissent par un rebord, avec un trou pour l'écoulement des eaux. Des lampes de terre cuite, ornées de bas-reliefs ; une lampe à deux meches, qui paroît avoir été suspendue en l'air par le moyen de quatre chaînes attachées aux ailes de deux aigles qu'on voit sur les côtés, & dont l'anse est en forme de tête de cheval.

Tout ce qui est nécessaire pour la toilette & pour l'ajustement, se retrouve dans ce cabinet d'antiques : un brasselet d'or formé de deux demi-cercles, qui s'attachoient avec de petits cordonets d'or; on y voit deux têtes fort bien ciselées; des bagues, des boucles d'oreilles, des cizeaux, aiguilles, dez à coudre; une cassette contenant tout ce qui étoit nécessaire pour les travaux des femmes; des cure-oreilles, des peignes, des ornemens de la jeunesse, appellés *Bullæ*, en forme de cœur; des boucles de cheveux en bronze, évidées avec légéreté & frisées avec goût; des galons d'or tressés sans soie; des pots de rouge en crystal de roche, semblables à ceux des toilettes de nos Françoises, avec le vermillon, *Fucus*, qui y est encore dans son entier; des vases pour les parfums; des frottoirs pour la peau, *Strigili*, qu'on employoit dans les bains. On a trouvé les bains eux-mêmes avec l'assortiment de tous les ustenciles qu'on y employoit.

Des couleurs brutes pour peindre, très-bien conservées, sur-tout de la laque, de l'encre jaune & de très-beau bleu.

De petites balances à deux bassins;

mais dont les bras ſont diviſés en deux parties ; un petit poids qu'on y faiſoit couler, ſuppléoit, à peu-près comme dans nos Romaines, au grand nombre de petits poids ou de ſubdiviſions dont on ſe ſert dans le commerce. Ces balances ſont ſuſpendues à une ſimple boucle ; elles n'ont point d'aiguilles ni de languettes pour indiquer les petits trébuchemens ; cependant j'ai vu ailleurs des balances antiques où il y avoit une languette.

Des inſtrumens de muſique, *Tibiæ* ; les flûtes faites d'os ; les *Crotali*, ou petites pieces rondes de cuivre qu'on frappoit l'une contre l'autre ; & le *Siſtrum*, inſtrument en fer à cheval, traverſé de pluſieurs tringles de métal, que l'on frappoit avec un archet. La flûte à ſept tuyaux, le tambour de baſque, les tymbales & les jeux de dez ne ſe voient que dans les peintures.

Des inſtrumens de Chirurgie, comme des ſondes, & même un étui complet où tous les inſtrumens ont des manches de bronze avec des ornemens de fort bon goût.

Des caſques, des boucliers, & toute ſorte d'armes offenſives & défenſives des verroux, des serrures, des clefs, des marteaux. Des clous qui paroissent faits au marteau, & d'autres qui ont été formés dans une espece de filiere; je parle de ceux de cuivre, car pour ceux de fer, je n'ai pas pu en distinguer la forme. En général tous les instrumens de fer sont rongés par la rouille, défigurés, réduits en scories, boursoufflés & méconnoissables; voilà pourquoi l'on n'y a trouvé presque d'autre meuble en fer bien conservé, que le gril de fer dont j'ai parlé. On trouva une maison dont la porte d'entrée étoit fermée d'une grille de fer; mais elle s'en alla en morceaux quand on voulut la toucher. J'ai remarqué encore des hameçons, des filets de pêcheurs & d'oiseleurs, noircis par le feu, mais dont la forme est entiere.

Des urnes de terre, divisées intérieurement par loges; on croit qu'elles servoient pour renfermer les loirs, *Glires*, que l'on élevoit, & qui formoient un objet de luxe chez les anciens, par un de ces usages bisarres dont on trouve à peine quelque prétexte, malgré leur universalité; tel est parmi nous l'usage du tabac auquel il semble qu'on ne puisse attacher ni agrément ni utilité.

Uu petit cadran solaire tracé sur une piece d'argent en forme de jambon; la queue de l'animal y sert de style; on l'a gravé dans le troisieme tome des *Antichità di Ercolano*, page 337. M. de la Condamine en parle dans les Mémoires de l'Académie pour 1750, pag. 370.

Il s'y est rencontré une mesure du pied Romain, dont M. Bonpiede, Ingénieur du port, m'a fait voir une copie exacte, il a 10 pouces 11 lignes ½, cela peut contribuer à décider la question de la longueur de l'ancien pied que M. de la Condamine avoit déja trouvé de 10 pouces 11 lignes, par la comparaison de plusieurs monumens Romains. (Mém. de l'Acad. pour 1757).

On a trouvé beaucoup de médailles, dont quelques-unes sont curieuses, telles que les médailles de Vitellius qui sont rares dans tous les cabinets; un triomphe de Titus; une médaille de Vespasien, frappée à l'occasion de la prise de Jérusalem, *Judæa capta*. J'y ai vu un médaillon d'Auguste en or, de 14 lignes de diametre, qui pese plus d'une once, morceau unique pour les Antiquaires, mais c'est le seul de cette importance qui ait été trouvé à Herculanum.

Des ſceaux ou cachets ; des anneaux de fer, d'or, d'argent, montés & non montés, des cornalines, des ſardoines ; pluſieurs pierres précieuſes montées en or, mais groſſiérement ; on m'en fit voir une que le Roi d'Eſpagne avoit fait remonter, & qu'il portoit depuis ſept ans, mais qu'il a remis au cabinet de Portici, en partant pour l'Eſpagne, afin de faire voir qu'il vouloit conſerver au Royaume de Naples, tout ce qu'on avoit trouvé à Herculanum, ſans exception.

Les pierres gravées ſe ſont trouvées en grand nombre, & la plupart d'une grande beauté. On en a tiré auſſi pluſieurs meubles de cryſtal de roche, qui prouvent que ce travail étoit très-perfectionné dans ce pays-là ; il y a des flacons de cette matiere, dont l'ouverture eſt ſi étroite que le travail en a dû être fort difficile.

On garde dans le même Cabinet huit petits tableaux ſur pierre, repréſentant huit Muſes ; ils ne ſont pas mieux peints que de bonnes peintures Chinoiſes ; mais il y a une de ces Muſes, remarquable en ce qu'elle a à côté d'elle un *Scrinium*, boîte que l'on avoit regardé jusqu'à présent, comme destinée à mettre des livres : ce tableau leve toute incertitude à ce sujet ; on apperçoit très-distinctement dans le *Scrinium*, des livres roulés avec leurs étiquettes, qui sont de petites bandes de papier qui débordent ; ce que l'on n'avoit encore trouvé dans aucun monument.

Livres anciens.

Les livres, ou plutôt les manuscrits trouvés à Herculanum, sont d'une grande espérance pour les gens de Lettres, quoiqu'on n'en ait fait jusqu'à présent que peu d'usage. Ces livres ne sont point en parchemin, ainsi qu'on l'a publié en France : on a cru d'abord qu'ils étoient d'ancien papier d'Egypte ; mais on s'est apperçu depuis qu'ils n'étoient que sur des feuilles de cannes de jonc, collées les unes à côté des autres, & roulées dans le sens opposé à celui dont on les lisoit. Ils ne sont tous écrits que d'un côté, & disposés par petites colonnes qui ne sont gueres plus hautes que les pages de nos *in-douze*, ils étoient rangés les uns sur les autres dans une armoire en marquetterie, dont on voit encore les fragmens. Lorsqu'on mit la main sur ces livres, tous ceux qui n'avoient point été saisis par la chaleur des cendres du Vésuve, étoient pourris par l'effet de l'humidité, & ils tomberent comme des toiles d'araignés aussi-tôt qu'ils furent frappés de l'air; ceux au contraire qui par l'impression de la chaleur de ces cendres s'étoient réduits en charbon, étoient les seuls qui se fussent conservés, parce qu'ils avoient résisté à l'humidité.

Ces feuilles roulées & converties en charbon, ne ressemblent ordinairement qu'à un bâton brûlé, de deux pouces de diametre sur huit à dix pouces de longueur; quand on veut le dérouler ou enlever les couches de ce charbon, il se casse & se réduit en poussiere; mais en y mettant beaucoup de temps & de patience, on est parvenu à lever les lettres les unes après les autres, & à les copier en entier. Le P. *Antonio Piaggi*, Religieux Somasque, a été l'inventeur de cette espece d'art, & il a fait un éleve nommé *Vicenzio Merli*, qui s'en occupe actuellement, mais avec peu d'assiduité & peu d'ardeur; voici à peu près leur procédé.

On a un chassis assujetti sur une table, dans le bas duquel le livre est porté sur des rubans, par les deux extrémités du morceau de bois sur lequel il est roulé ; on fait descendre de dessus un cylindre qui est au haut du chassis, des soies crues d'une très-grande finesse, & rangées comme une chaîne fort claire, dont ont étend sur la table une longueur pareille à la partie de la feuille qu'on veut dérouler ; on fait tenir le commencement de cette feuille à la partie de la chaîne qui ne pose pas sur la table, & qui est la plus proche de cette même feuille. On se sert à cet effet de petites particules de gomme en feuille ou par écailles, qu'on applique derriere avec un pinceau, à l'aide d'un peu d'eau ou de la simple salive, observant de ne les mouiller que dans l'instant qu'on les applique. La feuille du livre s'adapte sur le champ à ces particules, de la même maniere qu'une feuille d'or se fixe sur le mordant du doreur ; le commencement de la feuille du livre étant ainsi hapé par la soie & par la gomme qui y sont adhérentes, on tourne très-doucement le cylindre qui est au haut du chassis, auquel les fils de soie sont attachés, & à cause de la grande fragilité de la feuille, on aide en même-temps le livre, par en bas, à tourner ; par ce moyen on enleve insensiblement la partie de la feuille qui est fortifiée, & l'on force le reste de la chaîne qui est couché sur la table, à se relever & à se joindre, à mesure que le livre tourne, à la partie de la feuille qui reste à dérouler. On les fixe ensuite avec des particules de gomme, en suivant le même procédé. Lorsqu'il ne reste plus rien de la chaîne sur la table, & qu'elle a été toute appliquée à la feuille du livre, on coupe cette même feuille, & on la colle sur une planche; l'écriture y est si foiblement marquée qu'il est difficile de la lire au grand jour; mais on y réussit en la mettant à l'ombre ou à un jour plus doux; alors on la lit comme on liroit un imprimé qui, après avoir été noirci au feu, conserveroit encore la trace des caracteres dont il étoit empreint. Les fils de soie sont ici d'autant mieux imaginés, que présentant une surface à la feuille, ils la soutiennent par-tout également, remplissent les parties mutilées, & empêchent que la feuille ne se déchire dans ces endroits, qui étant les plus foibles, seroient les premiers à céder. Cette opération exige beaucoup de légéreté dans la main. On n'y travaille que les fenêtres fermées ; car le moindre vent pourroit enlever ou rompre la feuille qu'on dévelope, & faire perdre en un instant le fruit de toutes les peines qu'on auroit prises.

On a développé ainsi quatre manuscrits Grecs, dont le premier traite de la philosophie d'Epicure ; le second est un ouvrage de morale ; le troisieme un Poëme sur la musique ; le quatrieme un livre de Rhétorique. Aussi-tôt qu'on avoit enlevé une page, on la copioit, & on l'envoyoit au Chanoine Mazocchi, pour la traduire en Italien. Il seroit à souhaiter qu'on employât à ce travail beaucoup de personnes ; le P. Piaggi n'est plus en état de s'en occuper, étant estropié, & son éleve paroît n'y prendre pas assez d'intérêt ; il se plaint de ce qu'on ne lui donne que six ducats par mois, & il y travaille très-peu. Peut-être seroit-il aussi beaucoup plus utile de ne développer que le commencement de chaque manuscrit, & de l'interrompre quand on voit que le sujet ne peut rien nous apprendre d'intéressant.

Sans cela il y a tout lieu de croire, que de très-long-temps on ne verra paroître au jour ces ouvrages précieux, & parmi lesquels on ne doit pas désespérer de recouvrer quelque-uns de ceux qu'on avoit cru perdus pour la République des Lettres.

Ce seroit une époque bien mémorable dans l'histoire de l'esprit humain, si l'on y rencontroit les ouvrages complets de Diodore de Sicile, de Polibe, de Saluste, de Tite-Live, de Tacite; les six derniers mois des fastes d'Ovide, & les vingt livres de la guerre de Germanie, que Pline commença dans le temps qu'il servoit dans ces pays.

CHAPITRE VII.

Des Peintures antiques d'Herculanum.

La collection des Peintures antiques tirées d'Herculanum, est aussi déposée près du château de Portici. On les conserve dans plusieurs chambres, mais sous verre, avec le plus grand soin, & le Roi d'Espagne n'a jamais voulu qu'on en dispersât la moindre partie;

on assure qu'il en avoit refusé même au Roi son pere.

Ces peintures étoient sur des murailles que l'on a sciées à une certaine épaisseur ; on les a ensuite assujetties avec tout le soin possible, en les scellant sur des chassis de parquet, comme autrefois on enleva les ouvrages de Damophile & de Georgaze, Peintre & Sculpteur célebres, qui avoient décoré le Temple de Cérès à Rome, lorsqu'on voulut réparer & recrépir de nouveau les murs de cet édifice. La fraîcheur des peintures d'Herculanum qui s'étoit conservée pendant plus de 1600 ans dans l'humidité de la terre, se perdit bientôt à l'air par le desséchement qu'elles éprouverent, & il se forma dessus une poussiere farineuse, qui en peu de temps en eût fait perdre les couleurs. Un Sicilien nommé *Moriconi*, qui excelloit dans l'art des vernis, fut chargé d'en appliquer un pour conserver le coloris ; cela a produit l'effet qu'on en attendoit, mais ce vernis a occasionné la ruine de plusieurs tableaux ; car il fait tomber la couleur par écaille, & il y en a qui ne sont pas présentement reconnoiſſables, tant ils ſont mutilés. Cela ne paroîtra pas ſurprenant lorſqu'on fera attention que la chaleur des cendres du Véſuve a dû conſumer les gommes qui en lioient les couleurs. Si l'on eût employé à ce travail des perſonnes plus intelligentes, elles auroient tenté de donner du corps aux couleurs, en colant les tableaux avant de les vernir; c'eût été le ſeul moyen de les conſerver & de rendre en même temps à leur coloris ſon ancienne fraîcheur.

Les plus grands morceaux de cette collection ſont les moins nombreux, & n'ont guere plus de cinq pieds de haut; les autres ſont la plupart comme nos petits tableaux de chevalet, pluſieurs ont été trouvés entiers; il y en a cependant quelques-uns de mutilés; mais il eſt étonnant qu'il n'y en ait pas davantage, ſoit à cauſe des diverſes éruptions du Véſuve qui ont dû les endommager, ſoit à cauſe de l'humidité occaſionnée par les eaux qui ont filtré au travers des terres, & des cendres dont on a trouvé les maiſons remplies.

Tous ces tableaux ſont peints en détrempe, ainſi qu'il eſt aiſé de s'en appercevoir, ſur-tout dans ceux qui ont été mutilés, la couleur qui s'en est enlevée par écailles, n'a laissé qu'une impression verte, jaune ou rouge, qu'on avoit étendue auparavant sur l'enduit qui recouvroit la muraille : il n'en seroit pas de même si ces morceaux eussent été peints à fresque, car cette peinture qui ne s'arrête pas à la superficie, mais qui pénetre l'enduit de chaux & de sable sur lequel on l'applique, n'auroit pû se détacher qu'avec l'enduit même ; de plus on sait que la fresque des anciens, ainsi que la nôtre, n'admettoit pas certaines couleurs assez actives pour pénétrer l'enduit (a), au lieu que la détrempe les admet toutes indistinctement. Les tableaux d'Herculanum sont dans ce dernier cas, on y reconnoît sans exception toutes sortes de couleurs, mêmes celles qu'exclut la fresque. Enfin l'on a reconnu jusques dans les morceaux les mieux conservés, lorsqu'on les a sciés & enlevés de dessus les murailles, qu'ils n'étoient tous peints qu'en détrempe. Cette observation détruit le systême de ceux qui ont prétendu que les anciens n'avoient pas, comme nous, le secours de toutes les couleurs, & qu'ils n'employoient

(a) Pline, Livre XXXV, Chap. 7.

les peintures à fresque, que pour décorer leurs murailles & leurs voûtes.

Cette immense collection de peintures qui s'accroît tous les jours, & qui nous met sous les yeux les productions des anciens Peintres dans tous les genres, prouve que les Artistes du premier ordre étoient aussi rares chez eux que parmi nous; dans la description des peintures qui est imprimée, on en exalte un grand nombre qui sont au-dessous du médiocre. Nous nous bornerons ici aux ouvrages d'un mérite distingué, ou qui sans être bien remarquables du côté de l'art, auront du moins quelques singularités capables de fixer les regards des curieux. Commençons par les tableaux dont les figures sont de grandeur naturelle, ou qui en approchent.

Thésée.

Un des tableaux, les plus grands & les plus beaux que l'on ait tiré des fouilles d'Herculanum, représente Thésée vainqueur de Minotaure en Crete : ce tableau est de forme cintrée ; il a été enlevé de l'une des deux niches qui étoient dans le bâtiment que l'on a prétendu être le Forum ou chalcidique dont nous avons parlé : Thésée y est vu de face, il est debout, nud, & de taille gigantesque, relativement aux autres figures. Son manteau jetté négligemment sur l'épaule gauche, repasse sur le bras du même côté, il tient sa massue levée de la main gauche; à l'un des doigts de cette main il a un anneau. Trois jeunes Athéniens lui rendent leurs actions de graces; l'un lui baise une main, l'autre lui prend le bras du côté de sa massue, & le troisieme prosterné à ses pieds, lui embrasse une jambe. Une jeune fille se joint à eux & portant la main sur la massue du vainqueur, semble lui témoigner sa reconnoissance; on croit qu'elle sort du labyrinthe, ainsi qu'une autre personne, dont on ne découvre qu'une partie de la tête, le surplus étant effacé. Le Minotaure est renversé au pied de Thésée sous la figure d'un homme à tête de Taureau, qui porte une main à l'une de ses cornes; il a l'estomac & l'une de ses épaules déchirés par les coups qu'il a reçus: c'est la premiere fois qu'on le voit sous cette forme: les médailles antiques ne nous en fournissent aucun exemple. La Déesse, protectrice du Héros, est assise sur un nuage dans le haut du tableau, on la découvre jusqu'à la tête; elle est appuyée d'une main sur le nuage, & tient de l'autre son arc & une fleche ; le côté où est la porte du labyrinte est très-mutilé.

On prétend que lorsque ce morceau a été découvert, les couleurs en étoient bien plus vives qu'à présent. On les trouve cependant encore belles, quoiqu'un peu éteintes ; la figure de Thésée est noblement composée, elle a cependant quelque chose de froid, mais les trois jeunes gens sont remués avec beaucoup plus de chaleur ; les mouvemens en sont pleins d'expression ; celui qui embrasse la jambe du vainqueur surpasse en cette partie les deux autres. Cet ouvrage est en général correct de dessein, d'une grande maniere, mais il y regne peu d'intelligence de clair-obscur. Le mouvement du manteau du jeune homme qui baise la main de Thésée, n'est ni heureux, ni dans le style des autres draperies du même tableau.

Un autre tableau de forme cintrée, a été trouvé dans la seconde niche du Forum dont on a parlé ci-dessus ; les figures en sont à peu près grandes comme nature. Le sujet est incertain, & a donné lieu à bien des conjectures. Tous les personnages qui y sont représentés

Télephe.

ont rapport à un enfant, qu'on présume, avec assez de vraisemblance, être Télephe, fils d'Hercule; cet enfant est alaité par une chevre, qui lui leche la cuisse en levant une jambe de derriere, pour le laisser têter avec plus de facilité. Une Divinité ailée & couronnée de lauriers, tient d'une main des épis de bled, & de l'autre indique l'enfant en le regardant. Hercule debout & appuyé sur sa massue, a les yeux fixés sur lui. La Déesse Flore est assise vis-à-vis d'Hercule, & a derriere elle le Dieu Pan; aux deux côtés d'Hercule il y a un lion & un aigle, qui ne contribuent pas peu à jetter de l'obscurité sur ce sujet. La composition de ce tableau est bien liée, & les attitudes en sont expressives; la Flore est drapée d'une bonne méthode, mais tous les airs de têtes ne sont pas assez variés. Le caractere de dessein, dans le total de l'ouvrage, est trés-médiocre; l'enfant est très-incorect & les animaux sont mal rendus.

Achille. Achille à qui le Centaure Chiron enseigne à jouer de la lyre, est encore un beau tableau. Quoique la figure du Centaure ne soit pas bien dessinée, & qu'elle n'intéresse pas d'elle-même; cependant le haut de cette figure se grouppe au mieux avec celle d'Achille, qui est dans une attitude noble. Les contours de ce dernier sont coulans; le dessein en est d'un beau caractere; il est même peint avec légéreté, & l'on y admire une belle dégradation de tons dans les passages des ombres à la lumiere.

Un tableau de diverses figures, représentant une jeune fille, ayant une main appuyée sur l'épaule d'un jeune homme, & de l'autre lui serrant le bras comme par un mouvement d'affection. Ce jeune homme est entiérement vêtu; il est assis, la tête appuyée sur sa main, dans l'attitude d'une personne pensive ou qui fait attention à ce que lui lit un autre jeune homme, qui est assis vis-à-vis de lui. Ce dernier est nud jusqu'à la ceinture; il tient d'une main un papier, & de l'autre semble indiquer celui dont nous avons parlé le premier, à qui il lit ce papier. Deux femmes, & un vieillard qui les écoute, sont dans des attitudes d'étonnement. On croit que ce sujet est Oreste reconnu, & tel qu'Euripide le représente dans la Tragédie d'Iphigénie en Tauride; le jeune homme pensif est Oreste; Oreste reconnu.

la jeune fille qui ſemble le ſerrer de ſes mains, eſt Iphigénie; celui qui lit eſt Pilade. L'ordonnance en eſt belle; les têtes en ſont très-expreſſives, & les figures drapées d'un bon ſtyle. On y trouve même un aſſez bon effet de lumiere; mais ce tableau laiſſe beaucoup à deſirer, du côté du deſſein & du coloris; le dos de l'homme à mi-nud qui lit, peche plus que tout le reſte de l'ouvrage dans ces deux parties de l'art, étant très-incorrect & d'un ton de brique déſagréable. Ce morceau a ſouffert dans le bas, mais aux endroits les moins eſſentiels.

Oreſte priſonnier.

Un autre tableau repréſente, à ce que l'on prétend, Oreſte & Pilade enchaînés & conduit par un ſoldat du Roi Toante devant la ſtatue de Diane, qui eſt ſur un autel, où l'on voit une patere & un préféricule; Iphigénie eſt debout de l'autre côté de la table, & les voit arriver; elle a derriere elle deux de ſes ſuivantes, dont l'une porte, dans un baſſin, une lampe, & l'autre ſe baiſſe pour avoir le coffre qui contient, ſans doute, les inſtrumens du ſacrifice. Les deux figures d'Oreſte & de Pilade qui ſont preſque nuds, ſont très-bien composées, & d'un dessein pur; mais elles sont isolées, & la composition générale n'est point du tout liée.

Une Bacchante.

Un petit tableau représentant un Faune qui caresse une Bacchante renversée; d'une main il lui prend la gorge & de l'autre il lui soutient la tête pour la baiser sur la bouche: la Bacchante semble faire peu de résistance; elle tend un bras qui passe sur la tête du Faune, comme si elle vouloit se retenir à ses cheveux. Elle est presque entiérement nue; elle n'a qu'une cuisse couverte d'une draperie rouge. On voit auprès d'elle sa cymbale & son tirse, dont l'extrémité finit par une touffe de liere, & auquel pend un ruban de la même couleur que sa draperie. Ce grouppe est chaudement composé, & les figures ont beaucoup d'expression.

Danses.

Un petit tableau de deux jeunes filles qui se donnent les mains en dansant. Le mouvement de leur bras est bien varié, & les graces du coude y sont observées; mais les draperies y sont assommées par la confusion des plis.

Un autre petit tableau d'une danseuse seule; elle est nue jusqu'à la ceinture & tient sa draperie. L'attitude en est gracieuse, les mouvemens en sont bien contrastés; on trouve dans ses mains, dont les petits doigts sont écartés, des gentillesses qu'on ne voit pas ordinairement dans l'antique. La draperie en est moins confuse que celle des figures du tableau précédent, & les plis de ses extrémités paroissent être moins lourds.

Une autre danseuse touchant d'une cymbale à grelots, semblable aux tambours de basques dont les Napolitains jouent aujourd'hui; il y a de la finesse & de la correction dans le haut de cette figure. Elle seroit plus intéressante s'il y avoit moins de confusion dans les plis de sa draperie.

Une jeune fille tenant d'une main un rameau de cedre, & de l'autre un sceptre d'or; elle est entiérement drapée. La tête en est vue de profil, & l'ajustement de sa coëffure est du meilleur goût; elle a des pendans d'oreilles de perles: le tour de cette figure est naturel; & quoique les draperies fassent trop d'étalage, le mouvement que l'air leur donne en les faisant voltiger, est exprimé avec une grande vérité.

Une

Une Bacchante portée par un Centaure ; la Bacchante est presque nue, ses cheveux flottent en l'air, & sa draperie qui voltige au gré du vent, laisse son dos à découvert. L'attitude en est aussi singuliere qu'élégante ; elle ne porte que d'un genou sur la croupe du Centaure, en se retenant à ses cheveux d'une main; en même temps, pour le faire galoper, elle lui donne du pied dans les reins ; de l'autre main elle tient son tirse afin de l'aiguillonner davantage. Ce grouppe qui est des plus singuliers, est plein de feu & d'expression, & il est admirablement composé ; la Bacchante est rendue avec autant de correction que de finesse de dessein, & ses draperies ne manquent pas de légéreté.

Bacchante sur un Centaure.

Un autre Centaure qui porte un jeune homme en courant au galop ; le jeune homme est devant le Centaure, & il n'est retenu que par une main qu'il lui passe sur l'épaule. Le Centaure touche d'une main une lyre à trois cordes, qui est appuyée sur sa croupe, & de l'autre il fait raisonner la moitié d'une crotale contre l'autre moitié de la même crotale que tient le jeune homme. Ce tableau paroît d'un dessein pur; mais il est composé contre tout principe d'équilibre, étant impossible que le jeune homme puisse se soutenir en l'air dans l'attitude où il est.

On a remarqué que dans presque tous ces petits tableaux, sur-tout dans ceux dont les figures sont seules, les Peintres, pour éviter l'embarras des sites, se sont contentés de faire des fonds unis, d'une teinte rougeâtre ou brune, ou dans d'autres couleurs très-foncées.

Tableaux d'Enfans.

Un grand nombre de tableaux représentant des enfans, des amours ou des génies ailés, occupés à différens travaux, comme à chasser, à faire raisonner des instrumens, ou à des jeux, des danses & autres exercices. Celui de ces petits tableaux où l'on voit des enfans vignerons, est digne d'attention, sur-tout à cause de la forme du pressoir antique; il en donne une idée plus nette que celle qu'on trouvoit dans Vitruve, Pline & autres anciens Auteurs. Il faut voir la gravure qui en a été faite dans le livre des *Pitture antiche d'Ercolano*. Nous nous contenterons ici d'observer que ces enfans sont tous d'une nature un peu avancée, & composées froidement ; ils n'ont point l'enjouement des graces enfantines. Il y en a cependant dont les attitudes ont une certaine vérité, & qui sont passablement peints.

Plusieurs tableaux d'animaux où il y a des paons, des coqs, des poules, des canards, des cailles, des tigres & des poissons ; quelques-uns sont assez bien imitées & d'une touche spirituelle. D'animaux.

Des tableaux de fruits, où l'on a représenté sur-tout des raisins, des figues & des dattes ; ils sont touchés librement & peu terminés. De fruits.

Une grande quantité de tableaux d'ornemens, ou pour mieux dire, des fragmens de frises en Arabesque, dont quelques-uns sont d'assez bon goût de dessein ; mais il n'y en a presqu'aucun de bien peint.

Beaucoup de paysages mal rendus, & où il y a des bâtimens qui fourmillent de fautes de perspective. De paysages & d'architecture.

Des tableaux d'Architecture, dont le genre est si bisarre, qu'on croit y trouver en général un mélange de goût gothique arabesque, & Chinois, & souvent une imitation extravagante de l'ordre ionique.

Marines. Deux marines ; la premiere représente quatre vaisseaux, dont l'un en partie consumé par les flammes, est brisé contre un écueil : on combat avec acharnement sur les trois autres : il y en a un sur lequel s'éleve une tour où sont les enseignes de Rome : au milieu de la mer on découvre une petite isle avec un temple entre deux arbres, à côté duquel il y a un Neptune, le trident à la main ; devant ce temple est placé un autel. On voit dans la même isle un soldat armé d'une pique, d'un casque & d'un bouclier ; une figure que l'on distingue mal, parce qu'elle est presque toute effacée, semble sortir de la mer. Ce tableau est mauvais & n'a d'autre mérite que celui de nous laisser en ce genre de peinture quelque chose des anciens ; les vaisseaux n'y sont point en perspective, & ils ne levent point la question des birêmes, des trirêmes & des quadrirêmes, toutes les rames paroissent sortir de la même ligne.

La seconde marine, quoique fort mutilée, dans un coin découvre un site agréable, avec un front terminé par des montagnes, & quelques bâtimens mêlés d'arbres qui forment un bon effet.

Les terreins qui servent de repoussoir, sont traités dans le goût de ceux qu'emploient quelques-uns de nos Peintres pour produire de semblables effets.

On conserve dans cette collection quelques tableaux en mosaïque trop mauvais pour qu'on entre dans aucun détail à leur sujet.

On remarque dans ces peintures en général un bon caractere de dessein, & de l'expression; mais il paroît que les Peintres étoient peu savans dans l'art des racourcis, que leur maniere de draper, consistoit en petits plis souvent confus, & que rarement par la disposition de leurs étoffes ils s'attachoient à produire de grandes masses, mais qu'ils accusoient toujours le nud avec austérité. Ils étoient peu avancés dans la couleur locale, encore moins dans la magie du clair-obscur, qu'ils ont, pour ainsi dire, totalement ignoré. Ils n'avoient aucune notion, ni de la perspective locale, ni de la perspective aërienne. A l'égard de la composition, ils réussissoient bien dans les figures isolées qu'ils disposoient

Réflexions générales.

dans le style de celles des bas-reliefs ou des statues, sans connoître cependant l'agencement des grouppes ; aussi presque tous leurs sujets sont-ils rendus avec froideur. On n'y voit nulle part cet enthousiasme qui, à l'aspect de nos peintures modernes, remue les passions & excite dans l'ame des impressions si vives ; il est surprenant que dans des siecles où la sculpture avoit été portée à un si haut degré de perfection, la peinture n'eût pas marché avec elle d'un pas égal ; car quoique ces tableaux paroissent être des Peintres médiocres de ce temps-là, les principes qu'ils ont suivis répandent beaucoup de doutes sur les talens des maîtres de leurs écoles. Peut-être aussi découvrira-t-on par la suite des morceaux plus précieux qui renverseront cette conjecture. Il faut convenir qu'on ne peut pas exiger une grande perfection dans les tableaux que nous venons de décrire, plusieurs ayant été enlevés de dessus les murs du théâtre & autres lieux publics d'une petite ville, où l'on n'a dû chercher qu'une décoration générale ; les autres paroissent avoir été tirés de quelques maisons de particuliers qui n'étoient pas assez opulens ou assez curieux pour employer des Artistes du premier ordre.

Couleurs des anciens.

Quant aux matieres dont on se servoit alors pour peindre, il paroît, en regardant ces tableaux avec attention, qu'on y a employé toutes sortes de couleur, comme nous l'avons dit plus haut, & que ces couleurs sont les mêmes dont on se sert aujourd'hui; cela paroît détruire l'opinion de quelques modernes qui prétendent que les anciens n'ont connu que le blanc de Milet, le jaune d'Athenes, le rouge de Sinope, & le simple noir; on voit à la vérité dans un passage de Pline que les Peintres de son temps se servoient de ces quatre couleurs, mais non pas que ce fussent les seules dont ils fissent usage. Les dessinateurs qu'on a employé pour les gravures du recueil dont nous avons parlé, dessinoient avec beaucoup de propreté, mais ils n'ont rendu que mollement & sans esprit, les endroits les mieux ressentis des originaux, quelquefois aussi ils ont pris la liberté de corriger les fautes de perspective qui s'y trouvoient, ensorte qu'il ne faut pas précisément juger des originaux par les figures qu'on en publie. Mais dans le pays où il y auroit le plus d'habiles Artistes, il seroit bien difficile d'exécuter à la rigueur un ouvrage d'une si vaste étendue.

La sculpture est bien meilleure dans les restes d'Herculanum, que la peinture; peut-être parce que cet art étoit plus perfectionné; peut-être aussi parce qu'il étoit facile de transporter les statues, au lieu que les peintures étoient faites nécessairement par les Artistes du pays.

On ne sauroit trop regretter le grand nombre de belles figures, dont on ne trouve que les débris, la plupart des statues de bronze sont en partie fondues, celles de marbre sont en morceaux, la chaleur a détruit les unes, & les autres ont été broyées par la chûte des pierres & des murs: mais les deux Nonius dont nous avons parlé, sont au rang de ce qu'il y a de mieux dans l'antique, soit à Rome, soit à Florence; & les autres statues, sans être d'une aussi grande perfection que ces deux premieres ont presque toutes des beautés qui les rendent dignes d'être placées dans la seconde classe. Au reste on ne sauroit hasarder une description & une critique bien étendue de ces monumens, n'étant permis à personne d'écrire dans ces cabinets, ce qui fait que l'on ne peut en rapporter que de mémoire les différentes particularités.

CHAPITRE VIII.

Du Mont Vésuve.

LE VÉSUVE est une montagne enflammée, d'environ 300 toises de hauteur, & d'une forme pyramidale, située à trois lieues de Naples, à une lieue de la mer, & à l'orient du *Cratere* ou bassin de Naples, dont elle fait la partie la plus singuliere. Elle est séparée du reste de l'Apennin, ayant environ trois lieues de tour à sa base, si l'on n'y comprend pas les montagnes voisines, & 850 toises seulement à son sommet, suivant la mesure que M. Bélicard en fit en 1750.

Lucrece, Diodore de Sicile, Strabon & Vitruve nous apprennent que de temps immémorial cette montagne avoit jetté des flammes. Vitruve sur-tout, après avoir parlé de la pouzolane, qui faisoit le ciment le plus estimé des Romains, pour bâtir dans l'eau, attribue sa vertu aux parties minérales & aux feux souterrains dont on voyoit des vestiges autour de Cumes & de Baies, il ajoute qu'il y avoit eu aussi du feu sous le Vésuve : *Non minus etiam memoratur antiquitus crevisse ardores & abundasse sub Vesuvio monte, & inde evomuisse circa agros flammas, ideoque nunc qui spongia sive pumex Pompeianus vocatur excoctus ex alio genere lapidis, in hanc redactus esse videtur generis qualitatem.*

Vitr. L. II.

Eruption de l'an 79.

Il ne restoit de cet ancien embrasement du Vésuve qu'une tradition obscure & des vestiges presqu'oubliés ; les peuples de ce rivage vivoient dans la plus profonde sécurité, lorsque le Vésuve s'ouvrit avec un horrible fracas, le 24 Août de l'an 79 de J. C. couvrit de cendres & de pierre les villes d'Herculanum & de Pompeii, étouffa Pline le naturaliste, qui s'étoit avnacé de trop près, & fit déserter toute la côte. Pline le jeune écrivit les détails de cette premiere éruption à Tacite qui les lui avoit demandés pour en parler dans son histoire &, nous renvoyons aux Lettres 16 & 20 de son VIe. livre.

Le Vésuve eut encore de grandes

éruptions dans les années 203, 472, 512, 685, 993, 1036. Charles Sigonius parlant de celle de 472, va jusqu'à dire qu'elle couvrit toute l'Europe de cendres & qu'à Constantinople même la terreur fut si grande que l'Empereur Léon quitta la ville, quoiqu'il y ait 250 lieues du Vésuve à Constantinople. (*Hist. Imperii Occid. Lib. XIV.*) Celle de 1036 est rapportée dans la chronique de l'anonyme du mont Cassin, & Scot dans son itinéraire d'Italie; dit avoir vu dans les annales d'Italie, que les côtés de la montagne se rompirent, & qu'il en sortit un torrent de feu qui alla jusqu'a la mer. On n'avoit parlé jusqu'alors que des cendres, des pierres, des flammes & de la fumée; il paroît qu'en 1036 le Vésuve commença à vomir de ces torrens de laves ou de matieres fondues & presque vitrifiées que l'on trouve maintenant en si grande abondance dans toutes les campagnes voisines du Vésuve, & qui coulent comme des torrens dans toutes ses éruptions.

Eruption de 1631.

Il y en eût d'autres en 1049, 1138, 1139, 1306, 1500; mais celle de 1631, la treizieme dans l'ordre des dates, fut la plus violente de toutes & même la plus terrible qu'on eût vue depuis l'an 79. Le 16 Décembre 1631 au matin, après une vingtaine de secousses ou de tremblemens de terre qu'il y avoit eu pendant la nuit, le Vésuve commença de jetter une épaisse fumée avec beaucoup de cendres & de sable qui couvrirent tous les environs, la fumée sortoit par tourbillons semblables à des montagnes entassées, & couvroit tout le bassin de Naples. On y appercevoit de temps en temps des feux qui s'élançoient au travers de la fumée; on entendoit des éclats semblables à ceux du tonnerre, & un bruit sourd de retentissement intérieur, il en partit ensuite des blocs de pierres; mais ce fut le 17 vers le midi que le flanc de la montagne se rompit avec éclat, & vomit du côté de Naples, vers *S. Giovanni à Teduccio*, qui est à moitié chemin de Naples à Portici, un torrent de lave semblable à une pierre noirâtre, en partie bitumineuse & en partie vitrifiée, qui se divisa en sept branches & coula vers sept endroits différens de la côte, à S. Iorio, à Portici, à Resina, à Torre del Greco, à Torre dell' Annunziata, & à la Madonna dell' Arco ; les belles maisons de campagne dont la côte étoit couverte furent consumées ; les villages de Saint Georges de Cremano, de Resina, furent entiérement détruits. Il ne resta pas un tiers de ceux de Torre del Greco & de Torre dell' Annunziata. Il sortit encore de la montagne des torrens d'eau qui acheverent de ravager les campagnes. Les tremblemens de terre furent presque continuels jusqu'au milieu de Janvier 1632, & ce ne fut que le 25 de Février que l'éruption cessa & que les habitans commencerent à retourner dans leurs possessions.

Les eaux qui sortirent du Vésuve, sur-tout le 28 Décembre, étoient en si grande abondance qu'elles formerent plusieurs torrens, qui s'étant répandus de tous côtés ravagerent les campagnes, déracinerent les arbres, détruisirent les édifices, engloutirent plus de 500 personnes qui étoient en procession vers la Tour du Grec, en noyerent un grand nombre d'autres dans les environs du Vésuve, & porterent la désolation jusqu'auprès de Naples, ayant entraîné dans la mer une foule de gens qui s'y retiroient. L'Abbé Braccini fait monter à 3000 le nombre des personnes qui y périrent, & d'autres auteurs le font monter jusqu'à dix mille : on raconte une pareille inondation du mont Etna, qui se fit le 10 Mars 1751, il en sortit un fleuve d'eau, *un Nilo d'Acqua*. (M. d'Arthenay, page 272), & Ambroise de Léon parlant de l'éruption de 1306, dit qu'il sortit de la montagne des torrens d'eau bouillante, (de *Rebus Nolanis*, L. X. Ch. 1.)

Les années 1660, 1682, 1694, 1698, 1701, furent marquées par des éruptions moins considérables ; & depuis 1701 jusqu'en 1737, il y eut peu d'années où le Vésuve ne jettât des laves ou du moins de la fumée ; Sorrentini en donne un catalogue depuis 1660 jusqu'en 1734. (*Istoria del Vesuvio, Ignazio Sorrentini.* 1734.)

Eruption de 1737. L'éruption de 1737, qui est la 22e dans le catalogue du P. de la Torre, fut une des plus remarquables, & il n'y en a aucune qui ait laissé des traces plus visibles & qui ait été mieux décrite, ayant fait la matiere du livre que donna M. le Docteur Serrao, & qui a été traduit en François. Cette éruption commença le 15 de Mai ; le 20 la montagne s'ouvrit par le côté, il en sortit un torrent de laves ; le 21 au soir ce torrent s'arrêta près du rivage de la mer, il avoit 3800 toises de long sur 150 pieds de large, & 24 pieds de hauteur. On estime qu'il en sortit là valeur d'un cube de laves qui auroit 113 toises en tout sens.

Ce torrent parut enflammé extérieurement jusqu'au 25 de Mai, & en dedans jusqu'à la moitié du mois de Juillet. La cime du volcan continua de jetter une fumée ardente, avec des cendres & des pierres jusqu'au 23 de Mai. Les laves de 1737 se voient en quantité à *Torre del Greco*, dans l'intérieur du couvent des Carmes qui fut presque ruiné par cette éruption ; & même dans l'Eglise ; la lave y entra par une porte latérale ; mais on assure qu'elle ne passa pas le milieu de l'Eglise ; il me semble cependant, d'après Parrino, que c'est la lave de 1631, qui respecta cette Eglise des Carmes de *Torre del Greco.* Les eaux corrosives mêlées de cendres qui tombèrent en forme de pluie très-fine sur la belle plaine de Nola, desséchèrent jusques à la racine les arbres

& les plantes de la campagne.

L'éruption de 1751 a été observée par le P. de la Torre, & il en a donné une description fort circonstanciée dans son excellente histoire du Vésuve, qui a été traduite en François par M. l'Abbé Peyton. Le 25 Octobre 1751, à 10 heures du soir la montagne creva un peu au-dessus de l'*Atrio del Cavallo*, qui est ce terrein inculte couvert de pierres & de laves qui regne au pied du Vésuve du côté de la mer, & qui retourne même du côté d'Ottaiano. Il se fit un éclat considérable ; l'ancienne lave fut soulevée & retournée ; il sortit un nouveau torrent de matiere presque liquide, qui se dirigea d'abord vers *Bosco tre Case*, mais qui à la rencontre d'un vallon changea de route & s'en alla vers le *Mauro*, terrein inculte, & couvert de bois qui sont au Prince d'Ottaiano, au midi du Vésuve. En huit heures de temps, elle fit quatre milles de chemin; cette masse ardente avançoit tout d'une piece comme un mur de verre presque liquide, le P. de la Torre l'alla voir le 26 au matin, il s'avança même jusqu'à 12 ou 13 pieds de distance, de maniere à en sentir la chaleur : elle étoit toute couverte de pierres, dont les unes étoient de couleur naturelle, les autres noires, quelque-unes calcinées, d'autres en forme de briques qui auroient été long-temps dans un four; il y en avoit qui ressembloient à des scories de fer, & c'est à quoi ressemble encore toute la partie extérieure & spongieuse de ces laves que l'on voit à présent; il y avoit aussi du sable, des branches d'arbres, les unes seches, les autres vertes, que cette lave ramassoit en chemin; cette matiere s'élevoit, s'abaissoit, se retrécissoit suivant la largeur du terrein où elle couloit, & se détournoit quelquefois à la rencontre des obstacles.

Quoiqu'elle fût arrêtée le 29 Novembre, elle conserva sa chaleur si long-temps, que le 23 Mai 1752, en se promenant sur la surface, on sentoit s'exhaler par les crevasses, une chaleur insupportable & une vapeur qui ôtoit la respiration; c'étoit, dit le P. de la Torre, une odeur de sel ammoniac, de nitre, & de vitriol, mêlés ensemble, ce sont ces vapeurs qu'on appelle moffetes, *Mofete* dans le langage du pays; on trouva ensuite à la surface beaucoup de matieres salines, partie en crystaux & partie en poussiere.

Eruption de 1754.

L'éruption du 2 Décembre 1754, commença sans bruit & sans tremblement de terre, par deux ouvertures qui se firent à deux ou trois cens pieds de son sommet, l'une du côté de *Bosco tre Case*, l'autre vers *Ottaiano*, & il se forma deux torrens qui continuerent à couler jusqu'au 20 Janvier. On voit encore un étang de laves qui coulerent alors, quand on va au Vésuve par la partie septentrionale, c'est-à-dire, par S. Sébastien & par le vallon qui sépare les montagnes de Somma & du Vésuve; un de ces torrens formoit une cascade presque perpendiculaire de plus de cent pieds de hauteur, qui ressembloit à un mur de crystal, derriere lequel il y auroit eu des tourbillons du feu le plus vif & le plus ardent. La bouche du Vésuve commença ensuite à lancer au-dessus du sommet des masses ardentes de scories, qui faisoient pendant la nuit le spectacle le plus singulier; elles s'élevoient si haut, qu'il leur falloit huit secondes de temps pour retomber, cela supposeroit 160 toises de hauteur, si leur mouvement eût été accéléré comme la chûte des corps pesans ; mais la fumée & la résistance que l'air opposoit à des corps aussi légers devoit rendre leur mouvement plus lent. Ce fut alors que se forma la petite montagne d'environ 80 pieds de haut, que l'on voit encore sur la plate-forme du Vésuve ; l'on entendoit de Naples un bruit semblable à des coups de canons tirés au loin ; & quand on étoit près de la montagne, on croyoit entendre les éclats du tonnerre au-dedans de sa concavité.

Le P. de la Torre donne un détail de cette éruption, & M. d'Arthenay, qui étoit alors Secretaire d'Ambassade à Naples, envoya ses observations à l'Académie des Sciences ; elles sont imprimées dans le quatrieme volume des Mémoires présentés par des Savans étrangers.

Le 6 Mars 1759 une partie de la petite montagne tomba & entraîna une partie de l'ancienne, & depuis ce jour-là jusqu'au mois de Février de l'année suivante, le Vésuve vomit presque continuellement des laves par l'ouverture qui s'étoit faite en 1751, du côté d'Ottaiano.

L'éruption de 1760 se fit au pied même du Vésuve, un mille au midi de la petite colline des Camaldules, à deux milles du chemin qui va à *Torre dell' Annunziata*, & dans l'endroit appellé *li Monticelli*. On vit pendant presque toute l'année du feu au sommet du Vésuve, & des pierres embrasées qui étoient lancées en l'air; les côtés de la bouche se rompirent, il en sortit de temps à à autre des ruisseaux de matiere vitrifiée, mais en petite quantité, & ils ne parvinrent pas jusqu'aux campagnes cultivées. Le 21 & le 22 Décembre il y eut quelques secousses de tremblement de terre; mais le 23 Décembre à midi, il s'ouvrit au pied de la montagne 12 bouches à feu avec des éclats semblables à ceux d'une batterie; il en sortit beaucoup de pierres, de sable, de cendres & de fumée, & ensuite un torrent de laves qui se dirigea vers le grand chemin qui conduit à *Torre dell' Annunziata*. Après avoir fait environ 4 ou 500 toises dans le reste de la journée, cette lave s'arrêta, il se forma dans l'endroit où elle étoit, trois nouvelles ouvertures avec un grand bruit & des secousses répétées; il en sortit une lave qui, le 24 au matin, étoit déja arrivée au grand chemin qu'elle traversa, comme on le voit encore, pour aller du côté de la mer. Ce torrent avoit environ 300 pieds de largeur & 15 pieds de hauteur. Le 25 la lave arriva jusqu'à un demi-mille de la côte, & le premier de Janvier elle s'arrêta environ à 200 toises de la mer, après avoir renversé quelques maisons, dont on voit encore les ruines sur le chemin qui va de Portici à Pompeii, à Torre dell' Annunziata & à Salerne. Rien de plus singulier que de voir cette lave aux approches de quelque grand bâtiment: le P. de la Torre raconte que ce torrent s'arrêtoit lorsqu'il n'étoit plus qu'à huit ou neuf pouces des murs; il se gonfloit sensiblement, ensuite il couloit par les côtés & entouroit la maison sans y toucher, sans doute à cause de la résistance que la vapeur du feu lui opposoit par sa condensation entre la lave & les murailles; mais si elle rencontroit quelque porte fermée, alors le bois s'échauffoit, se brûloit, se convertissoit en charbon, & la lave entroit dans la maison, qu'elle ne pouvoit manquer alors de ravager.

Pendant que la lave de 1760 s'avançoit vers la mer, & même jusqu'au 3 de Janvier, on ne cessa d'entendre le bruit & les secousses du Vésuve, de voir s'élever une fumée considérable; mais le 6 Janvier la fumée parut cesser entiérement.

Eruption de 1765 & 1767.

Le 24 Décembre 1765 le Vésuve commença à jetter du feu, après avoir été pendant quelques jours couvert d'une épaisse fumée; cette explosion dura quelques jours. Elle recommença au mois de Janvier 1766, mais sans être fort considérable.

Au mois d'Août 1766, le Vésuve continuoit de jetter de la lave, sans cependant endommager les héritages voisins, les vignes & les Fermes ou *Masserie;* mais il n'y avoit pas eu depuis long-temps d'éruption aussi effrayante que celle du 19 Octobre 1767. Ce jour-là le Roi fut obligé de quitter Portici à deux heures du matin; & le tremblement se fit sentir jusqu'à sept lieues de distance. Il y eut jusqu'à Naples une pluie de sable & de cendre, & l'on ne voyoit dans la ville que des processions de Pénitens. Le dommage fut considérable dans les campagnes,

& si la lave n'avoit pris son cours par un ravin très-profond qu'elle combla, il y en auroit eu bien davantage; la lave avoit 320 pieds de largeur & 24 de hauteur. Le P. de la Torre vient de publier l'histoire & le détail de cette derniere éruption dans un ouvrage séparé, imprimé en 1767, mais que je n'ai point vu.

Après avoir raconté en abregé l'histoire du Vésuve, je dirai quelque chose de ses phénomenes & de leur explication, en racontant le voyage & les observations que j'y ai fait.

Il y a trois chemins qui conduisent au Vésuve, l'un est au nord, du côté de S. Sébastien & de Somma; le second à l'occident, & il commence à Resina; le troisieme à l'orient du côté d'Ottaiano; le chemin de Resina est le plus fréquenté, mais il est le plus difficile; & le P. de la Torre qui connoît si bien ce pays là, & qui a tant observé le Vésuve, eut la complaisance de m'y conduire par S. Sébastien. Nous passâmes par *Strada nuova*, par le pont de la Magdelaine, dont nous avons parlé à l'occasion de Naples, & par *S. Giovani a Teduccio*; tournant ensuite à gauche

Chemin du Vésuve.

au commencement du village *de la Barra*, nous passâmes par les *Catini*, & nous arrivâmes à S. Sébastien; c'est une route d'environ deux heures en carrosse. Là on quitte les voitures & l'on monte à cheval ou plutôt sur des ânes escortés par des paysans du village, pour arriver par des sentiers étroits & montueux jusqu'à l'Hermitage appellé

Hermitage. *il Salvatore*, qui est sur une éminence, presque entre Somma & le Vésuve; il faut cinq quart-d'heures de temps pour y arriver. Nous trouvâmes en chemin quelques parties d'anciennes laves presque enterrées, en forme de pierres noirâtres. Cet Hermitage, où nous nous reposâmes, est occupé par un Hermite François, qu'on appelle le Frere Claude, il dit qu'il est d'Amiens, & que son nom est *Claude Velene*; ayant été obligé de quitter la France où il étoit dans le service, il se retira sur cette montagne vers 1750.

Il reçoit les étrangers; on y trouve du vin, des fruits, & quelques rafraîchissemens proportionnés à son état; mais ceux qui ont envie d'y être bien traités ont soin d'y faire porter des provisions.

Nous continuâmes notre route à pied par

par des terres assez bien cultivées, dans un vallon formé par le Vésuve & par les montagnes de Somma & d'Ottaiano qui entourent le Vésuve, & qui y tiennent dans cet endroit par leur base; la montagne de Somma que l'on voit au nord ou sur la gauche, est formée d'une pierre où l'on apperçoit des matieres de volcans & des parties vitrifiées, avec beaucoup de points blancs, quartzeux, qui n'ont point été fondus. On y remarque, ainsi que dans la plupart des montagnes, des couches horisontales de pierre grise, de craie, de terre brune qui ne portent aucune apparence de feu, & qui me persuadent que jamais cette partie n'a été embrasée comme le Vésuve; c'est aussi le sentiment du P. de la Torre, quoique M. d'Arthenay, d'après M. Serrao, ait entrepris de prouver fort au long, que les pointes de Somma & d'Ottaiano sont les restes d'un volcan plus étendu qui occupoit les trois montagnes. (V. M. Serrao, page 36.)

Le sommet du Vésuve est environ à 400 toises de celui de Somma, & ce vallon qui regne sur environ la moitié de sa base, a 3000 toises de longueur; ainsi le Vésuve à cette hauteur a environ

6000 toises de tour, ou un peu moins de trois lieues; le reste de sa circonférence est environné d'un chemin tortueux qui s'élargit vers le midi, & qu'on appelle *Atrio del Cavallo*; le vallon & l'*Atrio* séparent la partie nue, stérile & sablonneuse du Vésuve, d'avec les vignes & les campagnes cultivées qui sont plus bas; ils sont à peu près à la moitié de la hauteur perpendiculaire du Vésuve, à 130 ou 140 toises au-dessus du niveau de la mer; en effet le P. de la Torre a observé la hauteur du barometre sur le plan de l'Atrio, de 26 pouces 4 lignes, tandis qu'il étoit au bord de la mer de 27 pouces 6 lignes $\frac{3}{4}$, & de 25 pouces 7 lignes $\frac{1}{2}$ sur le sommet du Vésuve, le 1 de Juillet 1762. Il a d'ailleurs mesuré la longueur de la pente du Vésuve, depuis le sommet jusqu'au vallon, qu'il a trouvé de 327 toises, l'angle qu'elle fait avec l'horison est de 24 degrés; il en résulte que la hauteur perpendiculaire est de 166 toises au-dessus du vallon, observations qu'il a répétées plusieurs fois.

La plus grande partie de ce vallon est remplie de pierres-ponces, de scories, de sables brûlés, de laves en petits morceaux détachés, qui couvrent aussi tout le reste de la hauteur du Vésuve. On voit sur la droite une grande étendue de laves en grandes masses irrégulieres, noires, & par bouillons, qui coula en 1737, ensuite on trouve celle qui coula en 1755, de même que celle qui est à l'autre extrémité de ce vallon du côté d'Ottaiano; du moins la plus grande partie vient de cette éruption.

C'est dans la partie du Vésuve placée au-dessus du vallon & de l'*Atrio*, que l'on voit à différentes hauteurs, & jusqu'à un tiers de son élévation au-dessus de la plate-forme du vallon, les bouches formées dans différentes éruptions, par lesquelles il a coulé des torrens de laves, qui quelquefois se sont arrêtés sur la plate-forme, & quelquefois ont descendu beaucoup plus bas; mais on a peine à distinguer ces bouches que la lave, le gravier, & les éboulemens ont fermées. Le P. de la Torre a représenté les cinq bouches principales ouvertes en 1751 & 1754, du côté d'Ottaiano, à la partie orientale du Vésuve, dans une des Planches qui sont jointes à son histoire.

Après avoir fait une lieue dans ce

vallon, autour du Vésuve, on trouve un endroit où il est moins difficile de grimper que dans le reste du vallon; c'est-là que nous commençâmes à monter sur ce sable mouvant, dont les éruptions ont tapissé la montagne; il est presque impossible de s'y faire porter, mais on peut se faire traîner ou soutenir par les paysans qui vous conduisent. On recule à chaque pas, on tombe, on se releve; les souliers & quelquefois les pieds sont déchirés ou brûlés dans ce trajet; & quoiqu'il n'y ait que 355 toises à monter sur ce plan incliné, il faut plus d'une heure pour arriver. Il ne brûloit pas alors comme dans d'autres expéditions que le P. de la Torre y fit en 1759.

Le gravier spongieux & brûlé, quoique plus léger que la pouzolane qu'on tire de la terre, s'emploie également pour bâtir; les parties minérales calcaires, vitrifiées, bitumineuses, &c. lui donnent une excellente qualité pour le ciment. Mais j'ai ramassé de la pouzolane à Rome qui paroît également vitrifiée.

Il y avoit deux heures & demie que nous étions parti de l'Hermitage du

Salvatore, lorsque nous arrivâmes à la plate-forme, qui étoit autrefois le sommet du Vésuve, au-dessus de laquelle il n'y a plus qu'une petite montagne de 80 pieds de hauteur, & de 200 pieds de pente, formée dans l'éruption de 1755. Cette plate-forme est presque toute couverte de soufre, & de sels qui tombent en efflorescence; le terrein y est toujours chaud, & l'on y voit sortir la fumée par différentes crevasses. Un coup de vent qui mêla toute cette fumée, dans le temps que nous y étions, nous plongea dans un tourbillon suffocant, qui heureusement ne dura pas, mais qui nous tint quelque temps dans un assez grand embarras. Ces petites émanations qu'on appelle *Fumarole* sont chaudes, humides, comme celles de la Solfatare, & déposent du soufre & du sel ammoniac sur les parois de ces crevasses: une chaîne de montre en acier que j'avois apportée de Londres, y fut tellement rongée & ternie ce jour-là, par la vapeur du Vésuve, que je n'ai pu la porter plus long-temps.

Plate-forme du Vésuve.

La plate-forme dont je parle, a environ 520 pieds de largeur tout autour de la petite montagne; celle-ci avoit

4620 pieds ou 770 toises de tour à sa base, suivant les mesures du P. de la Torre, prises au mois d'Avril 1755, 80 pieds de hauteur d'un côté, & 96 de l'autre, & environ 200 pieds de longueur sur son côté, à cause du talus ou de l'inclinaison de ce côté, & elle est un peu plus large actuellement. Ce fut le 20 Janvier 1755, à la suite de l'éruption qui étoit arrivée le 2 Décembre précédent sur le côté du Vésuve, que le sommet du volcan commença de jetter en l'air beaucoup de pierres, de sable ardent, & de matieres spongieuses, qui s'ammoncelerent peu à peu au-dessus de la plate-forme, & donnerent naissance à cette petite montagne que l'on apperçût de Naples le 22 Janvier 1755, & qui continua de croître les jours suivans; sa partie orientale qui regardoit Ottaiano, tomba au mois de Mars 1759.

Gouffre du Vésuve.

Quand on est au sommet de cette petite montagne, on apperçoit le bassin du Vésuve ou le foyer intérieur qui est ordinairement embrasé, mais qui change si souvent de forme, qu'il est presque impossible d'en dire quelque chose de précis; avant l'éruption de 1631, cet entonnoir étoit rempli d'arbres & de verdure, au fond il y avoit une plaine couverte de pâturages, & le bord supérieur avoit cinq milles de circonférence, (Serrentino, L. I. Ch. 15.)

Actuellement tout ce bassin est rempli, il n'y reste qu'un précipice ou vuide cylindrique, & le bord de ce gouffre a 937 toises de tour, suivant le P. de la Torre qui l'a mesuré plusieurs fois.

Le bord de l'entonnoir a une épaisseur de 4 pieds plus ou moins, sur laquelle on peut tourner aisément, & d'où l'on peut descendre dans le gouffre quand la fumée n'est pas fort abondante, à une profondeur d'environ cent pieds; quoique la descente soit presque verticale, les irrégularités du terrein, & les pierres qui font saillie, fournissent le moyen d'y aller. Dans l'histoire de M. Serrao imprimée en 1737, il paroît qu'on n'osoit point alors en courir les risques, cependant au mois de Juillet 1759, M. Rigade, Musicien attaché à M. le Marquis de l'Hôpital, accompagné de plusieurs domestiques de la maison & de plusieurs paysans y descendirent, (Mém. Ac. 1750, pag. 8.)

Le P. de la Torre y étoit aussi descendu

le 22 Mai 1752, aussi-bien que M. Randon de Boisset qui a fait deux fois le voyage d'Italie avec toute la curiosité d'un Savant ; ils virent dans l'intérieur beaucoup de crevasses d'où il sortoit une fumée très-humide & très-chaude ; le fond étoit recouvert d'une matiere jaune en dessus & blanche en dessous, épaisse d'environ un doigt, poreuse & irréguliere ; sous cet enduit on voyoit une matiere calcinée qui paroissoit contenir beaucoup de soufre ; & sous cette matiere la masse naturelle de la montagne, semblable à une pierre presque vitrifiée. D'ailleurs la disposition des bancs de pierre paroissoit être la même que dans les montagnes ordinaires, & non point celle de matieres qui auroient été jettées en l'air & bouleversées par un volcan, ensorte que l'on ne peut guere supposer que l'éruption souterraine ait produit la formation entiere de la montagne.

Le tour de ce bassin avoit environ 900 toises, en bas comme dans le bord supérieur, & 100 pieds de profondeur ; dans ce fond de bassin où il étoit possible de descendre, on voyoit des ouvertures profondes & inaccessibles, dont une faisoit voir la disposition intérieure des couches de la montagne. La principale ouverture étoit celle du gouffre d'où sortoit une épaisse fumée, dont l'odeur étoit sulfureuse, pénétrante & dangereuse; la croûte de ce plan intérieur, ou la voûte sur laquelle on marchoit, avoit plusieurs ouvertures, & dans quelques endroits n'avoit pas plus de dix pouces d'épaisseur, cela ne l'empêcha pas d'y descendre encore le 1 de Juillet 1752, il trouva que l'ouverture de l'abîme s'étoit élargie, & occupoit presque le tiers du plan intérieur.

Le P. de la Torre retourna encore le 16 Octobre de la même année dans cet entonnoir du Vésuve, & la fumée qui sortoit du gouffre se dirigeant un peu de côté, il monta sur une petite éminence de 12 à 13 pieds, qui faisoit une saillie sur le gouffre, d'où il voyoit perpendiculairement au-dessous de lui le feu qui étoit au fond de l'abîme, semblable à un vaste fourneau de verrerie, il y jetta une pierre pour juger par le temps qu'elle employeroit à descendre de la profondeur du foyer; mais elle n'avoit pas fait les deux tiers du chemin que l'intrépide Observateur fut saisi par un tourbillon de fumée qui alloit le suffoquer, tout ainsi que Pline dont il suivoit si bien l'exemple; il fut forcé de se jetter avec précipitation au bas de cette éminence; malgré le danger d'une pareille chûte, il jugea seulement par le chemin que la pierre avoit faite en cinq secondes, que le foyer devoit être à une profondeur de 90 toises.

M. Serrao, en 1737, estimoit à peu-près la même profondeur. M. l'Abbé Nollet en 1749, jugea de 40 toises la hauteur à laquelle s'élevoient dans le bassin les matieres fondues ou les blocs de pâte qui étoient lancés au-dessus du foyer. (Mém. de l'Ac. pour 1750, p. 87.) Au reste quand cette profondeur seroit encore plus grande que 90 toises, il est toujours vrai que le foyer étoit dans le corps de la montagne; & plus élevé que le niveau de la mer, c'est la seule conséquence générale que l'on en puisse tirer.

Au mois de Juillet 1754, la lave que le fourneau avoit lancée, s'étoit répandue sur les côtés du bassin, & y avoit formé un nouvel enduit; les matieres brûlées, les pierres & les scories qu'il jetta au commencement de 1755, y formerent cette petite montagne, qui peu à peu remplit tout le bassin & surpassa de 80 pieds l'ancienne plate-forme. Le fond intérieur de cette montagne, au mois d'Avril 1755, s'étoit tellement élevé qu'il n'étoit qu'à 23 pieds du bord, & qu'on y descendoit commodément; on y descend encore, mais il est rare que la fumée laisse appercevoir le gouffre, comme on le voyoit il y a quelques années; on se contente d'y jetter des pierres pour juger de sa profondeur, qui n'est pas considérable, & l'on y entend quelquefois un bruit sourd semblable au mugissement profond d'un vent chassé avec force par les vapeurs raréfiées.

L'intérieur de ce bassin paroît quelquefois tapissé de plusieurs couleurs différentes; le jaune, qui vient d'un soufre décomposé & friable; le blanc, qui vient d'un sel alumineux; le verd produit par les parties cuivreuses ou pyriteuses & vitrioliques; enfin le gris provenant du fer qui y abonde.

M. Serrao, dans son histoire du Vésuve, chap. VII, nous dit qu'en 1737 il y avoit au fond de l'entonnoir un *Quantité de pluie.*

petit lac qui en couvroit presque la moitié, du côté du midi ; cette eau lui paroissoit être une eau de pluie. Pour appuyer cette idée, il observe que la quantité de pluie qui tombe annuellement à Naples, est de 29 pouces de France, suivant les observations faites pendant dix ans par Don Cirillo, ensorte que la bouche du Vésuve qui a 109400 toises de superficie, reçoit chaque année 45 milles toises cubes d'eau (*); il est vrai qu'il ne pleut pas autant sur la montagne qu'il pleut au bord de la mer; mais aussi il y a beaucoup d'eau qui se filtre d'ailleurs au travers de la montagne, & qui pénetre dans l'entonnoir du Vésuve.

C'est cette eau, qui probablement fournit une partie des vapeurs & de la fumée que l'on voit s'élever du Vésuve. Après de grande pluies le feu paroît se calmer & se concentrer; quand la pluie est cessée, le feu se dilate &

(*) On est étonné de voir qu'il tombe 29 pouces d'eau à Naples, tandis qu'il n'en tombe que 19, année commune, à Paris : on le sera bien davantage de ce qui a été observé par Corradi, Mathématicien du Duc de Modene, qui observa en 1716, à Forno Volastro, dans la Garfagnana 102 $\frac{3}{4}$ pouces d'eau. *Vallisneri, Lezione Acad. intorno l'orig. delle font.*

se ranime, & souvent quelques mois après ces grandes pluies, l'entonnoir paroît embrasé dans plusieurs endroits; mais je ne puis croire, comme le P. de la Torre (art. 99.), & M. Serrao, que cette eau de la pluie soit suffisante pour tout expliquer. Il y a eu des éruptions, comme celles de 1631 & de 1698, dans lesquelles le Vésuve a jetté des torrens d'eau, tout ainsi que le volcan de Cotopaxi en 1742, (V. M. Bouguer, pag. 69.) & le mont Etna en 1751. Le fait est arrivé trop souvent, & il est attesté avec trop de circonstances pour pouvoir en douter. (V. M. d'Arthenay, Mém. présentés, &c. T. 4. p. 273.) La mer qu'on a vu presque toujours se retirer, le goût salé des eaux qu'on a vu sortir du Vésuve & le volume immense de ces torrens, tout me porte à croire, avec M. d'Arthenay & M. l'Abbé Nollet, que l'eau de la mer pénetre jusque dans le bassin, ou par son poids, ou par la pression de l'air extérieur, qu'elle s'y convertit en vapeurs & produit une partie de la violence des éruptions. Ces vapeurs condensées dans l'atmosphere peuvent causer aussi les éruptions aqueuses &

les grandes pluies qui ont accompagné ou suivi les éruptions seches, plus d'une fois.

De la cause des Volcans.

M. Lechmann dans son art des mines, M. Seip dans sa description des eaux de Pyrmont, expliquent aussi les volcans par le moyen des eaux de la mer, qui mettent en jeu les pyrites, ces composés de fer & de soufre qui se rencontrent par-tout dans le sein de la terre; c'est le sentiment de Henckel dans sa Pyritologie, (pag. 308.) Les eaux de la mer qui sont visqueuses & salées sont plus propres que d'autres à produire l'inflammation des volcans, & l'on trouve en effet, près de la mer, presque tous les grands volcans de l'Europe. Le sel que contiennent les eaux de la mer, est lui-même un aliment du feu; on sait que les Cuisiniers jettent ordinairement du sel sur les charbons, pour rendre la braise plus ardente.

Je ne fais pas entrer ici le fait rapporté par Pline, de la mer, qui parut quitter le rivage de Misene, quoiqu'on ait dit la même chose de quelques autres éruptions; il a pu arriver que ce ne fut qu'une espece d'oscillation produite par la secousse du tremblement, un balancement de la masse des eaux, plutôt qu'un appauvrissement ou un dessèchement produit par l'engouffrement d'une partie de la mer; je ne vois pas qu'on puisse supposer sous le Vésuve des gouffres assez profonds pour recevoir tout-à-coup un si grand volume d'eau, dont l'océan répareroit à chaque instant la perte, plus vîte qu'elle ne pourroit se produire.

Le soufre est la premiere cause de l'incendie d'un volcan, comme il est l'aliment du tonnerre; car on ne connoît rien de plus inflammable que le soufre, & l'odeur de soufre se remarque par-tout où passe le tonnerre, aussi-bien que dans la fumée du Vésuve. L'on trouve du soufre tout formé dans cette montagne; il n'y a donc aucun doute sur l'existence du soufre au-dedans de la terre.

Pour allumer ce soufre intérieur de la terre & le mettre en mouvement, il suffit qu'il s'y mêle du fer avec un peu d'eau, alors l'acide sulfureux s'unissant au fer avec rapidité, ils produisent une pénétration & un frottement qui embrasent le mélange.

M. Lémery expliquant dans sa Chymie la préparation du safran de Mars, fait voir comment elle sert à donner une idée de la formation des volcans, & dans les Mémoires de l'Académie pour 1700, page 103, il raconte une autre expérience qui la rend encore plus sensible. Il mit en été dans un grand pot, 50 livres d'un mélange de fer & de soufre pulvérisé, réduit en pâte avec de l'eau; il plaça le pot dans un creux qu'il avoit fait faire dans la terre à la campagne, il le couvrit d'un linge & ensuite de terre, à la hauteur d'environ un pied. Il apperçut huit ou neuf heures après que la terre se gonfloit, s'échauffoit & se crevassoit, il en sortit des vapeurs chaudes & sulfureuses, & ensuite quelques flammes qui en élargirent les ouvertures & répandirent tout autour une poudre jaune & noire; il ne resta dans le pot qu'une poudre noire & pesante, qui étoit de la limaille de fer dépouillée d'une partie de son soufre. (V. Mém. 1760, p. 467.)

Volcans artificiels.

M. Lehmann dans son ouvrage, intitulé l'Art des Mines, imprimé à Paris en 1759, T. II, pages 273 & 325, & T. III. page 427, dit que les pyrites sulfureuses s'allument par le contact de l'air & de l'humidité. Il y a même une pyrite appellée *Coco* dont parle Alfonse Barba, qui quelquefois creve avec fracas. Si l'on mêle de la limaille de fer, de l'acide vitriolique & de l'eau dans un grand matras dont le col soit fort long, & qu'on agite le vaisseau, les vapeurs qui en sortent s'allument à l'approche d'une bougie. Les charbons de pierre entassés s'enflamment d'eux-même en été, lorsqu'à des pluies il succede un beau soleil; mais ce sont ceux qui contiennent des pyrites, (M. Lehmann, T. III. p. 433.)

On a vu s'enflammer d'elles-mêmes les matieres qui avoient éprouvé une fermentation considérable, comme du foin dans les greniers, des toiles dans les magasins de la Marine, (Hist. de l'Acad. pour 1757). Il y a dans la Chymie un grand nombre de matieres dont le mélange produit l'effervescence, la chaleur, l'inflammation, & qui nous font voir différentes manieres d'expliquer l'embrasement des volcans. Ces effervescences se font en un instant dans nos atteliers; elles exigent plusieurs siecles dans le sein de la terre, où les matieres sont moins pures & moins rapprochées ; mais les principes & le méchanisme sont à peu près les mêmes. Si l'on mêle de l'esprit de nitre fumant, avec l'huile de vitriol, & qu'on verse ce mélange sur une huile distillée, comme celle de thérébentine ou de canelle, le feu y prend, & en général les acides enflamment les matieres huileuses. Le pyrophore de Homberg fait avec de la farine, de l'alun & du soufre, prend feu de lui-même dès qu'on l'expose au grand air, par l'humidité qu'il absorbe, (V. les Mém. présentés &c. T. III. p. 180. Leçons de Physique de M. Nollet, T. IV, la Chymie de Boerhaave, & les additions de Muschenbroek aux expériences de l'Académie *del Cimento*).

L'explication de tous ces phenomenes tient à la cause des affinités chymiques, & à l'attraction des parties élémentaires des corps ; il me suffit d'avoir montré le rapport de ce qui se passe sous nos yeux avec ce qui s'opere dans les entrailles du Vésuve ; il n'y a pas d'autre maniere de l'expliquer.

Cette fermentation ayant produit de la chaleur dans le sein de la terre, elle convertit en vapeurs l'eau qui survient par filtration, & cette eau convertie en vapeur, occupe une espace 14000 fois plus considérable que l'eau ; la force de ces vapeurs est alors prodigieuse ; qu'on en juge par l'éolipyle ou par les pompes à feu, où une simple chaudiere d'eau bouillante produit assez de force pour mouvoir un balancier énorme, chargé de deux pistons. Il n'est donc pas étonnant que ces vapeurs produisent un soulevement & une explosion des matieres qu'elles rencontrent ; c'est ainsi que ce volcan a lancé quelquefois des masses de pierres qui pésoient des milliers, & l'on en voit quelques-unes sur le chemin du Vésuve, quand y monte du côté de Resina & de Pugliano.

Qu'on réfléchisse sur l'effet que produit l'air, le feu ou la vapeur qui se dégage des grains de la poudre à canon, ou l'effet bien plus violent de la poudre fulminante, composée de salpêtre & de soufre, mélés avec un alkali fixe, & l'on n'aura aucune peine à comprendre l'effet des volcans. Il n'y a que la grandeur du fourneau qui produit la grandeur des effets ; l'imagination n'y est point accoutumée par les petits effets de nos petites expériences ; elle s'étonne à la vue des explosions du Vésuve ; il n'y a cependant de différence que du petit au grand.

Il y a des volcans dans tous les pays du monde, parce qu'il y a par-tout des soufres & des minéraux. La Cordeliere du Pérou, & du Chili, la chaîne entiere de l'Apennin, l'Islande, quelques isles de la mer du sud, de l'Archipel, des Canaries, des Terceres & des Açores, sont des volcans ou éteints ou encore enflammés. On en trouve des vestiges dans les isles Ephestiades, Lipari, Vulcain, Didime, Stromboli, Corfou ; en Ethiopie, en Suede, en Norvege, en Ecosse ; au milieu même de la France, dans la Province d'Auvergne on voit les traces des anciens volcans. M. Guétard y a reconnu des laves toutes semblables à celles du Vésuve. (Mém. de l'Acad. pour 1752.)

M. Montet a trouvé aussi les laves de plusieurs volcans éteints dans le bas Languedoc, & Montpellier en est pavé. (Mém. de l'Acad. pour 1760, page 468) ; il y en a sur-tout beaucoup, du côté de Pézénas & d'Agde ; on y trouve le basalte semblable à celui dont il est parlé dans Pline, dans la continuation de la lithogéognosie de Pott, page 219, & dans les Transf. Phil. Tome XLVIII, pages 226 & 238.

Il y a dans l'Allemagne des mines de charbon qui se sont allumées, (V. M. Lehmann dans l'article des mines, Tom. I. page 329, Pline, L. II. Chap. 79, 80, 81, 82, 84. Agricola, *de ortu & causis subterraneorum*, Liv. II, Chap. 20.)

CHAPITRE IX.

De la nature des laves du Mont Vésuve.

LA LAVE, en Italien *Lava*, cette matiere qui est sortie en si grande quantité dans les dernieres éruptions du Vésuve, ressemble extérieurement au fer fondu, mais en dedans l'on voit que ce n'est qu'une sorte de vitrification opaque, dont l'aspect est semblable à celui d'une pierre d'aiman. Quand elle est polie, elle approche de la serpentine, avec cette différence qu'elle ne tire point tant sur le verd.

Cette lave a la consistance d'une pâte ou bouillie épaisse quand elle sort du fourneau ; elle coule lentement, & s'étend avec peine. Quand elle est refroidie, ces torrens de lave ressemblent, suivant la comparaison de M. de la Condamine, à une mer de matiere épaisse & tenace, dont les vagues commenceroient à se calmer :

> Vidimus undantem ruptis fornacibus Ætnam,
> Flammarumque globos liquefactaque volvere saxa.
>
> *Georg.* I. *Æn.* 3. *v.* 576

Certains endroits ressemblent à des cables de vaisseaux pliés en rond. Si quand elle est encore coulante on la souleve avec un bâton, elle se gonfle aussi-tôt & devient poreuse, ce qui paroît provenir d'une matiere très-dilatable, peut-être bitumineuse ; car les bitumes ont la propriété de se gonfler dans le feu, de s'attacher au fer, & de se durcir quand ils sont froids. C'est par une raison semblable qu'on a vu, en 1760, les ardoises de Royaumont frappées du tonnerre, se dilater, se boursoufler jusqu'à prendre 8 à 9 lignes d'épaisseur, & à pouvoir nager sur l'eau. (Hist. de l'Acad. 1760.)

On voit aussi que la lave exerce souvent une très-grande force expansive, elle forme des ondes, des cavités, des pointes, des grottes, des especes d'aqueducs, & elle souleve la plate-forme de l'entonnoir du Vésuve, jusqu'à la porter presque à l'orifice supérieur, comme cela est arrivé en 1755, depuis le 23 Février jusqu'au 6 Juillet, & en 1767.

M. de Secondat dans ses *Observations Physiques*, imprimées en 1750, parle d'un bitume qui se trouve près de Dax, qui est si dur, que pour le tirer, il faut y employer le fer & le feu; on ne peut le séparer des parties terreuses, qu'avec le feu de réverbere; on s'en est servi pour assembler les pierres dans les terres-pleins du Château Trompettes: cela peut servir à expliquer la raréfaction de la lave: elle paroît contenir une portion de bitume d'une égale dureté, à en juger par l'odeur qui s'exhale de ses pores avant qu'elle soit entiérement refroidie, & par le gonflement dont nous avons parlé; cela n'est pas étonnant, puisque le bitume est composé du même acide que le soufre, uni avec quelque espece d'huile; Boccone, dans l'ouvrage intitulé: *Museo di fisica e di esperienze*, page 166, nous dit, qu'en Sicile où brûle le mont Ætna, il y a beaucoup de sources bitumineuses, & qu'on y trouve souvent du succin.

On apperçoit dans la lave des parties de fer, & des parties de pierres; mais les particules métalliques sont fort divisées, puisque la lave pese un neuvieme ou un dixieme de moins que la pierre naturelle du Vésuve. La lave agit sur la boussole, ce qui prouve qu'elle contient du fer. M. l'Abbé Nollet ajoute, qu'étant au bord du bassin, il respiroit une odeur semblable à celle du fer dissous dans de l'esprit de sel. Les pyrites du Vésuve étant analysées, donnent du fer très-pur, & M. Cadet en a trouvé dans la lave, qu'il avoit pulvérisée avec beaucoup de peine, comme nous le dirons bien-tôt.

La lave entre difficilement en fusion; elle résiste au plus grand feu; cela vient de ce qu'elle est dans un état fort voisin de celui de verre, mais qu'elle renferme trop de parties réfractaires, qui ne sont pas susceptibles d'une parfaite vitrification. M. l'Abbé Nollet regardant le fourneau du Vésuve en 1749, dans un temps où depuis un

an

en l'embrasement ne cessoit d'augmenter, vit que les masses ardentes que lançoient la vapeur & la flamme étoient une espece de pâte qui se déchiroit en l'air, changeoit de forme, & en retombant sur le rocher s'applatissoit comme de la boue épaisse, ce qui prouve combien la vitrification est imparfaite, même dans le centre de l'embrasement.

Suivant les expériences de M. Cadet, la poudre de lave se dissout dans tous les acides, mais sur-tout dans l'acide vitriolique, avec lequel elle fait une une vive effervescence. Si l'on mêle cette dissolution avec de l'esprit de-vin, & qu'on y mette le feu, la flamme prend une belle couleur verte; l'alkali volatil donne une couleur bleue à cette dissolution, ce qui prouve qu'elle contient un peu de cuivre. Cette même dissolution filtrée & évaporée donne des crystaux de vitriol de mars très-réguliers, des crystaux d'alun, & un sel en petites aiguilles soyeuses qui ne peut se dissoudre dans l'eau froide, & qui paroît formé par l'union de l'acide vitriolique & d'une terre vitrifiable contenue dans la lave; il est donc probable que la lave est formée par des pyrites vitrioliques & alumineuses, chargées de beaucoup de soufre ; la violence du feu en ayant enlevé le soufre, c'est-à-dire, le phlogistique & l'acide vitriolique, a fondu la terre vitrifiable, à l'aide du quartz qui y étoit contenu, & dont on rencontre encore quelque vestiges dans la lave ; il s'est formé un verre opaque, mêlé avec le fer, le cuivre & la terre alumineuse. (Hist. de l'Acad. des Sciences pour 1761, p. 63.)

M. Montet, Chymiste de Montpéllier, a trouvé du soufre pur dans la sublimation de la lave du Vésuve. La qualité un peu spongieuse de cette lave la rend très-propre à servir de pavé ; elle est fort dure, elle n'est point glissante. Aussi la ville de Naples en est pavée, & les anciennes villes d'Herculanum & de Pompeii l'étoient déja. On s'en sert aussi pour bâtir certains édifices auxquels on veut donner plus de solidité ; mais ce qu'il y a de plus remarquable, c'est que Rome & toute la voie Appienne, depuis Rome jusqu'à Radicofani, est pavée aussi de laves semblables, tirées des anciens volcans, comme M. de la Condamine l'a observé en 1755,) Mém. de l'Acad pour 1757, p. 375.)

Sa dureté la rend susceptible de poli, l'on en fait à Naples divers ouvrages, des tables, des chambranles de cheminées, des tasses, des tabatieres, qui coûtent quelquefois jusqu'à 1000 francs quand il s'en trouve des morceaux singuliers, où il y a des accidens rares, des points verts, ou d'autres qui sont rouges comme des rubis.

Usage de la lave.

On en fait aussi des suites d'échantillons, en choisissant des laves de toute sorte de couleur. M. Guétard en cite une de M. Guenée où il y avoit 45 petits quarrés de diverses nuances, pointillés, brocatelés en blanc, jaune, gris, olivâtres plus ou moins foncés, qui faisoit un assortiment très-curieux. On y voit sur tout beaucoup de parties vitrifiées noires ou verdâtres, & quelques parties métalliques.

Ce travail des laves est très-long; car cette matiere résiste au cizeau; & quand on veut la réduire en poudre, elle mord sur les pilons les plus durs & les mieux trempés.

M. de la Condamine n'a point trouvé de lave de cette espece en Amérique, quoiqu'il ait souvent campé des semaines & des mois entiers sur les volcans de Pitchincha & de Chimboraço; cependant l'espece de crystal noirâtre, appellée vulgairement au Pérou *Piedra de Gallinaço*, n'est autre chose qu'un verre formé par les volcans, ce qui prouve seulement que les matieres de ces montagnes sont plus fusibles que celles du Vésuve, & plus disposées à la vitrification; mais il ajoute qu'il n'a point vu la montagne de Sangaï, de laquelle il coule un torrent de feu, & celle de Coto-Paxi, d'où l'on a vu sortir à flots des matieres enflammées & liquides, & que ces matieres sont peut-être d'une nature semblable à la lave du Vésuve.

Pierre obsidienne.

La pierre de gallinace dont nous venons de parler, ressemble parfaitement à la pierre obsidienne de Pline, sur laquelle M. le Comte de Caylus a donné un mémoire à l'Académie des des Inscriptions en 1760; il prouve, d'après les expériences chymiques, que c'est une espece de verre métallique, ou, comme le présume M. Guétard, un verre formé par la fusion des glaises métalliques, une substance analogue au laitier que l'on trouve dans les fourneaux à fer, & qui est une demi-vitrification ou une écume mêlée de métal & de matieres vitrifiées, dûe principalement au quartz fusible de la mine.

La lave qui sort quelquefois par la bouche supérieure du Vésuve, n'est jamais d'une vitrification parfaite, comme celle de la lave qui sort par les flancs de la montagne, parce que la matiere trop fluide ne sauroit être lancée en masse aussi loin que celle qui a quelque consistance.

La matiere spongieuse que le Vésuve lance souvent, aussi bien que celle qui est à la surface des laves, quoique poreuse, est de la même nature que la lave; elle est quelquefois jaune au-dehors & blanchâtre au-dedans. C'est une pierre presque vitrifiée; quand elle est réduite en poudre & bouillie dans l'eau, elle lui donne à peine un petit goût salé; mais elle devient plus blanche, & l'on y apperçoit des particules brillantes qui paroissent talqueuses; le P. de la Torre en a vu qui, sous un volume égal, pesoit un septieme de moins que la pierre naturelle du Vésuve; il y en a qui ſont extrêmement poreuſes; & qui ſervent à faire des voûtes fort légeres, comme nous l'avons remarqué à l'occaſion de Baies.

Cendre du Véſuve.

La cendre du Véſuve, ou la lave ancienne qui a couvert Herculanum, quoiqu'extrêmement ſubdiviſée, approche beaucoup de la nature de la lave pierreuſe & ſolide dont nous venons de parler; vue au microſcope elle paroît contenir des particules ſalines, tranſparentes, des parties brillantes, & de petits grains noirs. Lorſqu'on en met dans le feu elle donne d'abord une flamme bleue, mais ſans odeur de ſoufre; pulvériſée & bouillie dans l'eau, elle prend à peine un petit goût ſalé comme celui de l'alun; ces points noirs paroiſſent être des parties bitumineuſes, qui, lorſqu'elles étoient en fuſion, donnoient à la matiere la facilité de couler & de pénétrer par-tout; mais qui après le refroidiſſement, ſe ſont trouvé trop diviſées & ſéparées par l'interpoſition de trop de matieres hétérogenes, pour conſerver de la liaiſon. On explique par-là ce que diſent Caſſiodore & Procope de la lave de 512, qu'elle couloit comme un fleuve ardent, & qu'après le refroidissement elle étoit comme de la cendre. Le P. de la Torre a même observé pareille chose dans quelques ruisseaux de laves qui coulerent en 1751 & 1752; ils ressembloient à un fluide, tant qu'ils étoient embrâsés, mais ensuite on n'y appercevoit qu'un sable stérile, une terre rouge brûlée, dont les parties bitumineuses étoient en trop petit nombre pour former une masse concrete. M. Nollet ne doute pas que ce ne soit la lave ordinaire qui, dans une fusion plus parfaite, a été lancée avec une impétuosité plus grande; elle s'est divisée en une espece de pluie, qui est retombée sous la forme d'une cendre, s'est appliquée exactement à tous les murs, & a rempli tous les vuides dans les villes d'Herculanum & de Pompeii; c'étoit une lave moins cohérente que la lave ordinaire.

Il y a eu de nos jours plusieurs villages qu'il a fallu presqu'abandonner, à cause de la quantité de cette cendre qui avoit couvert les maisons & chargé les toits jusqu'à en causer l'éboulement; quoique la lave ne fût point dans cet état de fusion extraordinaire; & j'ai vu moi-même en 1765, dans un temps où le Vésuve étoit assez tranquille, une couche légere de cette cendre et poudre impalpable; qui avoit couvert les toits & les jardins de Portici pendant la nuit. Le P. de la Torre a observé en 1751 & 1754, que les premieres laves qui sortent sont moins liquides que celles qui succedent, & que les dernieres ne sont qu'une écume noire très-légere, composée de matieres qui sont intimement mélangées.

Les matieres écailleuses, *lastre*, que le Vésuve jette souvent, sont une croûte détachée de l'intérieur du fourneau semblable à de la brique ou à de la terre cuite; il y a aussi des écailles sur la lave qui sont irrégulieres, tantôt par ondes, & tantôt par filets; mais celles-ci sont de la même nature que la lave spongieuse dont nous avons déja parlé.

Autres matieres du Vésuve.

Les pyrites ou marcassites que l'on trouve dans l'intérieur du Vésuve, sont quelquefois couleur de fer, quelquefois jaunâtres, plus pesantes que la lave; le P. de la Torre en a fait décomposer par un Chymiste de ses amis, on y a trouvé une petite quantité de fer pur, & attirable par l'aimant, quelques parties de talc, & une portion de pierre semblable à celle qui fait le corps de la lave; le soufre qui entre, principalement dans la composition des pyrites, se dissipe dans l'opération; nous avons déja observé que les pyrites décomposées produisoient une partie de la lave dont il a été parlé ci-dessus, & qu'elles étoient la premiere cause des embrasemens spontanés des volcans; le talc ou mica, espece de pierre transparente, écailleuse & brillante, s'y trouve en petits grains ou en petits feuillets qu'on ne voit presque qu'à la loupe, tantôt mêlé avec le sable du Vésuve, tantôt uni aux pierres qui sont lancées par le volcan, c'est une matiere réfractaire qui résiste à la vitrification & à la calcination, & qu'on retrouve en nature dans les laves, & les autres matieres du Vésuve. J'ai ramassé moi-même sur le penchant de la montagne, des morceaux de lave qui étoient pleins de paillettes talqueuses. J'y ai ramassé aussi beaucoup de substance jaune, qui d'abord me paroissoit du soufre, mais qui ayant été conservée, & ensuite examinée de plus près, s'est trouvé n'être qu'une terre alumineuse, semblable à l'alun calciné qui devient insipide au moment qu'on le calcine. Une partie de cette substance que j'avois rapportée, ayant attiré l'humidité de l'air, avoit mouillé & percé le papier, elle étoit devenue un peu acide, comme cela arrive à de l'alun calciné, lorsqu'il a pris l'humidité de l'air qui développe l'acide contenu dans cet alun.

Communication du Vésuve.

On a souvent pensé qu'il y avoit une communication souterraine entre le Vésuve, la Solfatare & le mont Etna en Sicile, quoique celui-ci soit à 80 lieues du mont Vésuve ; la principale raison qu'on en a donnée, c'est la quantité prodigieuse des matieres qui sont sorties du Vésuve, & qui ont couvert une grande partie des campagnes voisines ; pour juger du mérite de cette preuve, le P. de la Torre a essayé de comparer ces laves, avec l'espace vuide qu'il y a au-dedans du Vésuve ; en supposant seulement 130 pieds de hauteur pour la partie qui se voyoit en 1755, & 377 pieds pour la profondeur du gouffre qui étoit au-dessous, il contiendroit 15 10460879 pieds cubes de matiere ; & il pourroit renfermer 24 fois toute la lave qui sortit en 1737, en calculant l'espace qu'elle devoit occuper dans son état naturel, cela suffit pour faire croire que la quantité de laves sorties du Vésuve, n'exige pas un espace plus considérable que le creux même de la montagne, ou du moins les environs de sa base; le pays eût été ruiné & bouleversé bien des fois, si un brasier, si vaste & si profond, en avoit miné tout l'intérieur depuis tant de siecles.

Le P. d'Amato dans sa dissertation imprimée à Paris en 1760, à la suite de l'histoire du P. de la Torre, prouve assez au long qu'il ne peut pas y avoir de communication; M. d'Arthenay lui-même nous en fournit une preuve dans son mémoire, car quoiqu'il fût persuadé de la communication du Vésuve avec la Solfatare, il avoue, d'après ses propres observations, qu'il n'y avoit dans leurs effets aucune correspondance: dans l'éruption de 1751, & dans celle de 1754, il ne survint aucun changement à la Solfatare, il n'y parut pas la moindre flamme, & elle ne fuma ni plus ni moins qu'auparavant. (Mém. présentés, &c. Tom. IV. pag. 271.)

Il y a bien moins encore de liaison entre l'Etna & le Vésuve, celui-ci eut en 1751, une éruption qui dura pen- Mont Etna dant trois mois, il n'y en eut point dans le premier; au contraire à la suite de celle du Vésuve, qui commença le 3 Décembre 1754, il y en eut une de l'Etna dans les premiers jours de Mars 1755, & toutes deux se trouverent avoir lieu dans le même temps pendant plusieurs semaines. Il n'est donc pas vrai, comme les uns l'ont dit, que ces deux volcans s'embrasent en même temps par une cause commune; ou comme d'autres l'ont prétendu, que quand l'un s'enflamme, l'autre s'éteint; ces deux faits peuvent s'être rencontrés, mais c'est un hasard qui ne paroît n'indiquer aucune relation entre les deux montagnes.

On peut voir au sujet du mont Etna, l'histoire qu'en a donnée Borelli, Carrera, *Descript. mont. Æt.* Antoine Philotée, *Topograph. mont. Æt.* M. Bourdelot, Recherches & Observations naturelles. *Opuscoli filosofici del signor D. Tommaso Campailla patrizio modicano, in Palermo*, 1738. *in-4°.*

On étoit si tranquille à Catane, avant l'éruption de 1536, qu'on commençoit à douter de ce que les anciens avoient raconté de ce volcan. Sa plus violente éruption fut celle de 1669; le P. de la

Torre (article 97), raconte celle du mois de Mars 1755.

Lorsque la lave a séjourné long-temps dans des lieux bas, elle se couvre insensiblement des sels de l'air, des parties végétales & animales que les vents promenent dans les campagnes, enfin des terres que les eaux détachent des montagnes, il s'y forme un terrein labourable, une campagne fertile & habitée, M. Serrao dit, que les Dominicains de *Madonna dell' Arco*, un peu au nord du Vésuve, ayant fait creuser un puits d'environ 240 pieds, on rencontra trois couches de laves l'une sur l'autre, séparées par des couches de terre, ce qui prouve que ce pays a été trois fois habité, & trois fois abandonné & dévasté par les éruptions du Vésuve. Il y a lieu de croire que ce furent des éruptions plus anciennes que l'an 79. V. M. Serrao, édition de Paris, pag. 117. J'ai raconté ci-dessus la même chose des jardins de Portici.

Les tremblemens de terre se font sentir de temps à autres aux environs du Vésuve, j'ai vu dans une ferme de *Cacciabella*, dans la plaine de Nola, une grande loge de paille faite au milieu de la cour, il y a plus de 30 ans, pour y habiter dans un temps où le tremblement de terre, avoit fait déserter les bâtimens de la ferme.

Le danger d'être embrasé, inondé, englouti, n'est pas le seul auquel on soit exposé dans le voisinage du Vésuve, ces éruptions produisent aussi quelquefois des maladies épidémiques; on en peut voir un exemple dans le livre du P. de la Torre à l'occasion de celle de 1755.

Nous ne conduirons pas plus loin notre description du Vésuve, ceux qui voudroient de plus grands détails, les trouveront dans les ouvrages du P. de la Torre, de M. Serrao, & dans trente autres, dont le P. de la Torre a donné le catalogue dans son histoire.

CHAPITRE X.

Des ruines de Pompeii, de Stabia & de Pæstum.

REVENUS au bas du mont Vésuve; nous continuâmes notre route sur la côte de Portici, le long des villages de Resina & de Torre del Greco, qui sont remplis des plus belles maisons. J'ai remarqué celle qu'avoit le Cardinal Spinelli, Archevêque de Naples; celle du Duc de *Casacalenda* & *Mortelle*, qui est un lieu destiné à la chasse du Roi.

Il y a au village de Torre dell' Annunziata une manufacture de fusils, dans laquelle il y a environ 60 ouvriers, & où l'on travaille principalement pour le compte du Roi.

POMPEII ou *Pompeia*, ancienne ville qui avoit été ensevelie comme Herculanum sous les cendres du Vésuve, a été retrouvée comme elle, par hasard, près du fleuve Sarno, à une demi-lieue de Torre dell' Annunziata, par des paysans qui avoient creusé pour une plantation d'arbres. *Pompeia.*

Cette ville est couverte de la même espece de cendre que la ville d'Herculanum, mais à une bien moindre hauteur; à peine y a-t-il quelques pieds au-dessus des édifices, & l'on y trouve la facilité de déblayer les terres par-dessus, sans être obligé de creuser à la sappe, & d'étayer la terre comme dans les ruines d'Herculanum; il n'y a que des vignes & des arbres au-dessus de la terre qui couvre Pompeia, & le Roi pour acheter le droit d'y fouiller, n'a pas une dépense bien considérable à faire.

C'est vers 1755 que l'on a commencé ces fouilles; mais on y a mis peu de monde, & il y a peu d'espace découvert. On songe actuellement à pousser ces recherches avec plus de soin. Les endroits où l'on a fouillés sont à un quart de lieue de la mer, sur une hauteur; dans l'un on voit une porte de ville, des tombeaux qui sont sur le chemin hors de la ville; une maison particuliere, dont une partie est pavée de morceaux de marbre fort irréguliers.

A 200 toises delà on a trouvé un théâtre, que l'on commençoit à nettoyen en 1765 ; un petit Temple tout entier, à l'exception de la couverture, mais qui ne donne qu'une bien petite idée de la magnificence de ce pays-là. Les colonnes ſont de briques revêtues de ſtuc ; il y a quelques ſculptures fort communes. Les murs étoient couverts de peintures à freſque qu'on a détachées pour les tranſporter au cabinet du Roi. L'eſcalier qui conduit au ſanctuaire eſt étroit, revêtu de marbre blanc, qui a un œil verdâtre, & qui eſt moins beau que le marbre de Carrare ; il y a deux autels iſolés, qui ſont encore ſur pied dans leur entier. Au milieu du Temple eſt une eſpece de petite chapelle bâtie en pierres, & qui renferme un eſcalier, au fond duquel on éprouve une vapeur dangereuſe, qui eſt peut-être une ſuite de celle dont parle Séneque, dans le paſſage que nous avons rapporté. L'inſcription de ce Temple eſt celle-ci : *N. Popidius. N. F. Celſinus, Ædem Iſidis terræ motu conlapſam a fundamento S. P. reſtituit. Hunc Decuriones ob liberalitatem, cùm eſſet annorum ſexs, ordini ſuo gratis adlegerunt.* Cette inſcription a ſervi à prouver que l'on ne pouvoit être Décurion quand on avoit 60 ans, à moins qu'il n'y eût une cause extraordinaire. Quelque peu considérable que soit l'objet, c'est une chose bien singuliere & bien curieuse que de se retrouver ainsi dans le milieu d'un Temple Romain, bâti il y a 1700 ans, devant les mêmes autels où ces Maîtres du monde ont sacrifié, environné des mêmes murs, occupé des mêmes objets; & d'y retrouver tout à la même place, dans le même ordre, sans que la forme, la matiere, la situation de toutes les parties aient éprouvé le moindre changement; cette lave du Vésuve a été un préservatif heureux contre l'injure des temps & le pillage des Barbares.

Il reste sur un des murs une petite perspective d'environ dix-huit pouces en quarré, qui est encore toute fraîche de couleur, le bleu d'azur y paroît comme s'il venoit d'être employé; le sujet est une maison de campagne avec ses jardins, sa couverture en tuiles, son portique & une piece d'eau au bas de la maison. J'y voyois avec plaisir le goût des bâtimens de ce temps-là, qu'on n'auroit peut-être jamais connu sans une découverte aussi curieuse; à l'aſpect de ce morceau qui étoit en place, & des autres murs qu'on a dégradés pour enlever les peintures, je n'ai pu m'empêcher de me plaindre de ce déplacement. Ces peintures ont bien plus de prix à l'endroit pour lequel elles avoient été faites, qu'elles n'en auront dans les cabinets de Portici; elles y feroient partie d'un tout qu'il eût été beau de conſerver en entier, & elles ſeroient moins dégradées.

J'ai remarqué ſans peine dans les bâtimens de Pompeia, beaucoup de laves pierreuſes & vitrifiées dont eſt pavée la voie Appia, & qui prouvent évidemment les éruptions plus anciennes que celle de l'an 79; mais j'ai rapporté déja d'autres preuves du même fait.

Il y avoit en 1765 environ 50 travailleurs occupés dans les fouilles de Pompeia, & il y en a davantage actuellement; cette découverte eſt bien digne des ſoins que le Miniſtere y a mis. Il y a dans les appartemens de Portici un beau vaſe antique de marbre de Paros, qu'on a trouvé dans ces ruines; il eſt auſſi beau par la forme que par le deſſein d'une fête de Bacchus qui y eſt repréſentée en bas-relief;

mais en général on n'y trouve pas autant de belles choses qu'à Herculanum.

Après avoir vu Pompeia nous tournâmes à l'orient, le long des racines du Vésuve, pour voir entre *Bosco* & le *Mauro*, un étang prodigieux de lave; elle est noire & rouge, beaucoup plus fondue que celle que j'avois vue ailleurs, sa surface est ondée & tortillée d'une façon singuliere.

Nola. Delà nous tournâmes le Vésuve par le côté d'Ottaiano, de Somma & de S. Anastasio, nous ne vîmes que de loin l'ancienne ville de Nola, célebre par la mort d'Auguste. Ce fut la patrie de S. Paulin & celle de Jordano Bruno, qui fut brûlé à Rome en 1600. Il nous reste quelque mot à dire sur la côte qui est au midi de Pompeia, vers *Castell' a Mare*.

Stabia. A un mille de la petite ville de *Castell' a Mare*, on voit les fouilles que l'on fait dans l'endroit où étoit autrefois *Stabia*, ville ancienne, qui fut possédée d'abord par les Osques, les Etrusques, les Pélages & les Samnites; ces derniers en furent chassés par les Romains, & sous le Consulat de Pompée & de Caton; elle fut détruite par Sylla &

réduite à l'état d'un simple village. Stabia existoit encore du temps de Pline le jeune, il en marque même la situation dans son Livre VII. Epît. XVI. Columelle, L. X. v. 139, fait l'éloge des eaux de Stabia.

Fontibus & Stabiæ celebres & Vesuvia rura.

La fouille que l'on y a faite n'est pas profonde; elle est presque à fleur de terre; mais à mesure que l'on découvre un endroit, on le remplit pour en fouiller un autre; tout ce que l'on y trouve en bronze ou autre monument antique, se porte dans les cabinets du Roi à Portici. Les ouvriers ont couvert la cabanne où ils se reposent, de tuiles antiques; elles sont six fois plus grande que les nôtres, & elle s'emboîtent l'une dans l'autre en forme de crochet, par des courbures en sens contraires.

Il y a des eaux minérales à *Castell' a Mare*, sur lesquelles le Docteur Raymont de Maio a donné un savant Traité en 1754.

On trouve sur la même côte la ville de Sorrento & celle de Massa; tous les environs des ces deux villes sont couverts de maisons où l'on éleve des veaux qui sont très-recherchés, & dont la viande est réellement d'une extrême délicatesse.

Capri. Vis-à-vis du cap de Minerve, on voit l'isle de *Capri*, célebre autrefois par la retraite de Tibere, (Tac. Annal. IV §. 67, année 27 de J. C.) M. de Chabert, dans le voyage qu'il faisoit par ordre du Roi, en 1766, a trouvé qu'il y avoit 16250 toises de distance entre le Palais du Roi de Naples & la tour qui est à la pointe *Est* de l'isle de Caprée. Quoique je n'aie point envie de continuer la description du Royaume de Naples, je ne puis m'empêcher de parler ici des ruines de *Pæstum* devenues fameuses depuis quelques années.

PESTI est un village situé à 18 lieues de Naples, dans le golfe de Salerne, où l'on trouve de très-beaux restes d'antiquités; ils ont été long-temps oubliés, parce qu'ils ne sont pas sur une route que les antiquaires & les curieux aient coutume de fréquenter; mais on les admire actuellement comme des monumens de la meilleure architecture Grecque.

Pæstum. La ville appellée *Pæstum*, Παῖστος, & ensuite *Possidonia*, étoit à l'extrémité occidentale de la Lucanie, & donnoit ſon nom à ce golfe qu'on appelloit *Pæſtanius ſinus*. Solin dit que c'étoit une ville des anciens Doriens, d'autres diſent qu'elle avoit été fondée par les Sibarites. Strabon parle d'un fameux Temple de Junon, fondé par Jaſon, à l'embouchure du Silo, qui eſt à deux lieues de Peſti, & il nous apprend que cette ville fut envahie par les Samnites ([a]).

M. Groſley raconte qu'un jeune éleve d'un Peintre de Naples fut le premier qui, en 1755, réveilla l'attention des curieux ſur les reſtes précieux d'architecture qu'on y voit; il étoit alors à *Capaccio*, village qui n'eſt qu'à deux lieues de Peſti, lorſque dans une promenade qu'il avoit faite du côté de la mer, il vit du haut d'une colline des

([a]) *Picenorum avulſa particula quædam, eorum qui ad Adriaticum mare incolunt, a Romanis traducta ad ſinum Poſidoniatem ſeu Neptunium, cui nunc Pæſtano, & urbi Poſidioniæ Pæſtum nomen eſt, in medio ſinu ſitæ*, (Strabon, traduit par Xylander, & revu par Caſaubon, édition de Morel, 1620, pag. 251, à la fin du cinquieme Livre). *Poſt Silari oſtia, Lucania ſubſequitur, fanumque Junonis argivæ ab Jaſone conditum, indeque ſtadiis* 50. (2 lieues) *diſtat Pæſtum*, (comm. du ſixieme Livre). *Lucania Samnitibus genus trahunt: & ſuperatis bello Poſſidoniatis atque eorum ſociis, urbes illorum obtinuerunt....... nunc Romani ſunt.* Ibid.

restes de murs & de portes de ville; des fragmens de Temples & de colonnades très-remarquables; cet emplacement qui depuis long-temps servoit de pâturages, n'étoit pas même cultivé; il n'y avoit même que des pierres & des broussailles. Ce jeune Peintre excita la curiosité de son Maître par le récit de ces monumens ignorés, & celui-ci les annonça d'une maniere qui réveilla l'attention des curieux. M. le Comte de Gazola, Grand-Maître de l'Artillerie, en fit tirer les plans & dessiner les élévations; plusieurs Peintres ont été sur les lieux pour les peindre sous différens aspects. J'en ai vu chez Don Antoine Jolli, Peintre & Décorateur du théâtre de S. *Carlo*, différens tableaux fort intéressans, parmi d'autres vues de Naples, de Venise, de Malte, de Madrid, &c. & M. Morghan, en 1767, les a fait graver en six feuilles, d'après les desseins de M. Jolli. J'ai placé à la fin de cet ouvrage un extrait de ces gravures en une seule planche. La premiere des six feuilles présente la vue extérieure & intérieure de la porte septentrionale, la seule des quatre portes qui soit encore sur pied; au-dessus de la la face extérieure il y a un dragon ailé, & au-dessus de la face extérieure une demi-figure en bas-relief. On y voit une partie des murailles qui sont formées de gros blocs de pierres, & dont l'enceinte qui est quarrée, s'est conservée presqu'en entier.

La seconde planche est une vue générale de l'emplacement de Pæstum, prise du côté du midi. On y distingue la forme quarrée de l'enceinte des murs; les tours dont elle étoit munie; la porte septentrionale qui est dans le milieu d'un des côtés du quarré; les trois Temples qui sont encore sur pied; les restes d'un amphithéâtre, & beaucoup de ruines informes.

La troisieme représente les trois Temples, vus de plus près, par un observateur situé à la partie orientale; le plus oriental des trois est celui qui y paroît le mieux.

La quatrieme & la cinquieme sont les vues intérieures du Temple qui est dans le milieu. Il est exastile-hypetre ([a]), c'est-à-dire, qu'il a six colones de

([a]) V. *Architettura di M. Vitruvio Pollione, colla traduzione e commento del Marchese Berardo Galiani*; in *Napoli* 1758], grand in-folio, page 104.

face, & qu'il étoit découvert & sans voûte. La façade est couronnée par un fronton, dans le goût du Panthéon; ce Temple est composé de colonnes Doriques cannelées, sans bases, ainsi qu'on le pratiquoit dans les temps les plus reculés; mais qui sont élevées sur trois marches ou trois socles qui sont en retraite l'un sur l'autre tout autour du Temple.

La sixieme planche du recueil dont je parle, est la vue du Temple exastile-péryptere, c'est-à-dire, ayant six colonnes de face, & entouré d'un seul rang de colonnes tout autour, ainsi que la Maison quarrée de Nîmes; celui-ci est à la partie occidentale de Pæstum, & assez éloigné des deux autres.

Ces trois Temples sont découverts; en dessus, il y a encore des colonnes tout autour; les entablemens, les frontons même sont encore en place; l'architecture qui est du meilleur goût & du plus beau temps de la Grece, peut aller de pair avec les monumens d'Athenes, dont M. le Roi, de l'Académie Royale d'Architecture, nous a donné les gravures, & qui ont été publiés encore postérieurement en Angleterre. Les Temples de Pæstum sont à peu près du même genre, & ils peuvent servir de modele aux Artistes qui connoissent & qui aiment les beautés de l'architecture Grecque.

On vient de publier encore à Londres en 1767, de belles gravures des monumens de Pæstum, avec des explications; mais je ne les ai point vues.

CHAPITRE XI.

Description du Château & de l'Aqueduc de Caserte.

CASERTE est une ville Episcopale; mais très-peu considérable, située à cinq lieues au nord de la ville de Naples, dans la plaine où étoit autrefois la délicieuse Capoue, & près de laquelle Charles III, (actuellement Roi d'Espagne) a fait bâtir le château le plus magnifique, le plus régulier & le plus vaste qu'il y ait en Italie, sur les desseins de Vanvitelli, que j'ai cité plus haut comme le premier Architecte de l'Italie.

On a souvent demandé pourquoi Don Carlos n'avoit pas choisi sa Capitale pour y faire cette énorme dépense; indépendamment de son goût particulier, je trouve qu'il avoit de très-bonnes raisons : à Caserte il n'étoit gêné par rien; il étoit le maître de l'étendue & de la forme de ses projets; à Naples il eût été reserré & contraint de tous côtés; à Portici les dangers du Vésuve sont une raison fort naturelle pour ne pas y entreprendre de ces immenses travaux; enfin quand on est accoutumé à voir toujours la mer sous ses yeux, on n'est pas fâché de s'en éloigner quelquefois, & d'y substituer des campagnes riantes, des collines & des forêts, & d'avoir autour de ses jardins une chasse abondante & commode.

On voit au nord de Caserte des collines agréables, appellées *monti Tifatini*; au midi l'on voit la ville de Naples, la mer, l'isle de Caprée, & une avenue de quatre rangs d'ormes nouvellement plantée, dirigée vers la Capitale, & qui s'étend à 3250 toises de distance, jusqu'au pont de Carbonara.

La ville de Caserte doit son origine aux Lombards, son nom vient d'un ancien château qu'on appelloit, à cause de sa hauteur *Casa erta*, d'où est venu le nom de Caserta ; c'étoit un fief de l'ancienne Maison des Ducs de ce nom, que Charles III acheta pour y faire une maison de campagne, dont la premiere pierre fut placée le 26 Juin 1752. M. Vanvitelli en a donné les plans, avec une explication en 1756. *Dichiarazione dei disegni del Reale Palazzo di Caserta*, &c. avec 14 grandes planches, mais elles sont si rares aujourd'hui, qu'il est presque impossible de les avoir, ensorte que l'on trouvera volontiers dans ce voyage une petite description de Caserte que j'ai faite sous les yeux même de l'Auteur.

Le plan de ce château est un vaste rectangle, qui a 731 pieds de longueur de l'est à l'ouest, & 569 du nord au sud, avec 106 pieds de hauteur ; intérieurement, il est partagé en quatre cours de 162 pieds, sur 244. L'épaisseur des corps-de-logis est de 80 pieds, y compris les murs qui ont, dans certains endroits, jusqu'à 15 pieds d'épaisseur.

Les deux grandes façades ont chacune 34 croisées. Trois portes se correspondent, elles forment trois ouvertures qui traversent le château en entier du nord au sud, & qui communiquent des cours aux jardins.

Sur chacune des grandes faces il y a deux pavillons & un avant-corps; elles seront décorées chacune par 12 colonnes de 41 ½ pieds de fût. Dans les plans qui sont gravés on voit des combles sur chaque pavillon; mais l'Architecte m'a dit qu'il se proposoit de mettre une simple balustrade pour couronnement, tout autour du château.

L'ouverture du milieu donne entrée à un portique superbe qui traverse le bâtiment en entier du nord au sud, & sous lequel on passe en carrosse. Dans le milieu de la porte, & au centre même de l'édifice, on trouve un grand vestibule octogone; quatre des côtés de l'octogone s'ouvrent sur les quatres cours, deux sur le portique, un sur l'escalier; dans le huitieme on a élevé une statue d'Hercule couronné par la vertu, avec cette inscription: *Virtus post fortia facta coronat*, relative à la conquête du royaume de Naples que Don Carlos fit en 1734.

Le grand escalier est sur la droite, (en arrivant de Naples); cet escalier est éclairé par 24 croisées, & décoré par la plus belle architecture & les marbres les plus riches. Sur le premier palier il se divise en deux rampes, les 100 marches dont il est composé, ont 18 pieds de longueur, & sont chacune d'un seul morceau de marbre. Il est terminé en haut par une voûte à jou , au-dessus de laquelle on voit une autre voûte.

Le vestibule supérieur dans lequel on arrive par le grand escalier est aussi octogone, & entourré de 24 colonnes qui ont 18 pieds de fût, toutes d'une seule piece, d'un marbre jaune qui vient d'Apriceno, dans l'Apouille; de ce vestibule on va par quatre portes dans les appartemens : en face est la Chapelle; à droite est l'entrée de l'appartement du Roi, qui est dans la partie sud-ouest du bâtiment, prenant une partie de la façade méridionale & une partie de la face occidentale, c'est l'exposition la plus délicieuse du château, parce qu'elle présente à la fois la mer, la plaine, de Naples & celle de Capoue. L'appartement de la Reine est dans la partie du nord-ouest : l'autre moitié du bâtiment est destiné pour les Princes; tous ces appartemens sont voûtés, & l'on y trouve autant de solidité que d'intelligence dans la distribution.

La séparation de l'appartement du Roi & de celui de la Reine est formée par une galerie qui a 138 pieds de long, sur 42 pieds de large & 52 de hauteur.

Le Roi fixa lui-même la grandeur du bâtiment à 900 palmes; & la forme à quatre cours égales & semblables; l'Architecte eût choisi un autre plan, mais il n'a pas laissé de remplir celui-ci de la maniere la plus heureuse. Le Roi n'y vouloit point de théâtre, mais la Reine l'ayant ensuite demandé, M. Vanvitelli en a fait construire un qui est très-beau.

Il y aura proprement à Caserte cinq étages habitables; savoir, le rez-de-chaussée, les entre-sols, le bel étage, le second étage, & l'attique placé dans l'entablement. Par ce moyen l'on y pourra loger la cour la plus nombreuse, sans avoir besoin des bâtimens accessoires, tels que le grand Commun de Versailles.

Les offices, les cuisines, les caves sont plus bas que le rez-de-chaussée; & il y a plusieurs ordres de souterrains: les premiers où sont les offices, ont sous leurs fenêtres des murs doubles, entre lesquels passe la lumiere pour éclairer les caves qui sont plus bas, ensorte que la lumiere arrive dans les caves en passant par les offices & dans l'épaisseur des murs, c'est une pratique nouvelle & très-commode pour un aussi vaste édifice.

Lorsque le Roi d'Espagne partit de Naples, en 1760, on comptoit plus de 2000 hommes occupés aux travaux de Caserte; il y en avoit encore 600 en 1765, parmi lesquels on compte 200 Maçons ou Tailleurs de pierre, 75 forçats, 165 Turcs & 160 esclaves baptisés. On donne à ceux-ci quatre grains par jour de plus qu'aux autres; ils sont mieux habillés, & logés dans une espece de Couvent qu'on appelle *Retiro d'Ercoli*. Le Roi de Naples étant toujours en guerre avec les Barbaresques, a toujours de ces esclaves sur ses Galeres; il y a deux Schebecs en mer, pour protéger les côtes & le commerce contre les Corsaires, & le Capitaine Pepe s'est rendu célebre par le grand nombre de ceux qu'il a pris. Au reste on est très-peu content de leur travail à Caserte. On employe 250 hommes pour les garder; il y en a toujours qui s'échappent, & il y en a peu qui travaillent utilement.

Marbres de Caserte.

Comme on ne peut rien voir de plus riche que les marbres de Caserte, on ne fera pas pas fâché de savoir d'où on les a tirés.

Il y a d'abord des colonnes d'albâtre, qui viennent de *Jesuado*, à 10 lieues de Naples du côté de la Pouille; les colonnes de la chapelle seront d'un marbre jaune de *Castro novo*, en Sicile, qui approche beaucoup du jaune antique.

Les 98 colonnes Doriques du portique du rez-de-chaussée, qui ont 18 pieds de fût, d'une seule piece, sont d'une belle pierre grise, vénée d'un jaune métallique, qu'on a fait venir de Palerme en Sicile, & qu'on appelle *Pietra di Beliemi*.

Les 24 colonnes du vestibule supérieur sont d'un marbre jaune d'*Apricenno*, dans la Pouille. Il y a une belle pierre de *Vetulano*, près de Bénévent, dans le Royaume de Naples, qui approche de l'albâtre & qui sert dans le revêtement de l'escalier; on a tiré aussi beaucoup d'autres marbres des environs de Naples.

La plupart des bases & des chapitaux des colonnes de l'escalier, avec les corniches, sont de marbre blanc, qu'on a fait venir de Carrare ; une *Carretata* de 25 palmes cubes revient à dix-huit ducats & demi, c'est-à-dire que le pied cube revient à 5 liv. 13 sols de France, rendu à Caserte.

On ne peut avoir une juste idée de la beauté & de la diversité des marbres qui se trouvent dans les Royaumes de Naples & de Sicile, qu'en voyant dans les appartemens du vieux château de Caserte 53 petites colonnes faites de différentes sortes de marbre ou de pierres polies, tirées de ces Royaumes.

La principale partie des pierres de taille a été tirée de la montagne de S. *Iorio*, près de Capoue, sur le *Volturno*. C'est là que les Romains avoient déja pris celles de l'amphithéâtre de Capoue ; on appelloit cette carriere *Viri Lassi*, à cause de la fatigue des ouvriers.

La pierre douce ou le tuf dont les murs sont faits, se trouve à S. *Nicola la Strada* & à S. *Benedetto*, à un mille du château.

Les carreaux, les tuiles & la brique se font à Portici, une partie à Capoue.

Les sapins nécessaires pour les grandes poutres viennent de Stilo dans la Calabre; les châtaigniers se trouvent en abondance dans les bois circonvoisins.

Le fer vient de l'isle d'Elbe & des fours de la *Fellonica*; car ce sont les mines de l'isle d'Elbe qui fournissent du fer à une grande partie de l'Italie.

Dépense totale. Avec toutes ces dépenses on estime que le château fait & fermé, ne reviendra pas à plus de deux millions de ducats, ou huit millions & demi, monnoie de France, non compris deux millions qu'on a employés pour amener les eaux; on a dépensé 1400 mille ducats pour le château, & en tout huit millions depuis 1751, que l'ouvrage a commencé. On en étoit, en 1766, à l'attique dont l'entablement étoit formé; dans quelques endroits l'on travailloit encore au second étage.

Le territoire occupé par ce château, avec ses dépendances, est d'environ 86 *moggi*, ou 85 arpens de Paris, de 900 toises chacun.

Les jardins auront 500 toises de longueur; une allée de 1600 toises prolongée jusqu'à la montagne, sera terminée par un pavillon sur le penchant de la hauteur, un peu au-dessous de la distribution des eaux.

Il y a actuellement de vastes bosquets plantés autrefois par les Ducs de Caserte en lauriers, chênes-verds, lauriers-rose, érables, charmilles; il y a sur-tout un pavillon remarquable, appellé *Pernesta*, environné d'eau, où l'on pouvoit faire des promenades fort agréables; mais ces jardins ne sont rien en comparaison de ceux que l'on fait pour le Roi.

Les jardins seront ornés de statues de marbre; il y en a déja dans un magasin 76, parmi lesquelles sont des copies des statues antiques les plus célebres, telles que l'Apollon, le Faune, le Gladiateur. Il y en a beaucoup qui ne sont que des termes, parce que la Reine qui n'aimoit point les nudités, entroit pour beaucoup dans l'arrangement des projets & des embellissemens de ce grand édifice.

M. Neroni, Gouverneur de Caserte, & qui m'en fit les honneurs avec toute la magnificence & la politesse imaginable, me conduisit au *Belvedere*, château très-ancien placé sur la hauteur, au nord de Caserte ; c'est-là où il faut être pour voir d'un coup d'œil, & le plan des jardins, & les agrémens de la plaine.

Le Roi vient à Caserte ordinairement au Printemps ; quand ce château sera fini, il y trouvera infiniment plus de commodités, d'agrément & de grandeur que dans son château d'habitation à Naples.

Aqueduc de Caserte.

L'AQUEDUC fait pour amener des eaux à Caserte, a été un des grands objets de cette entreprise ; il aura plus de neuf lieues depuis les sources jusqu'aux jardins de Caserte, on l'appelle *Acquedotto Carolino*.

Les sources d'eau qu'on a été chercher pour l'amener au château, sont à 12 milles au levant de Caserte, audessous de la montagne appellée *Taburno* [a], dans la vallée qu'elle forme avec *monte Vergine*, & vers l'endroit où les Samnites firent passer les Romains sous les fourches codines, comme nous l'avons dit au commencement du T. VI. La source appellée *Sorgente de lo Sfizzo*, est la premiere ; il s'y joint ensuite plu-

(a) L'eau de Carmignano qui va à Naples, prend sa source à peu près dans le même Canton.

sieurs autres sources qui sont dans l'endroit appellé *Airola;* elles traversent la *Faenza*, au pied du *Taburno*, sur un pont de trois arches, bâti en 1753; on y voit une inscription à l'honneur du Roi & de la Reine, *Carolus & Amalia*, &c.

Il y a ensuite dans la vallée de *Durazzano* un autre pont formé de trois arcs très-élevés, sur lequel l'aqueduc traverse la vallée par dessus un petit torrent, pour aller de la montagne appellée *Santa Agata de' Goti*, à la montagne de *Durazzano.* Entre *monte Longano* & les monts *Tifata*, où est l'ancienne Caserte, vers l'endroit appellé *monte di Garzano*; l'aqueduc traverse une vallée, & c'est-là où s'est fait le plus grand travail, je veux dire un pont de 1618 pieds de long & de 178 de hauteur, à trois étages, qui peut le disputer à tout ce qui nous est resté des Romains en ce genre.

Le premier rang est de 19 arches; le second de 27, & le plus haut de 43; les piliers qui forment les premieres arches, ont 32 pieds d'épaisseur en bas, & 18 en haut. Ces premieres arches ont 44 pieds de hauteur; les dernieres en ont 53. La hauteur totale de l'ouvrage est de 178 pieds. L'ancien aqueduc des Romains appellé *Aqua Julia*, & qui passoit à peu près dans le même canton, pour aller à Capoue, étoit de 226 pieds plus bas que ce nouvel aqueduc, quoique vers la source l'ancien fût plus élevé de sept pieds.

Voici les inscriptions qui sont sous la grande arcade; elles n'ont point encore été imprimées, & l'on sera bien aise de les trouver ici.

Carolo utriusque Siciliae Rege
Pio Felice Augusto
Et Amalia Regina
Spei Maximae principum parente
Aquas Julias revocandas opus
Anno CIƆIƆCCLIX. consummatur
A fonte ipso per millia passuum XVI
A irvo subterraneo
Interdum etiam cuniculis
Per transversas e solido saxo rupes actis
Quà amne trajecto
Et arenatione multiplici
Specubus in longitudinem tantam suspensis
Aqua Juliae illimis & saluberrima
Ad praetorium Casertanum perducta
Principum & populorum deliciis servitura

Sub cura Lud. Vanvitelli
Reg. Prim. Archi.

Qua magno Reip : bono
An : CIↃIↃCCXXXIV
Carolus Infans Hispaniarum
In Expeditionem Neapol, profectus
Transduxerat victorem exercitum
Mox potitus Regni utriusque Siciliae
Rebusque Public ordinatis
Non Heic fornices trophæis onustos
Sicuti decuisset erexit
Sed per quosaquam Juliam celebratissimam
Quam quondam in usum colonias Capuas
Augustus Caesar deduxerat
Postea disjectam ac dissipatam
In Domus Augustae oblectamentum
Suæque Campaniae commodum
Molimine ingenti reduceret
Anno CIↃIↃCCLIX

Sub cura Lud. Vanvitelli
R. Prim. Archi.

Nous n'avons point d'ouvrage moderne qui approche de cette magnificence ; l'aqueduc de Maintenon n'a jamais été achevé, & ce seroit le seul qu'on pourroit mettre en parallele. On voit encore avec étonnement, la partie qui fut faite vers 1685, c'est une suite de 47 arcades, chacune de 40 pieds d'ouverture & de 50 à 60 pieds de hauteur, qui joint les deux collines de Maintenon, sur une longueur de 500

Aqueducs de France.

toises; la largeur de cet aqueduc est de 45 pieds, & les piles ont 22 pieds d'épaisseur; elles sont renforcées chacune par des contre-piliers & par des chaînes de pierre de taille, l'entre-deux est de moëllon & les voûtes de brique. Cette immense construction étoit destinée à amener à Versailles les eaux de Pongoins, qui est à 40 mille toises de Versailles, & celles de la riviere d'Eure, qui, suivant les nivellemens de M. de la Hire, est de 80 pieds plus haute que les réservoirs de Versailles. On voit encore au-delà de Maintenon plusieurs excavations qui furent faites dans ce dessein; mais l'immensité de l'ouvrage fit abandonner le projet, sur-tout quand le Roi fut obligé de porter ailleurs ses troupes & ses dépenses.

Nous avons encore près de Versailles l'aqueduc de Buc, composé de 19 arches; mais il n'a que 1260 pieds de long & 30 à 40 de hauteur.

Excavations pénibles.

Les ouvrages faits sous terre pour l'aqueduc de Caserte, sont aussi considérables que ceux qui sont au-dessus. Il a fallu percer cinq fois la montagne; la premiere fois à Prato sur un espace de 1100 toises dans le tuf; la seconde à Ciesco, dans la pierre vive, sur un espace de 950 toises de longueur; la troisieme à la montagne *della Croce*, dans de la terre grasse, & ensuite du roc vif, 350 toises; la quatrieme à *Garzano*, dans le roc vif, 570 toises; la cinquieme, dans la montagne de Caserte à *Santa Barbara*, vers l'Abbaye de S. Pierre, où étoit autrefois le Temple de Jupiter Tifatin, sur 230 toises. Le Roi voulut lui-même, en 1758, traverser la montagne de *Garzano*, jusqu'à la vallée de *Matalona* où sont les arcades, il étoit accompagné de la Reine & de toute la Cour; la grotte étoit illuminée, & ce fut une fête en réjouissance du succès de cette grande opération.

En conséquence de tous ces *Trafori*, l'on a été obligé de faire des puits de distance en distance, quelques-uns ont jusqu'à 250 pieds de profondeur & 10 de diametre par en bas, se réduisant à 4 pieds vers le haut. Ces puits avoient été dirigés par M. Vanvitelli, avec tant de précision qu'ils tomboient tous exactement dans les galeries, quelques contournées que fussent les directions de ces galeries.

Dans les endroits où l'aqueduc ne traverse pas des montagnes, il est placé le long des hauteurs, toujours de maniere qu'il y ait 12 à 15 pieds depuis le fond de l'aqueduc jusqu'à la surface du sol, & presque par-tout il a fallu, pour le loger ainsi, creuser dans le roc vif ou le cailloux.

La longueur totale de l'aqueduc est de 21133 toises; la pente est d'un pied sur 4800. La quantité d'eau est de 3 pieds huit pouces de large, sur deux pieds cinq pouces de hauteur; on auroit pu facilement en avoir davantage, & l'intention du Roi étoit de s'en procurer assez dans la suite, pour la conduire à Naples dans les parties élevées de la ville où l'on en manque.

Le réservoir ou château-d'eau auquel cet aqueduc aboutit, sur la montagne, au nord de Caserte, est à 1600 toises du château & à 400 pieds au-dessus du niveau de la cour.

Toutes ces grandes opérations de nivellement ont été faites avec un simple niveau à trois bouteilles de verre, sans lunettes, & cependant elles se sont trouvées d'une exactitude surprenante, lorsqu'il a été question d'y introduire l'eau pour vérifier l'ouvrage.

Le travail des aqueducs à Caserte a donné lieu à plusieurs observations singulieres ; en creusant pour fonder les piles du grand arc, M. Vanvitelli trouva à 90 pieds de profondeur, une cave où il y avoit quantité de corps morts. De quelle prodigieuse antiquité devoit être cette sépulture, puisque par les ouvrages des Romains on voit que le terrein, il y a deux mille ans, étoit déja à peu près le même qu'aujourd'hui ? Combien a-t-il fallu de siecles pour que les débris des montagnes entraînés dans les vallées, les aient comblé à 70 pieds de hauteur ? car on ne peut guere supposer que ces corps aient été sous terre de plus de 20 pieds dans le principe. Le second pilier de la grande arcade, c'est-à-dire, le plus éloigné de Caserte, est fondé, aussi-bien que le suivant, au-dedans de cette grotte.

Observations singulieres.

En faisant l'ouverture des aqueducs dans la montagne de *Santa Croce*, il sortit une moffete ou vapeur empoisonnée, qui renversa le premier ouvrier, il resta mort; quatre autres eurent beaucoup de peine à en revenir;

le grand air avec de grands brasiers de feu, y remedierent peu à peu.

Dans la montagne de *Garzano*, on trouva un espace de 20 pieds où la pierre étoit encore dans un état de mollesse qui indiquoit sa formation; c'étoit une matiere sablonneuse, disposée par lits, de la même forme & de la même nature que la pierre vive qui forme le reste de la montagne; mais qui n'etoit point encorc durcie comme les parties environnantes.

CHAPITRE XII.

Route de Naples à Rome par l'Abbaye du Mont Cassin.

QUAND on revient de Naples à Rome par le Mont Cassin, on passe d'abord à Capoue, qui en est à 16 milles; à quatre milles plus loin on tire sur la droite pour prendre la route qui conduit à *Toricello*, mauvaise hôtellerie en plein champ, à 10 milles de Capoue; le chemin est mauvais, & en hiver l'on y court grand risque de s'embourber.

On laisse à dix lieues sur la gauche la ville de BÉNÉVENT, si célebre dans le moyen âge, par la puissance de ses Ducs, qui rendirent Naples tributaire vers l'an 820. Cette ville passa sous le pouvoir du Saint Siege l'an 1077; elle en dépend encore, quoiqu'enclavée dans le Royaume de Naples, & fort éloignée des limites de l'Etat Ecclésiastique. Bénévent.

Cajanello Novo est une autre auberge dans le milieu des champs, à sept milles de *Toricello*, à laquelle on arrive de même par un fort mauvais chemin, & delà on va à *S. Vittore*, qui n'est encore qu'une mauvaise auberge en pleine campagne, où l'on arrive qu'en passant une montagne fort roide & fort pierreuse, qui est à neuf milles de *Cajanello*. S. Vittore n'est qu'à quinze milles de Saint Germain, mais le chemin est encore fort mauvais.

S. GERMANO, petite ville d'environ 500 ames, au pied du Mont-Cassin, où est l'Hospice de l'Abbaye, & où le P. Abbé réside souvent pendant l'hiver; elle est près du territoire de l'ancienne *Casinum*, dont elle est S. Germain.

séparée par la *Porta Paldi*, ou *Porta Paola*. Cette ville est située sur le bord de la petite riviere appellée *Fiume Rapido*, à 16 lieues de Naples, à 24 lieues de Rome & à quatre lieues des limites de l'Etat Ecclésiastique. Ce fut vers l'an 730 que la ville de Saint Germain commença de se former, par le grand nombre de personnes que la sainteté du lieu y attiroit. Le Couvent qui étoit sur la cîme de la montagne, étant petit & d'un accès difficile, il fallut en bâtir un autre dans la plaine, & vers l'an 800 on y bâtit une Eglise plus considérable, qui fut appellée S. Sauveur, & ensuite S. Germain; elle a subsisté jusqu'en 1695.

Les ravages des Sarrasins, & surtout les cruautés qu'ils exercerent au Mont-Cassin en 884, engagerent l'Abbé S. Bertaire à fortifier le Couvent, qui étoit en haut, & à faire une enceinte de ville autour du Couvent de S. Germain, & des maisons qui s'étoient formées à l'entour, c'est ainsi que la ville commença l'an 866. (Ostiense Chr. Cass. L. 1.) Mais elle ne fut achevée qu'en 1022 par l'Abbé Altenulf; elle porta le nom de S. Germain, Evêque de Capoue, peut-être à cause d'un doigt de ce Saint que l'Empereur Louis II, fils de Lothaire, donna à cette Eglise vers l'an 874, tandis qu'il emportoit en France le reste des reliques de ce Saint.

Le Monastere inférieur ayant été détruit de nouveau, il n'en resta aucun vestige, & l'histoire n'en dit rien, passé le dixieme siecle; mais on conjecture qu'il étoit à l'endroit où est aujourd'hui l'hospice de l'Abbaye. Lorsque le Couvent eut été abandonné, l'Eglise fut cédée à des Prêtres séculiers, & il s'y forma une Eglise Collégiale qui a été rebâtie dans un goût moderne au commencement du siecle, & qui est fort ornée.

Il y a dans la ville de S. Germain quatre paroisses, quatre Couvens; un de Cordeliers Conventuels, un de Dominicains, un de Capucins, un de Bénédictines, & plusieurs autres Eglises ou Confrairies.

On trouve aussi des auberges dans la ville, mais l'hospitalité est exercée de la part des Religieux, avec tant d'honnêteté, qu'il n'y a guère d'étranger qui loge ailleurs que dans l'hospice de l'Abbaye, où habitent quatre Religieux Officiers pour recevoir les passans,

& où l'on tient même des mulets qui portent les étrangers au haut de la montagne où est située cette célebre Abbaye ([a]). Tous les voyageurs, Princes ou mendians y sont reçus ; & les pélerins qui logent toujours en haut, sont quelquefois 3 à 4 cens. On prétend dans la Maison que le total du revenu de l'Abbaye est de 50 mille ducats, ou 214000 livres, mais il est probable qu'il va bien au-delà ; il feroit difficile, avec un revenu aussi modique, d'exercer l'hospitalité d'une maniere si générale.

Cassinum. CASSINUM, ancienne ville dont on ne voit que les ruines à *Casino*, étoit située sur le penchant de la montagne, au sud-est de l'endroit où est actuellement l'Abbaye du mont Cassin, dans le nouveau Latium, qui porte aujourd'hui le nom de *Campagna felice* ou *Terra di lavoro* ; Strabon, L. V, dit que c'étoit une ville remarquable. Elle fut faite colonie Romaine 313 avant J. C. Cassinum fut célebre, sur-tout par la retraite de Varron qui y avoit une maison de

(a) Il y a plus de 75 mules employées au service de la maison, & elles sont si accoutumées à ce voyage qu'elles le feroient même sans conducteurs ; il ne leur faut jamais qu'une heure pour monter à l'Abbaye.

campagne très-grande & très-agréable, dans l'endroit appellé actuellement *Monticelli*, dont il nous donne lui-même la description dans son ouvrage *de Re Rustica*, (L. III. Chap. 5.) Cicéron qui fait un si bel éloge de ce grand homme, (L. I. *Acad. quæst.*) reproche à Marc-Antoine d'avoir profané cette maison par sa crapule & ses débauches, (Phil. 2.) *Studiorum suorum M. Varro illud voluit diversorium. Quæ in illa villa dicebantur! Quæ cogitabantur! Quæ litteris mandabantur! Jura populi Romani, monumenta majorum, omnis sapientiæ ratio, omnisque doctrina.*

Cette ville fut ruinée par Théodoric Roi des Goths; on n'en voit plus que des vestiges: le plus remarquable est la chapelle appellée *il Crucifisso*, c'est un ancien temple en forme de croix Grecque, petit, mais bien construit & de la meilleure conservation. Il est formé de gros blocs de pierre de taille, dont quelques-uns ont jusqu'à 8 à 9 pieds, sans chaux ni ciment; il a 50 pieds de longueur & 35 de largeur.

La voûte est une espece de coupole basse percée de quatre petites fenêtres, par lesquelles il ne vient aucun jour actuellement, parce que le logement de l'Hermite ou du Chapelain est bâti au-dessus ; la structure est d'ordre toscan, rustique & solide ; c'est sans doute à sa grande solidité & à sa petitesse, qu'il a dû l'avantage de résister pendant 16 ou 18 siecles aux événemens qui ont produit la ruine de cette ville.

Près-delà est le reste de l'ancien amphithéâtre, situé à côté du chemin par où l'on arrive de Rome ; il a environ 820 pieds de circonférence, & le milieu ou l'arêne a 200 pieds de longueur, sans compter l'emplacement des anciens gradins qui sont presque entiérement détruits ; la hauteur des murailles est de 57 pieds, on y entroit par cinq grandes portes qui ont 26 pieds de hauteur sur 13 de largeur, & sont faites de grosses pierres de taille. On y voit encore les loges des bêtes qu'on destinoit aux combats, & les aqueducs qui apportoient de l'eau pour les naumachies ou combats sur l'eau ; tous les murs extérieurs sont revêtus de briques en losanges, *Opus reticulatum*, ils sont surmontés de grandes pierres en saillie, avec des trous où il paroît qu'on plantoit les mats destinés à soutenir les tentes ou toiles qui garantissoient du soleil ; on y a trouvé, en 1756, une inscription antique dont il est parlé dans les nouvelles littéraires de Florence, du Docteur Lami.

Le théâtre, dont les restes se voient un peu plus haut, est bien moins conservé, il n'en reste que des débris ; on y reconnoît pourtant sa forme demi-circulaire ou à peu près, ayant 283 pieds de diametre ; les murs sont aussi revêtus d'ouvrages réticulaires.

Il y a encore aux environs quelques aqueducs souterrains, quelques restes d'anciens édifices, & un fragment de grand chemin, pavé comme la *via Appia*, de grands blocs de pierre en pentagones irréguliers. V. *Historia Abbatiæ Cassinensis. D. Erasmi Gattola Cajetani. Venetiis*, 1734. 4 vol. in-folio.

Chemin du mont Cassin.

Il y a quatre chemins pour aller de S. Germain à l'Abbaye du mont Cassin, mais il y en a trois qui sont si étroits, si escarpés, si difficiles qu'ils ne sont presque pas pratiqués ; le plus considérable est celui qui fut fait en 1720, sous l'Abbé Ruggi de Salerne ; il serpente pendant environ une lieue sur la croupe de la montagne, & il est pavé d'une maniere commode pour les mulets.

On trouve sur ce chemin la Chapelle appellée *Santa Crocella*, où l'on voit l'empreinte de la cuisse de S. Benoît; plus loin est une croix avec l'empreinte du genou de ce Saint, appellée *il genocchio*; quand on est arrivé au haut de la montagne, on apperçoit dans son entier la face méridionale du Couvent qui a 525 pieds de long, mais qui n'a rien de plus remarquable, que l'air de grandeur que lui donne cette prodigieuse étendue. On y entre par une ancienne voûte qui a 40 pieds de long, & que l'on a conservée avec vénération, parce que, suivantla tradition, c'étoit une partie du bâtiment où S. Benoît habita; il y a cependant des auteurs qui croient que cette voûte n'est que de la troisieme construction du Couvent,

Origine du mont Cassin.

L'Abbaye du mont Cassin, si célebre dans l'Histoire Ecclésiastique, commença l'an 529, à l'arrivée de S. Benoît. Il y acquit en peu de temps une si grande réputation, que Totila Roi des Goths alla le visiter l'an 543, dans le temps qu'il entroit dans le Royaume de Naples.

Ce Couvent fut pillé & brûlé par les Lombards, l'an 589. Les Sarrasins le ravagerent encore l'an 884; mais les donations des Ducs de Bénévent, & de plusieurs autres Princes, réparerent abondamment toutes ses pertes; cette Abbaye fut comblée des plus grands & des plus beaux privileges, elle fut souvent un Séminaire de Papes & une retraite de Rois; enfin elle devint un des endroits les plus fameux de l'Italie.

L'Abbaye du mont Cassin s'est distinguée, non-seulement dans la Religion, mais encore dans les lettres; ce fut à elle que l'on dut la conservation des études dans le Royaume de Naples, & le goût même de la Physique; ces Peres furent les premiers auteurs de l'école de Salerne, vers l'an 1060. Du moins M. Moreau leur en fait honneur dans les notes qu'il a données en 1672, sur le livre intitulé: *De conservanda bona valetudine liber Scholæ Salernitanæ*, qui fut composé vers l'an 1100.

Dans le cloître supérieur qui conduit à l'Eglise, & qu'on appelle Paradiso, l'on voit seize statues de marbre, dont une est de notre fameux Legros; elle représente le Pape S. Grégoire II; elle est bien composée, la tête & les mains en sont sur-tout très-belles. On arrive aux portes de l'Eglise par un grand escalier de marbre ; l'architecture du portail du milieu est d'ordre Ionique ; il est construit d'une pierre du Mont Cassin. La porte, qui a dix pieds de haut, est revêtue de 22 lames de bronze, avec des lettres en argent, que l'Abbé Didier fit faire à Constantinople, l'an 1066, & de 16 autres lames qui furent faites l'an 1124 ; elles représentent les châteaux & possessions de l'Abbaye. Le bâtiment actuel fut commencé en 1649.

Le premier coup d'œil de cette Eglise est la chose la plus frappante que j'aie vu, pour la richesse, la dorure & la multitude des ornemens. M. Grosley a raison de dire que ce brillant édifice a moins l'air d'un Temple que d'une décoration théâtrale. Quoi qu'il en soit, l'Eglise a 196 pieds de longueur dans œuvre, 59 de large, sans compter les chapelles, & environ 54 de hauteur ; la proportion en est belle. Elle est portée par de gros pilastres ; les archivoltes des arcs doubleaux, sont soutenues par de belles colonnes Doriques de granite oriental, de onze pieds de hauteur ; l'Abbé Didier les avoit fait venir du Levant, & elles furent retrouvées sous les ruines après le tremblement de terre de 1349.

Le pavé est fait à grands desseins de marbre, & on l'a refait sans détruire l'ancien pavé en mosaïque fait du temps de l'Abbé Didier, & qui subsiste encore par-dessous; c'est ce qui est cause que le pavé actuel est incliné. L'intérieur est presque tout incrusté de marbres fins & de pierres dures en compartimens. On y a représenté en marbre les croix de plusieurs Ordres de Chevalerie, établis sous la regle de S. Benoît; à droite, ceux de Calatrava, d'Alcantara, de la Merci; à gauche, ceux de S. Jacques, de l'Epée, d'Avis, de Montesa, du Christ en Portugal, & des Templiers. On peut voir à ce sujet Arnaud Wion, Lig. vit. Tome I, page 107, de l'édition de Venise de 1595.

Parmi les peintures qui sont dans la nef du milieu, la plus grande représente la consécration de l'Eglise, par Alexandre II, en 1071. Elle est de *Giordano*, qui s'y est peint lui-même devant un Religieux. Ce tableau est au-dessus de la porte; c'est une grande machine d'une très-belle ordonnance;

cependant l'effet en pourroit être plus piquant. La perspective linéale n'y est pas bien observée; les figures du second & du troisieme plan étant trop grandes, & celles du premier plan trop petites; d'ailleurs le Peintre paroît avoir placé son point de vue trop haut.

Les côtés des croisées & le haut de la voûte contiennent divers miracles de S. Benoît; les portraits de vingt Papes qui ont été Bénédictins, & les symboles de vingt Vertus; tout cela fut fait en 1677, dans moins d'un an, par Lucas *Giordano*.

Ces belles peintures sont accompagnées d'ornemens très riches, & de beaucoup de stucs dorés; mais le tonnerre qui tombe souvent au Mont Cassin, & qui s'attache toujours au métal, a beaucoup altéré les dorures.

Dans les nefs collatérales, il y a des peintures de différens Maîtres, qui représentent encore des miracles & des visions relatives à S. Benoît; toutes ces peintures qui ont de la fraîcheur & de l'éclat, réunies avec les ornemens de stucs dorés, dont l'Eglise est remplie, forment un coup d'oeil admirable.

Les huit chapelles qui regnent le long de l'Eglise, ont chacune 18 pieds de long; elles sont toutes ornées de balustrades de marbre, de colonnes composites, d'albâtre ou de marbre les plus précieux, & de stucs dorés; la seconde chapelle à droite, est celle où repose le corps de S. Carloman, fils aîné de Charle-Martel, & oncle de Charlemagne. Le tableau principal représente ce Prince qui reçoit l'habit de Religieux de la main du Pape S. Zacharie. Dans la voûte il est peint renonçant à ses Etats d'Autriche & de Turinge; on y voit son frere Pepin, à qui il recommande ses enfans; & l'aîné nommé Dorgon, à qui il laisse la Souveraineté de l'Autriche. A droite de l'autel, on le voit gardant les bestiaux du Monastere, & dépouillé par des voleurs qui les lui enlevent; à gauche, on le voit paroître triste & presque nud, devant le Pere Abbé (Petronax,) à qui il raconte le malheur qui lui est arrivé, malgré tous les efforts qu'il a fait pour défendre son troupeau. Ce saint Religieux étant venu dans la suite en France, par ordre de ses Supérieurs, pour négocier auprès de son frere Pepin la réconciliation du Pape Etienne III, avec Astulf, Roi des Lombards, mourut à Vienne en Dauphiné, l'an 755.

Dans la troisieme chapelle à droite, il y a trois beaux tableaux de Giordano, qui représentent des miracles de S. Benoît.

Dans la quatrieme chapelle, on voit le Congrès qui se tint au Mont Cassin, entre le Pape Adrien II, l'Impératrice Engelberge & Louis, Roi de Lorraine, qui avoit été excommunié l'an 866, pour avoir répudié sa femme, & épousé Valdrade, qu'il aimoit passionnément. Le martyre de S. Bertario, du Cav. Vanni, tableau d'une composition extravagante, mais qui gagne à l'examen; il est d'une couleur vigoureuse, quoique tirant un peu sur la brique.

Dans la premiere chapelle à gauche, Tobie à qui son fils frotte les yeux avec le fiel du poisson, par Paul de Matteis; tableau un peu froid, mais gracieusement peint, & où il regne beaucoup de vérité.

Dans la deuxieme chapelle à gauche, le baptême de Jesus-Christ par *Soli-*

mene; la maniere en eſt mâle, mais les ombres des jambes du Chriſt ſont trop noires.

Dans la troiſieme chapelle, trois tableaux de Giordano : S. Apollinaire marchant ſur les eaux; S. Pierre & Saint Benoît conduiſant une barque, pour exprimer que l'un & l'autre ont conduit l'Egliſe; & S. Benoît qui apparoît à un Religieux; ces trois tableaux ſont d'une maniere un peu ſeche. On voit encore dans cette chapelle l'hiſtoire du Comte de Conſa, Radelchi, qui ayant fait aſſaſſiner le Prince de Bénévent, l'an 817, vint faire pénitence au Mont Caſſin, où il prit l'habit de Religieux; ces peintures ſont de Jordans.

La quatrieme chapelle à gauche, eſt celle de S. Victor; on l'a repréſenté étant encore l'Abbé Didier, & réſiſtant courageuſement aux inſtances & aux prieres des Evêques, des Cardinaux & des Princes, qui le vouloient pour Pape; il le fut cependant enſuite ſous le nom de Victor III, l'an 1086. Il y a auſſi pluſieurs révélations de ce Saint, & toutes ces peintures ſont de Jordans; elles paroiſſent un peu faites de pratique.

Le Sanctuaire est environné de deux balustrades de marbres fins de différentes couleurs, ornées de dix Génies en bronze, qui tiennent les symboles des différentes dignités qui ont illustré l'Ordre de Saint Benoît & de ses accroissemens successifs. Il y en a un qui joue avec le corbeau; un qui tient une brebis, l'autre la palme du martyre; les autres tiennent des tiares, des couronnes Ducales, Impériales, &c. Ils ont été fondus en 1731.

Quatre gros pilastres revêtus de marbres fins, soutiennent la coupole. Le grand autel passe pour être du dessein de Michel-Ange; mais il est sur-tout remarquable par la richesse des matieres précieuses dont il est formé. On y arrive par trois marches d'albâtre; le retable est orné de verd antique, de lapis, d'amétystes, de brocatelle d'Espagne. C'est au-dedans de cet autel qu'est le tombeau de Saint Benoît & de Sainte Scholastique, autour duquel brûlent sans cesse treize lampes, pour imiter les flambeaux entre lesquels on assure que l'ame de Saint Benoît fut vue après sa mort. Ces corps Saints furent déterrés & reconnus, suivant

Tombeau de S. Benoît.

les mémoires du Mont Cassin, le 28 Mars 1066, le 18 Novembre 1486, le 13 Mars 1545, & enfin le 7 Août 1659, sous l'Abbé *Angiolo della Noce*, qui les fit voir à tous ses Religieux; il s'en félicitoit lui-même dans sa chronique du Mont Cassin, en ces termes: *Nunc dimittis servum tuum, Domine, in pace, quia viderunt occuli mei sanctissimum Patriarcham Benedictum, Italiæ decus, Galliæ desiderium*, faisant allusion aux prétentions de la France, où l'on soutient que ces reliques sont à l'Abbaye de Saint Benoît-sur-Loire; mais les Peres du Mont Cassin nous opposent des Procès-verbaux en bonne forme, qui ont été faits à chaque fois que ces reliques ont été retrouvées ou déterrées à l'occasion de quelque reconstruction. (Voyez Muratori, Ann. d'It. T. IV, p. 154.

Du côté de l'Epître, on voit un mausolée élevé à *Vido Ferramosca*, qui mourut en 1532; il avoit laissé à l'Abbaye des biens considérables, par un testament qui ne fut point exécuté par ses héritiers, *Commederunt sacrificia mortuorum*.

A gauche est le mausolée de Pierre

de Médicis, frere de Léon X, fait sur les desseins d'Antoine de *San-Gallo*, Florentin, en 1552. Ce Prince se noya dans le Garigliano ou Liris, en poursuivant l'armée Françoise.

La coupole & la voûte du Sanctuaire sont aussi ornées de peintures, qui représentent la vie, les miracles & la mort de S. Benoît & de Sainte Scholastique.

Le chœur est derriere le maître-autel; il a 52 pieds de long, & 86 stalles d'un travail très-délicat. Tous les lambris en sont ornés de bas-reliefs, qui représentent les hommes illustres de l'Ordre de S. Benoît.

On y voit quatre grands tableaux du Solimene; le premier à droite, représente S. Ratchis, Roi des Lombards, qui reçoit l'habit de Religieux des mains du Pape S. Zacharie, avec Tasia sa femme, & Ratrude sa fille; ils se retirerent au Mont Cassin, où Ratchis fut employé à cultiver une vigne près du Couvent: les deux femmes formerent un Monastere à Pinmarola. Ce tableau est bien composé & d'une bonne couleur; mais le Peintre auroit dû éviter les noirs qui regnent dans les fonds. La draperie rouge du soldat qui est sur le devant, fait perdre l'accord au tableau, ainsi que l'ombre de la draperie bleue de la Reine, qui est trop vigoureuse.

S. Maur de Solimene.

Le second représente S. Maur, qui étant envoyé en France, guérit sur son chemin les estropiés & les malades qu'on lui apporte de toutes parts. A gauche on voit le Patrice Tertule, qui vient visiter Saint Benoît avec d'autres personnes distinguées; c'est un des meilleurs de Solimene; il est harmonieux, la couleur en est vigoureuse; on y admire de très-beaux caracteres de têtes, & spécialement une femme qui tient un enfant, sur le devant du tableau.

Le troisieme est le martyre de S. Placide, de ses freres Eutichius & Victorin, & de Sainte Flavie sa sœur, sous le cruel Manuca, Chef des Sarrazins. Les grouppes en sont bien agencés, mais la lumiére papillotte; l'action du bourreau qui va décoller le Saint, est fausse, & les ombres de ses jambes sont trop noires; le grand bleu de sa draperie détruit l'effet général du tableau. Le quatrieme représente Saint Maur & Saint Placide qui vont prendre l'habit; il est noir & sans effet.

La voûte du chœur est ornée de peintures qui furent faites en 1637, par Charles Mellin, de Nanci.

Il y a dans plusieurs endroits de l'Eglise des figures *a commesso*, c'est-à-dire en incrustation de pierres fines ; c'est une espece de mosaïque à grands morceaux, qui est faite avec beaucoup d'art.

Le *Tugurio* ou Confession, qui est sous le Sanctuaire, est un souterrain creusé dans le roc en 1544, où il y a trois chapelles ornées de marbres & de peintures, dont la plupart représentent des miracles de S. Benoît. Près delà est un autre chœur plus bas & plus étroit, où les Religieux font l'office de nuit, & voilà pourquoi on l'appelle *Coro della notte*.

La Sacristie du Mont Cassin est remarquable par des peintures du Cavalier Conca ; par de beaux ornemens en stucs dorés, des reliquaires & des statues très-riches. On doit voir aussi le Chapitre, la Bibliotheque, le Réfectoire, les Archives, la tour de S. Benoît & les chambres appellées *Stanze di S. Benedetto*. Une petite allée conduit à ces chambres de Saint Benoît. La premiere n'étant point renfermée dans la

Chambres de S. Benoit.

tour n'est qu'une espece d'antichambre, qui a 21 pieds sur 17, pavée de marbre, ornée de 77 tableaux, tant grands que petits, tous de bonne main; il y a même un S. Pierre du Guerchin, un *Ecce Homo* du Guide, &c. On y voit des inscriptions qui parlent des révélations de S. Benoît: delà on passe à la seconde piece, qui est une partie de l'habitation supérieure de S. Benoît, ou du moins bâtie à la même place, si la construction actuelle n'est que du temps de l'Abbé Petronax. On l'a orné d'un autel de marbre, de beaucoup de reliques, d'argenterie & de grand nombre de tableaux de prix; une Vierge, de Jules Romain; le Silence, d'Annibal Carrache, copié par le Dominiquin; un S. Benoît, de Solimene; &c. A droite de l'autel est la porte qui conduit à la troisieme piece; on y voit cette inscription: *Pars superior antiquissimæ turris in qua S. P. Benedictus cælestibus visionibus illustratus, dum viveret, habitabat, & in ea Angelorum concentus odoris fragrantiam ac lucis immensitatem ab antiquis viris in præcipuis festivitatibus audiri & videri solitum fuit, a D. Gregorio Papa dialogorum descripta, c. 35.*

Cette piece, qui est la partie la plus distinguée & la plus ornée de la demeure de S. Benoît, a 19 pieds sur 13; la voûte est revêtue en stucs dorés, & dans le milieu le Cavalier Joseph d'Arpino a représenté la formation d'Eve, tirée de la côte d'Adam. On y a placé les tableaux les plus précieux; une Vierge, de Raphaël, une du Guerchin; un baptême de J. C. par le Guide; une copie en petit de la Transfiguration, de Raphaël, par André Montagna, l'un de ses disciples.

Un tableau de Luca Giordano, représentant Saint Benoît qui se roule nud dans les épines, pour éloigner les tentations.

L'esquisse de son tableau de la consécration de l'Eglise, qui a bien autant de mérite que l'original.

Une Sainte Famille, d'Annibal Carache, dans la maniere de Raphaël.

La Vierge qui fait signe à S. Jean de ne pas réveiller l'Enfant Jesus, joli petit tableau du Dominiquin.

Un repos d'Egypte, du Dominiquin,

d'une belle couleur & plein d'expressions naïves ; on y voit un Ange qui apporte des fruits à l'Enfant Jesus.

Un beau petit tableau de Jacob Bassan, représentant une cêne.

Un très-beau dessein du Josepin, représentant un Christ à la colonne.

On voit de la fenêtre les fondemens de l'ancienne tour, dont les murs ont près de dix pieds d'épaisseur ; c'est ce qui fait croire qu'ils ne subsistoient pas du temps de S. Benoît : car il est difficile de croire que les commencemens de cette Abbaye aient été si considérables.

Vis-à-vis de la fenêtre est un petit oratoire d'albâtre, orné de bas-reliefs dorés & de reliques, avec un crucifix de buis fait par le Donatelli.

Le bâtiment neuf qui a été commencé en 1704, est du côté de l'occident & du septentrion ; il contient le logement des Dames & des étrangers de distinction, *Foresteria de' nobili* ; l'Hospice pour les Pélerins & leur réfectoire, sur lesquels est écrit *Xenodochium Peregrinorum*. Les Religieux vont les servir à table, quoiqu'il y ait un Pere qui, par sa place est chargé d'en avoir soin, & qu'on appelle *Vicario dell' Ospizio*; en bas sont les atteliers & les logemens des ouvriers.

Albaneta de S. Ignace.

L'ALBANETA est un petit Couvent, qui est à un quart de lieue de celui du Mont Cassin; il fut bâti dans le 10e siecle, par un Religieux qui revenoit de la Terre Sainte. On a fait rebâtir l'Eglise en 1729, & il y a plusieurs logemens pour les Religieux, qui y vont prendre l'air ou passer le temps de leur convalescence. C'est-là qu'habita, en 1538, pendant 40 jours, S. Ignace, Fondateur des Jésuites, lorsqu'il vint avec Pierre Ortiz, y faire des exercices spirituels. Le P. Gravina, Dominicain, dit que ce fut-là qu'il composa sa Regle : *Montem illum contemplationis aliquot mensibus inhabitavit, ibique velut alter Moyses & Legislator secundas religiosorum legum tabulas fabricavit, primis non absimiles.* En effet, il ne tarda pas à donner la derniére forme à cette célebre Compagnie, puisque la premiere Bulle du Pape Farnese, Paul III, est du 27 Septembre 1540, jour dont ont célebre l'anniversaire chez les Jésuites. Constantin Cajetan a fait à ce sujet un ouvrage, où il prétend prouver que les Jésuites sont une branche de l'ordre de S. Benoît ; il y a, sans doute, bien des rapports de science & de vertu ; mais il n'y en a gueres dans le plan, ni dans l'exécution du projet de S. Ignace.

On a changé en un oratoire la chambre où il habita, & dans le tableau de la Vierge, qui est actuellement sur l'autel, on l'a aussi représenté. V. le P. Ribadeneira & le P. Maffeo, dans les vies de ce saint Fondateur.

Je passe sous silence, pour abréger ce volume, beaucoup de choses remarquables, qu'on trouvera citées dans la *Descrizione Istorica di Monte Casino*, que Flavio Marra donna en 1751.

L'Abbaye est composée d'environ 35 Religieux, & d'une grande quantité de domestiques ; il y a encore une trentaine de Religieux de la maison qui sont distribués ailleurs. L'Abbé doit être pris parmi les enfans de la Maison ; il change tous les six ans, & il est élu par le Chapitre général, composé de tous les Abbés de la Congrégation du mont Cassin, qui comprend 72 Maisons, & de tous ceux qui ont été Abbés, car ce titre est indélébile, *semel Abbas, semper Abbas.*

Je ne finirai pas mes notes sur cette Maison, sans rendre aux Peres du mont Cassin la justice que je dois à leur empressement & à leurs complaisances pour les étrangers, on ne peut rien voir de plus obligeant que le Pere *Marino Migliarese* qui étoit Abbé en 1765 ; j'ai reçu aussi beaucoup d'amitiés de Dom Pietro Ottoboni Buoncompagno, neveu du Prince de Piombino, & de plusieurs savans Bénédictins, tels que le P. Placide *Federici*, Archiviste, jeune homme plein d'esprit & de savoir, du P. Julio *Catalette*, Lecteur de Philosophie, du P. *Correale* qui travaille à un Dictionnaire Hébreu, & du P. Ottavio *Ruggi* de Salerne, auteur de divers ouvrages de piété.

Bénédictins Savans.

La situation élevée de cette Abbaye fait qu'on y a des orages fréquens ; il ne se passe guère de mois que le tonnerre n'y tombe & n'y fasse quelque dégât ; on y ressent aussi presque tous les six mois de petites secousses de tremblemens de terre, & dans un seul jour, le premier Dimanche de Carême 1752 ou 1753, il y en eut jusqu'à 15 secousses.

Montagne élevée.

La montagne de *Cairo*, qui est près delà est si haute que quand on est au-dessus

dessus on peut voir les deux mers, comme des environs de Camaldoli, dont nous parlerons à l'article d'Arezzo.

A quatre lieues du mont Cassin, vers l'orient est *Venafro*, dont le territoire étoit célebre chez les Romains par ses bonnes huiles. Hor. II. Od. 4.

Aquino, patrie du Docteur Angelique S. Thomas d'Aquin, est à une lieue du mont Cassin du côté de l'occident.

Route de Rome.

En allant du mont Cassin à Rome par Frosinone, on peut passer à Arpino qui est trois lieues à la droite de Ceprano, & à cinq lieues de Frosinone, mais dans la Terre de Labour, l'une des provinces du Royaume de Naples.

Patrie de Cicéron

La patrie de Cicéron est à une lieue delà. C'est un Couvent de Dominicains, appellé *Villa di san Domenico*, situé dans une isle que forme le Fibrino avant que de tomber dans le Liris ou Garigliano. Cicéron y avoit une de ses maisons de campagne, & c'étoit celle où il alloit le plus volontiers; Atticus qui étoit son ami intime, y alloit aussi de préférence. J'aime l'isle de Fibrinus aussi bien que vous, lui écrivoit Cicéron; c'est ma patrie & celle de mon frere; tout m'y rapppelle mes ancêtres, c'est mon pere qui l'a rebâtie, & il y a passé presque toute sa vie dans l'étude, avec la tranquillité qui étoit nécessaire à sa santé. J'y trouve un peuple vertueux, des Sacrifices champêtres ; les beautés naturelles qu'on y voit flattent plus que l'or, les marbres, les aqueducs, des grands Palais. (*De legibus Dial.* 21. C. 1. 2. 3.

De S. Germano à *Ceprano*, il y a 6 lieues, c'est le premier village de l'Etat Ecclésiastique ; de Ceprano à Frosinone, quatre lieues ; de Frosinone à Ferentino, deux lieues ; de Ferentino jusques au bas d'Agnani 2 ½ lieues : on s'arrête ordinairement à une auberge qu'on appelle, *l'Osteria della fontana d'Anagni*, & qui tire son nom d'une fontaine qui en est proche : elle fait partie d'un hameau qui est au milieu des champs.

Anagni.

ANAGNI est une ville de l'Etat Ecclésiastique, à 12 lieues de Rome & à 30 de Naples ; elle étoit autrefois très-riche :

> Hernica saxa colunt quos dives Anagnia pascit.

& si elle est dépeuplée actuellement ; c'est par un effet très-naturel de la dépopulation générale de l'Italie. Je n'ai pas oui dire, quoique je m'en sois informé, qu'on atribua plus de misere ou plus de malédiction aux habitans d'Anagni qu'aux habitans des autres cantons, comme l'a dit un Ecrivain moderne. Il me paroît même par l'histoire, que cette ville ne mérita point d'être maudite par Boniface VIII. Ce Pape étant en guerre contre les Colonnes, les excommunia en 1297, il excommunia ensuite Philippe le Bel en 1302; ce Prince tint une assemblée à Paris où le Chevalier Guillaume Nogaret se porta accusateur contre le Pape, & proposa de le faire arrêter; il se chargea lui-même de l'exécution, & le 7 Septembre 1303, il se trouva sous Anagni sans y être attendu. Nogaret aidé des Colonnes surprit la ville, ce fut dans ce moment de désordre que Sciara Colonna se voyant maître de la personne du Pape, s'emporta jusqu'à le frapper de son gantelet au visage; ce qui a fait dire en Provence que Nogaret avoit donné un soufflet au Pape; mais les habitans d'Anagni ne furent point la cause de cette surprise & de cet emportement; au contraire, ils prirent les armes le surlendemain & chasserent les ennemis du Pape; cependant Boniface VIII outré de cet événement, quitta son pays pour retourner à Rome, où il mourut le 11 Octobre dans une espece de démence produite, suivant quelques Historiens, par le ressentiment & la fureur, qui étoient des suites naturelles de son caractere violent.

D'Anagni à Valmontone $4\frac{1}{2}$ lieues; Valmontone n'est qu'à $1\frac{1}{2}$ lieue de Palestrine dont nous avons parlé dans le Tome V. C'est une petite ville qui appartient au Prince Doria, comme héritier de la Maison Pamfile, elle est sur le sommet de la montagne; l'aspect en est joli & les environs pittoresques. Dans l'Eglise & dans le château du Prince Pamfile, il y a quelques tableaux qu'on peut voir. De Valmontone à Colonna, il y a trois lieues; de Colonna à *Torre nuova*, trois lieues; de *Torre nuova* à la porte de Rome, deux lieues.

CHAPITRE XIII.

Route de Rome à Spolette, par Citta Castellana & Terni.

LORSQU'ON a passé le *Ponte molle* qui est à une lieue au nord de Rome, on trouve deux chemins, dont l'un tire vers le nord ouest pour aller à Viterbo, c'est celui que nous avons suivi en venant à Rome; l'autre va directement au nord, vers *Civita Castellana*, c'est celui que nous suivrons actuellement pour retourner à Florence; c'est aussi le chemin de la Romagne dont nous avons à parler.

On rencontre près de Regnano l'ancienne voie Flaminia, dont les pierres sont très-larges & encore très-bien liées, mais fort glissantes pour les chevaux, qu'on est obligé d'y conduire avec beaucoup de circonspection.

Citta Castellana.

CITTA CASTELLANA ou *Civita Castellana* est une ville d'environ 3000 ames, située dans la Sabine, à 34 milles de Rome, près de la voie Flaminia, sur une élévation ou rocher en forme de presqu'isle, qui a la forme d'un quarré long ; cette ville a deux milles de tour, presqu'un mille de long, & un quart de mille ou environ 200 toises de largeur. Elle a quatre portes, qui regardent vers les quatre parties du monde ; mais elle ne tient à la montagne principale que par le côté de la citadelle ; elle est environnée de trois côtés par de petites rivieres, qui coulent dans des vallons de trois à quatre cens toises de profondeur. Deux de ces torrens vont se jetter dans le troisieme, au-dessous de la ville ; ce dernier s'appelle *Treia*, & va se jetter à deux milles delà dans le Tibre.

Le P. Mamachi, & d'autres Auteurs, ont disserté beaucoup sur l'ancien nom de cette ville. Un Savant, qui en étoit, écrivit sur-tout dans le dernier siecle, pour prouver que cette ville est l'ancienne *Veies*, prise par les Romains, sous la conduite de Furius Camillus, 396 ans avant J. C. après un siege de dix ans. (Ovide, Fast. II.) Les habitans, de Veies avoient été pendant plus de 350 ans l'écueil de toute la puissance Romaine ; Romulus leur avoit fait la guerre sans succès, & ils avoient vaincus les 300 Fabius, 477 ans avant J. C. Il est vrai que Cluvier place la ville de Veies à Scrofano. Luc Holstenius, (Ital. Cluerii, p. 540.) la met près du bourg d'Isola; mais bien d'autres Savans croient la reconnoître dans la situation de Citta Castellana. Baronius, dans ses Annales sur l'année 1084, est du même avis: *Castellanum oppidum, dictum antiquitus Veios*; & les habitans de cette ville se sont toujours glorifié de cette belle origine. Le pont qui est au pied de la ville, s'appelle *ponte della Cremera*, & l'on y voit une inscription qui assure que ce fut le lieu de la défaite des 300 Fabius.

> E di cremera a l'acque,
> Di sangue, di sudore bagnati e tinti,
> Trecento Fabii in un sol giorno estinti.
>
> (*Metastasio nel Catone.*)

D'autres prétendent que c'est à Baccano, & que Citta Castellana étoit *Fescennium* ou *Falerium* des anciens. V. le P. Hardouin sur le mot Falisques, Muratori, *Script. rer. Italic.* T. X, p. 222, & sur-tout l'ouvrage qui a pour titre, *Veio difeso, discorso di Domenico Mazzochi dottore dell' una e l'altra legge*;

ove si mostra l'antico Veio essere hoggi Civitta Castellana, in Roma 1646, *in*-4°. *Supplimento a Civitta Castellana circa la sua distanza da Roma, discorso di Domenico Mazzochi alquale si e aggiunto il sintagma di Giuseppe Castiglione in difesa di Veio, in Roma* 1663, *in*-4°. Ces deux ouvrages de Mazzochi sont rares; mais je les ai vu chez M. *Domen. Gugliel. Paglia*, l'un des habitans les plus lettrés de cette ville.

Je trouve que la position de cette ville est un des meilleurs argumens pour ceux qui disent que c'est l'ancienne Veies; elle est inaccessible de trois côtés, & le rocher sur lequel elle est placée, taillé à pic, pour ainsi dire, étant défendu sur son quatrieme côté, par une forteresse, pouvoit très-bien soutenir un siege de dix ans.

Après que les Goths eurent ravagé la plupart des villes d'Italie, on rebâtit un château dans l'endroit dont nous parlons, & delà vient probablement le nom de Citta Castellana; on voit dans un Concile de l'an 853, *Rodericus Castellanæ Episcopus*. La Citadelle qui y est actuellement, est d'une bonne architecture; les murs en sont très-épais ; ils sont bâtis d'une espece de tuf, qui est très-propre à résister au canon ; mais qui s'écaille à la gelée, ce qui le rend moins propre aux ornemens d'architecture. Les Espagnols qui trouverent cette forteresse à leur bienséance, lorsqu'ils y passerent en 1744, s'y fortifierent avant & après l'affaire de Veletri ; depuis ce temps-là le Pape y entretient une garnison de 30 hommes ; il y a aussi actuellement cinq à six prisonniers.

Du haut de la tour de cette citadelle, on voit le château de Caprarola, qui en est à 12 milles du côté du couchant ; le mont S. Oreste, *Candidum Soracte*, qui en est fort près, & les côteaux de la Sabine, qui sont très-agréables, très-fertiles & très-peuplés. Parmi les villes & les villages dont ils sont couverts, on distingue *Magliano*, ville où réside le Vicaire de l'Evêque de la Sabine, près de laquelle est un banc d'huîtres fossiles d'une fort grande étendue.

La montagne sur laquelle est bâtie Citta Castellana, est un tuffau rougeâtre, dans lequel sont renfermées des pierres-ponces noires & brûlées, les unes petites, les autres aussi grosses que le corps d'un homme. M. Guenée en détacha quelques-unes, & trouva qu'elles surnageoient à l'eau. Ce même tuffau se revoit à *Santa Maria di Falari*, où quelques personnes placent l'ancienne Falerium, dont les murs qui subsistent encore, sont bâtis avec de gros blocs du même tuffau élevés les uns sur les autres sans ciment; c'est à une lieue de Citta Castellana.

Le rocher sur lequel est placée Citta Castellana a été joint du côté du nord, avec le reste de la campagne, par un très-beau pont dont les piles sont d'une hauteur extraordinaire. Cet ouvrage fut fait en 1712, par les soins du Cardinal Imperiali, qui étoit alors *Preffetto del Buon Governo*, c'est-à-dire, qui présidoit à la Congrégation chargée des détails relatifs à l'utilité publique; le torrent qui passe sous ce pont s'appelle *Rio Maggiore*, ou *Remicci*.

En partant de *Citta Castellana* on trouve d'abord, à 39 milles de Rome, Borghetto, & ensuite un beau pont sur le Tibre, appellée *Ponte Felice*, parce qu'il fut fait par Sixte-Quint. On passe ensuite dans les montagnes,

& l'on arrive à *Otricoli*; là on remarque des collines entieres formées de galets ou *Brescia*, c'est-à-dire de ces petits cailloux arrondis, qui, par leur forme, indiquent assez qu'ils ont été roulés long-temps par les eaux; ils ne peuvent donc se trouver ainsi sur les collines que par les suites d'un très-grand bouleversement. Pareille chose se retrouve en beaucoup d'endroits. (V. M. Guétard, Mémoires, &c.)

Tout ce canton jusqu'à Viterbe, qui est à quelques lieues sur la gauche, c'est-à-dire, au couchant, est indiqué par Virgile, lorsqu'il parle des troupes que l'invulnérable Messapus conduisit au secours de Turnus.

At Messapus equum domitor Neptunia proles,
Quem neque fas igni cuiquam nec sternere ferro,
Jam pridem resides populos desuetaque bello,
Agmina in arma vocat subito ferrumque retractat;
Hi Fescenninas acies æquosque faliscos ([a]),
Hi Soractis ([b]) habent arces Flaviniaque arva,
Et Cimini ([c]) cum monte Lacum, Lucosque Capenos.

Æn. VII. 691.

([a]) Falerium, que quelques-uns croient être Civita Castellana, étoit la capitale des Falisques.

([b]) Soracte, le mont S. Oreste près de Citta Castellana.

([c]) *Lacus Cimini*, aujourd'hui *Lago di Vico*, lac de Viterbe.

Aux environs du mont S. Oreste la pierre est d'un bleu noir parsemée de globules blancs, qui paroissent être du quartz, & qui sont semblables à du sel fixé; c'est avec cette pierre, qui est très-dure, qu'on a pavé la voie Flaminia, dont nous avons parlé.

Narni. NARNI est une petite ville de 3000 ames, à 55 milles de Rome, bâtie en amphithéâtre, sur le penchant d'une colline agréable, au bas de laquelle coule la *Nera*; c'est cette riviere dont parle Virgile :

> Contremuit nemus & sylvæ intonuere profundæ;
> Audiit & triviæ longe Lacus audiit amnis,
> Sulfurea Nar albus aqua fontesque Velini.
>
> *Æn.* VII. 517.

Pline l'appelle *Narnia*; mais il dit qu'autrefois on l'appelloit *Nequinum*, peut-être étoit-ce à *nequitiâ hominum*, à cause de la férocité de ses habitans, qui aimerent mieux égorger leurs enfans, que de les donner par composition, à des ennemis qui alloient prendre leur ville.

Narni a produit plusieurs hommes célebres, entr'autres François *Carduli*, dont la mémoire étoit si prodigieuse qu'il répétoit mot à mot deux pages entieres, en retrogradant du dernier mot jusqu'au premier, pour les avoir entendues une seule fois. Les familles *Cardoli*, *Cardoni*, *Scotti*, *Mangoni*, *Vipera*, distinguées en Italie, viennent de Narni. C'est la patrie de *Gattamelata*, fameux Général des Vénitiens, qui remporta pour eux différentes victoires, & à qui l'on a élevé une statue de bronze à Padoue.

Dans le temps que Charles V assiégeoit le Pape Clément VII, dans le château S. Ange, les troupes Vénitiennes qui venoient joindre l'Empereur, prirent Narni, brûlerent & démolirent la plupart des maisons & des édifices publics; ils égorgerent jusqu'aux femmes & aux enfans. Ils la réduisirent au point que Léandro Alberti, qui y passoit en 1530, ne put trouver un endroit pour y loger.

Il y a un aqueduc à Narni de 15 milles de long, qu'on a percé au travers des montagnes, & qui fournit de l'eau à beaucoup de fontaines.

Au bas de Narni, & un peu au-delà du pont qui mene à Pérouse, on voit les restes d'un pont magnifique, bâti par Auguste, pour joindre les deux collines. On trouve dans des voyageurs que l'arc du milieu a 160 pieds; mais j'ai reconnu qu'il n'en avoit qu'environ 83; celui qui est entier, & sous lequel passe le chemin, en a 60, & les piliers ont 28 pieds. On voit que le terrein a cédé, comme cela est arrivé en plusieurs endroits de l'Italie, sans quoi un ouvrage aussi solide & aussi bien fait n'eût jamais manqué; ce qui en reste annonce une très-grande maniere. On trouve la description & la figure de ce pont, & de plusieurs autres, dans un petit ouvrage qui a pour titre : *Descrizioni di diversi ponti esistenti sopra li fiumi Nera e Tevere; Agostino Martinelli, Roma* 1676, *in*-4° ([a]). Il y a dans Martial une Epigramme où il en fait mention :

> Narnia sulfureo quam gurgite candidus amnis
> Circuit, ancipiti vix adeunda jugo.
> Quid tam sæpe meum nobis abducere Quinctum
> Te juvat, & lenta detinuisse mora ?

([a]) Voyez aussi le *Latium Vetus*, du Cardinal Corradini & du P. Volpi : *Descrittione di tutta Italia di F. Leandro Alberti Bolognese*, in-4°. *Blondi flavii Forlivensis. Roma instaurata*, in-folio. Cet ouvrage se trouve aussi en Italien sous ce titre : *Roma ristaurata & Italia illustrata, da Biondo da Forli, tradotte in buona lingua volgare per Lucio Fauno, in Vineggia*, 1558, in-8°.

Quid nomentani ([a]) caussam mihi perdis agelli,
Propter vicinum qui pretiosus erat?
Sed jam parce mihi, nec abutere, Narnia, Quincto;
Perpetuo liceat sic tibi *Ponte* frui.

VII. 93.

Le pont de Narni est bâti sans ciment, de larges blocs d'une pierre blanche dont est formée la montagne de cette ville; cette pierre ressemble au marbre blanc, ou n'en diffère guère, sinon que le grain est un peu plus lisse & n'a pas les points brillans qui se trouvent dans le beau marbre blanc, & sur-tout dans le *marmo Saligno*; peut-être est-ce un commencement de marbre que la nature n'a point entiérement perfectionné, à peu près comme celui de l'amphithéâtre de Capoue.

Cesi.

Du haut de Narni l'on voit au nord de la plaine, la ville de Cesi, située au pied d'un rocher, qui depuis long-temps semble menacer ruine. On prétend qu'il est enchaîné à la montagne voisine; mais ce qu'il y a de vrai, c'est une défense rigoureuse, & sous peine de la vie, à qui que ce soit de couper

([a]) *Nomentanum*, quatre ou cinq lieues au nord de Rome, où étoit la maison de Martial; on croit que c'est *Lamentana* dans la Sabine.

du bois sur ce rocher. On a lieu d'y craindre un sort pareil à celui de Pleurs & de Velleia, dont nous avons parlé dans le Tome I, pages 8 & 502.

Origine des Vents.

Il y a dans la ville même de Cesi des cavernes qui donnent un vent réglé, par plusieurs issues qu'on appelle *Bocche di vento* ou *Grotte di vento*; ce vent qui qui est très-frais se conduit dans les maisons par des tuyaux, pour rafraîchir le vin, les caves & les appartemens.

C'est au-dessus de la montagne de Cesi, & à trois milles delà qu'étoit la demeure du Roi de Carsoli, dont il est parlé dans l'histoire Romaine, les ruines de Carsoli se réduisent presqu'à rien actuellement.

La vallée de Terni est la plus belle que l'on puisse voir en Italie; la *Nera* serpente au milieu, & il y a de petits bois qui y sont dispersés si heureusement, qu'ils en font comme un parterre agréable, terminé par les montagnes qui l'environnent de toutes parts. On traverse cette vallée en allant à Terni, par un très-beau chemin qui a sept milles de long. On voit sur la droite, avant d'y arriver, le village de *Collisi-*

poli, c'eſt-à-dire, *Collis Scipionis*, & ſur la hauteur *Torre Majore*. C'eſt là que le P. Boſcovich avoit établi un des ſignaux de ſes triangles, dans la meſure qu'il fit des degrés de la terre entre Rome & Rimini; les payſans des environs qui penſoient que l'on vouloit faire des ſortileges, détruiſirent ſes ſignaux, & lui firent éprouver pluſieurs fois les inconvéniens de l'ignorance ſtupide qui regne encore dans ces campagnes.

On pratique beaucoup dans ce canton-là une chaſſe ſinguliere; on éleve & l'on apprivoiſe des pigeons appellés *Mandarini*, qui vont au-devant des pigeons de paſſage, & les conduiſent dans la forêt & ſur les arbres mêmes, où les chaſſeurs les attendent. J'en ai vu prendre, au commencement d'Octobre, 150 en un jour près de Terni, quelquefois on en prend juſqu'à 500. Chaſſe de pigeons.

TERNI eſt une ville de 7000 habitans, ſituée à 62 milles de Rome; elle eſt remarquable par la fameuſe caſcade qu'on y voit; mais elle eſt encore célebre comme la patrie de Tacite, l'Hiſtorien de Rome, de l'Empereur Tacite Terni.

& de l'Empereur Florian ([a]).

Quand on veut citer les anciens Auteurs qui ont parlé de Terni, l'on est obligé de dire que Cicéron parle de de deux habitans qui avoient déposé en faveur de Pison; mais dont il prétend que le témoignage étoit faux, (Cic. in Pis.) Pline appelle les habitans de Terni *Interamnates Umbri, cognomine Nartes*; il ajoute, que la nation des Ombres étoit une des plus anciennes de l'Italie : *Umbrorum gens antiquissima Italiæ existimatur, ut quos Umbrios a Græcis putent dictos quod inundatione terrarum imbribus superfuissent, 300 eorum oppida Thusci debellasse reperiuntur.* (L. 3, cap. 14.)

On voit à Terni quelques restes d'antiquités; dans le jardin de l'Evêché il y a un morceau d'amphithéâtre, avec des souterrains, & l'on y voit encore la pierre qui étoit au-dessus de la porte d'entrée. On trouve aussi à l'Eglise de S. Salvadore quelques restes d'un Temple du Soleil. A S. Syro & dans les caves des Jésuites, les restes d'un Temple d'Hercule. Dans le casin de la mai-

([a]) V. *Historia di Terni descritta da Francesco Angeloni. In Roma per Andrea Fei, 1646, in-4°.*

son Spada, les substructions qui servoient à d'anciens bains.

L'Eglise des Cordeliers, *Francescani Conventuali*, est une de celles où Saint François a été, & elle lui est aujourd'hui dédiée.

L'Eglise Cathédrale, *il Duomo*, a un très-bel autel de marbre, & l'on y conserve une relique précieuse, la mieux choisie de toutes celles d'Italie; car c'est le sang même de N. S.

Quelque petite que soit la ville de Terni, elle a 13 mille écus romains, ou près de 70000 liv. de revenu, ce qui prouve bien la modération & la douceur du Gouvernement; elle est administrée sous une forme presque Républicaine. Soixante-dix Nobles, dont la noblesse est héréditaire, forment le le Conseil général, & choisissent 12 Députés; ceux-ci choisissent tous les deux ans six Nobles, parmi lesquels on prend tous les deux mois, les trois *Priori* qui gouvernent la ville.

Parmi les Familles remarquables de Terni, on trouve celle des Comtes Spada, qui est des plus illustres de l'Italie; le Comte Alexandre Spada s'y distingue actuellement, par son goût pour les Lettres, & par la maniere engageante dont il reçoit les étrangers ; on ne peut s'empêcher d'ajouter que sa Maison est encore embellie par la jeune Comtesse Marie-Eléonore Spada, dont la modestie le disputant à la beauté & à l'esprit, me fit regretter de ne pouvoir faire dans cette ville, qu'un très-petit séjour.

M. l'Avocat Orlandi, habile Antiquaire, chez qui l'on voit une Bibliotheque & un Cabinet curieux, est le plus connu de tous les gens de Lettres de Terni.

Cascade de Terni.

LA CASCADE de Terni appellée *Caduta delle Marmore*, est formée par le *Velino*, qui tombe de plus de deux cens pieds de haut dans la *Nera* ; je crois qu'à l'exception du saut de Niagara, dans l'Amérique, il n'existe pas une aussi belle chûte d'eau. *Curius Dentatus*, vers l'an 671 de Rome, & 83 ans avant J. C. rassembla les eaux dispersées dans le territoire de Riati, pour leur donner un écoulement par le Velino, & ensuite dans la Nera : *Lacus Velinus a M. Curio emissus interciso monte in mare deffluit, ex quo est illa siccata, & humida tamen modice, Rosea*, (Cic. ad

Atticum, L. IV. Epist. 15, & ce fut probablement la principale cause de la formation de cette cascade.

Rieti qui est à quelques milles delà, est sur les confins du Royaume de Naples; cette plaine de Rieti, dans laquelle coule le Velino, est celle que Cicéron compare à la vallée de Tempe: *Reatini me ad sua Tempe duxerunt*, Cic. ad. Att. L. XIV. Ep. 4.

On y trouve par-tout une incrustation singuliere dont parle Pline, quand il dit: *In Ciconum flumine & in Piceno lacu Velino lignum dejectum lapideo cortice obducitur*, Plin. II. 103. Elle ressemble à celle de la fontaine qui est près de Meaux, & dont les eaux ont formé une espece de montagne d'incrustation; en descendant de la plaine, on va se placer sur le penchant de la montagne à mi-côte, & presque en face de la cascade, pour voir dans toute sa beauté, le spectacle extraordinaire de la chûte de ce fleuve; cette cascade de Terni a trois chûte différentes, mais la principale qui a environ 200 pieds est la plus singuliere, lorsque dans le temps des pluies le Velino déborde & s'étend sur toute la largeur de la montagne; la cascade devient immense. Quand le soleil y donne, elle est encore plus belle ; toutes les couleurs de l'arc-en-ciel se voient dans les gouttes d'eau dispersées par le choc & la résistance de l'air ; c'est probablement ce que vouloit dire Pline, en disant, *in Italia locris & in lacu Velino nullo non die apparere arcus*, L. II. Cap. 62. Il est vrai que ce passage est sous un titre qui sembleroit annoncer que Pline n'a pas connu la cause de l'effet qu'il raconte, puisqu'à la tête de ce Chapitre il y a, *de proprietatibus cæli in locis* ; or, certainement l'arc-en-ciel de la cascade n'est point un météore, ni un effet du Ciel.

Lorsqu'on veut voir toutes les variétés de la cascade, l'on va aussi se placer au bas de la montagne sur le bord opposé de la Néra, d'où l'on voit en face tous les effets de l'eau au travers des rochers : je suis persuadé que c'est de la cascade de Terni que parle Virgile, lorsqu'il dépeint l'endroit par où la Furie Alecto rentra dans les enfers,

Est locus Italiæ in medio sub montibus altis,
Nobilis & fama multis memoratus in oris,
Amsancti valles, densis hinc frondibus antrum,
Urget utrumque latus nemoris, medioque fragosus,

Dat sonitum saxis & torto vertice torrens.
Hic specus horrendum & sævi spiracula ditis,
Monstrantur: ruptoque ingens Acheronte vorago;
Pestiferas aperit fauces. VII. 563.

Ce milieu de l'Italie, ce *torrens fragosus*, c'est-à-dire qui se précipite à grand bruit, ces *spiracula ditis*, qui semblent répondre aux eaux soufrées de la Néra, conviennent mieux à Terni, qu'aux confins de la Campanie & de l'Apouille, où quelques Commentateurs les ont supposés.

Après être sorti de Terni, nous prîmes la route de Spolette, qui en est à 7 lieues. On passe, avant d'y arriver, une montagne rude & escarpée appellée *Somma*, qui est à deux lieues de Spolete.

Le *Clitumnus* qui coule au bas de la ville étoit célebre autrefois par la blancheur des troupeaux qui paissoient sur ses bords; on croyoit que les eaux de la riviere contribuoient à cette blancheur; Pline fait du *Clitumnus* la plus jolie description dans ses lettres. L. VIII. Ep. 8.

CHAPITRE XIV.

Déscription de Spolette & de Foligno

SPOLETI, Spolette est une ville de 7000 ames, située dans l'Etat Ecclésiastique à 88 milles de Rome, & au sommet d'une montagne; c'est une ville très-ancienne, au rapport même de Pline, car il compte les *Spoletini*, parmi les Ombres qu'il appelle *gens antiquissima Italiæ*; elle fut faite colonie Romaine après la fin de la premiere guerre Punique, 242 avant J. C. Auguste étoit à Spolette le premier jour où il fut salué comme maître de l'Empire Romain.

Les Spoletins se vantent sur-tout d'avoir repoussé Annibal, dans le temps même où il venoit de défaire les Romains à la bataille de Transymene ([a]); il y a une des anciennes portes renfermée aujourd'hui dans l'intérieur de la ville, qu'on

([a]) V. l'ouvrage intitulé: *Delle historie di Spoleti, supplimento di quelle del regno d'Italia nella parte che tocca al Ducato Spoletino, a principi di esso, e alla città che ne fu Capo, di Bernardino de' Conti di Campello*, 2 vol. in-4°. *In Spoleti*, 1672.

qu'on appelle *porta Fuga*, en mémoire de cet événement, & sur laquelle on lit cette inscription : *Annibal cæsis ad Trasymenum Romanis, urbem Romam infenso agmine petens, Spoleto magna suorum clade repulsus, insigni fugâ portæ nomen fecit.*

La cathédrale est presque toute de marbre, on y voit une très-ancienne mosaïque, & une image de la Vierge, qui passe pour être de S. Luc ; plusieurs peintures de Philippe-Lippi, qui fut empoisonné par jalousie en 1438 ; il est enterré dans cette Eglise, en un tombeau que lui fit faire Laurent de Médicis, avec une épitaphe par Ange Politien.

Dans la croisée à droite, on voit un tableau du Guerchin, représentant deux religieux & Ste Cécile priant la Vierge dans la gloire ; ce tableau est assez vigoureux de couleur, mais la gloire n'est pas assez aërienne ; il y a encore dans cette Eglise une Vierge d'Annibal Carrache.

L'Eglise de S. Philippe de Néri est bâtie dans le goût de S. André de la Valle à Rome ; il y a sur le maître-autel un S. Philippe de Néri en chasuble, qui invoque la Sainte Vierge dans un nuage, par un Peintre, dont la maniere tient du Lanfranc; la Vierge n'est pas belle, le Saint est mieux, la tête en est un peu grise, mais la chasuble est assez bien traitée.

A la croisée à gauche il y a une sainte Famille du Cavalier *Conca*, où il y a des caracteres de têtes assez gracieux; il est un peu violet de couleur & foible d'ailleurs.

On va voir à Spolette l'Eglise de S. Pierre hors de la porte Romaine, où S. Pierre consacra S. Brice premier Evêque de Spolette; l'Eglise de S. Grégoire où sont les corps de dix mille martyrs; celle de Notre-Dame de Lorette, hors de la porte du même nom; celle de S. Salvador des Dominiquains où l'on révere un clou de la Passion.

On voit encore hors de la ville une petite Eglise que l'on appelle l'Eglise du Crucifix, à cause d'un Crucifix peint à fresque sur le maître-autel. Le sanctuaire de cette Eglise est pratiqué dans un temple de la concorde, dont il subsiste encore six colonnes corinthiennes, dont trois de chaque côté, mais la frise en est dorique; ce fragment est peu de chose.

Les Palais remarquables de la ville

ſont ceux des Coligola, Ancaiani, Leti, Mauri, Pianciani, des Ducs Benedetti, & Firentillo, des Spada, Campelli, Alberini, &c.

Dans la chapelle du Palais Ancaiani, il y a un tableau de Raphaël peint à guache ſur toile.

On voit les reſtes d'un temple de Jupiter dans le Couvent de S. André, & d'un temple de Mars au-delà de la riviere, là où eſt l'Egliſe de S. Iſaac ou de S. Julien. Il y a auſſi des reſtes d'un château bâti par Théodoric.

Un aqueduc très-conſidérable bâti par les Romains, amene l'eau de *monte Luco*, à ſix milles de Spolette, & de la *Caprareccia* qui en eſt à trois milles; les conduites paſſent ſur un pont de 600 pieds de longueur, & de 300 pieds de haut qui joint les deux montagnes, & qu'on appelle *ponte delle Torri*; ces eaux paſſent auſſi ſur le *ponte Sanguinario*, qui joint le mont S. Ange avec *monte Luco*; ce pont eſt ainſi appellé à cauſe du grand nombre de martyrs qui en ont été précipités dans le temps des perſécutions.

Il y a près de la ville une Congrégation très-eſtimée de gens libres qui vivent religieusement, on les appelle *Romiti di monte Luco*; ils portent en effet un habit d'hermite, de couleur cannelle, ils se rassemblent tous les matins sous les yeux de leur Prieur; quoiqu'ils soient beaucoup moins gênés que les religieux, ils ne laissent pas de mener une vie très-retirée & très-exemplaire.

La ville de Spolette est fort sujette aux tremblemens de terre, il y en a eu près de cinquante en 8 ou dix jours de temps dans le commencement d'Octobre 1765.

Leonio, grand Poëte.

Parmi les hommes illustres que Spolette a produits, on compte un des meilleurs Poëtes de l'Italie l'Abbé Vincent *Leonio*, qui vivoit au milieu du dernier siecle; on cite le Sonnet suivant, comme un des plus beaux qu'il y ait dans la poësie Italienne.

NON ride fior nel prato, onda non fugge,
Non scioglie il volo augel, non spira vento,
Cui piangendo io non dica ogni momento,
Quell' acerbo dolor, che il cor mi sugge.

Ma quando a lei che mi diletta e strugge,
L'amoroso disio narrare io tento,
Appena a ticolato il primo accento,
Spaventata la voce al sen rifugge.

Così amor ch' ogni strazio ha in me raccolto,
 Ferimmi; e la ferita a lei, che sola,
 Potria sanarla, Palesar m'è tolto.

Ah che giammai non formerò parola,
 Poichè l'Alma, in veder l'amato volto,
 Il mio cor abbandona e a lei sen vola [a].

Près de Spolette est la ville de Bevagna, en Latin *Mevania*, à l'embouchure du Clitumno, quelques-uns ont cru que c'étoit la patrie de Properce, mais M. Orlandi croit la reconnoître mieux dans un petit endroit champêtre près de Bettona du côté de Pérouse.

On trouve aussi près delà, & surtout à Amelia, les meilleurs raisins de l'Italie, en particulier l'espece appellée *Pizzutello*, *uva Cornetta*, dont le grain est alongé en pointe, ferme, & d'un goût excellent; entre Narni & Terni on trouve un raisin sans pepins, *uva passa* ou *passarina*.

A l'une des postes qui est entre Spoletti & Foligno, appellé *le Vene*, & à neuf milles de Spolette, au sortir de la

(a) V. *Canzoni di Vincenzo Leonio da Spoleto, in occasione dell' assedio e liberazione di Vienna, in Fiorenza, per Pietro Matini*, 1684, in-4°. (& le P. Quadrio. Tome III. pag. 123.)

porte *delle Vene*, on trouve à gauche ſur le chemin, un petit Temple bâti vers la ſource du *Clitumnus*, qui eſt formé par trois groſſes ſources qui ſe réuniſſent; le Clitumnus traverſe le grand chemin; paſſe à Bevagna, & tombe dans le Topino. Ce Temple que quelques-uns nomment *Trevi*, & que les habitans appellent le Temple de Clitumne, Dieu du fleuve, ne paroît pas d'une grande ancienneté, mais la vue en eſt pittoreſque & jolie; ſon plan eſt un quarré long; il a quatre colonnes & deux pilaſtres corinthiens; les murs ſont alongés juſqu'aux pilaſtres: il y avoit deux entrées ſur les côtés qui ſont ruinées. Le plan de ce temple eſt bien, la décoration en eſt ſage & d'un bon ſtyle; les ornemens y ſont bien travaillés, particuliérement ceux qui ſont dans le tympan; les cannelures en ſpirales des colonnes du temple, & celles qui ſont en feuilles ou en écailles de poiſſons, le long du fût des deux autres colonnes du milieu, ſont légeres & agréables, & & elles peuvent paſſer dans cet édifice, à cauſe de ſa petiteſſe. Les chapiteaux des pilaſtres ſont différens de ceux des colonnes. Les entrées du temple étoient sur les côtés, parce que le devant est sur la pente escarpée qui va au Clitumne. Le temple est exhaussé sur un soubassement qui lui donne de la grace. Il y a dans l'intérieur un autel gothique où l'on dit la messe : on lit sur la frise, *Deus Angelorum qui fecit resurrectionem.*

De-là jusqu'à Pérouse, on voyage par un très-beau chemin qui est comme un mail, abrité souvent d'arbres & de haies, & l'on traverse un grand vignoble dont les vignes montent sur les arbres qui ressemblent à une forêt plantée en quinconce ; ces arbres sont des mûriers blancs, des Sycommores & des ormes. A 12 milles de Spolette on trouve Foligno.

FOLIGNO est une ville de 7000 ames, située à cent milles de Rome. Elle fut bâtie dans le sixieme siecle, par les habitans de la ville appellée *Forum Flaminii*, détruite par les Lombards ; elle fut ruinée en 1281, par les habitans de Pérouse ; les Terzi s'en emparerent ensuite, mais le Cardinal Vitelleschi fit mourir le dernier, & remit la ville de Foligno sous la domination du S. Siege. Foligno.

Ce qu'il y a de mieux à voir dans cette ville, est le Couvent des Comtesses de Foligno; où il y a un beau tableau de Raphaël, que fit faire *Sigismondo de Comitibus*, qui étoit Secretaire du Pape, en faveur de sa niece qui étoit dans ce monastere. Ce tableau représente la Vierge dans la gloire, portée sur un nuage qui pose sur un arc-en-ciel, tenant l'Enfant Jesus, & environnée d'un cercle de Chérubins en camayeux gris. Dans le bas est un S. Jean à sa droite qui la montre du doigt, & un S. François à genoux qui l'invoque; à sa gauche un saint Cardinal est à genoux, & S. Jérôme est debout derriere lui, tenant une main sur sa tête en signe d'admiration; au milieu il y a un petit ange debout qui tient des deux mains une tablette longue, sur laquelle il n'y a rien d'écrit; ce tableau est singuliérement composé, d'une maniere symmétrique, que l'on voit souvent dans le Pérugin, maître de Raphaël; la Vierge n'a pas un beau mouvement, & le tour de l'Enfant Jesus n'est pas bien, mais le caractere de tête de la Vierge est très-beau ainsi que celui de S. Jérôme, qui est de toute beauté; le S. François est aussi très-beau: ces trois saints sont bien drapés. Le S. Jean a l'air ignoble, & il est d'un caractere dur; la tête du petit Ange d'en bas est belle, mais cet enfant est trop fait pour son âge. Ce tableau est peint avec un peu de sécheresse, mais la couleur en est très-vigoureuse & assez vraie, c'est même un des mieux coloriés des tableaux de Raphaël; on ne sait pourquoi il a mis, contre toute vraisemblance, une gloire de Chérubins en camayeux gris. Le fond du tableau n'est pas heureux, & le petit village qui y est placé ne fait pas un trop bon effet.

Dans l'Eglise de la Cathédrale il y a une belle statue en argent de S. Felix, Evêque de Foligno; le baldaquin de S. Pierre est exécuté fort joliment en petit sur le maître-autel, & placé de même sous la coupole du dôme qui est du Bramante; la forme de cette coupole est belle & elle n'est point peinte. L'Eglise de S. Augustin est la plus remarquable, après les deux que nous venons de citer. Il regne dans plusieurs maisons de Foligno un bon style d'architecture; il faut voir sur-tout le Palais Barnabo.

Routes d'Urbin de Florence, d'Ancône.

Quand on est arrivé à Foligno, on a trois routes; au nord, celle de *Nocera*,

Cagli (a), *Fossombrone* & *Urbino*; à l'occident, ou du moins au nord-ouest, celle d'*Assisi*, *Perugia*, *Cortona*, qui conduit à Florence. A l'orient, celle de Lorette & d'Ancône. De ces trois routes je ne parlerai point de la premiere, que je n'ai pas eu le temps de faire, & qui ne contient rien de bien intéressant, mais je parlerai des deux autres.

On peut aller en moins de trois heures, de Foligno à Assise, qui en est à 7 milles; on côtoye toujours la montagne, mais le long d'une plaine agréable.

CHAPITRE XV.

Description d'Assise.

ASSISI, en latin *Assisium*, est une ville de trois à quatre milles ames, fort ancienne, & qui est remarquable, surtout comme la patrie de S. François; il étoit fils d'un négociant d'Assise, nom-

(a) Le passage de la voie Flaminia à *Furlo*, qui est entre *Cagli* & *Fossombrone*, est creusé dans la montagne; il a été célebre par plusieurs batailles, ou rencontres décisives dans le moyen âge.

mé Bernardoni, il y naquit en 1182, & y mourut en 1226.

Il y a des voyageurs qui n'ont pas daigné parler d'Assise, pour moi j'ai vu avec plaisir un endroit si célebre dans la chrétienté; ce n'est pas parce que S. François prêchoit aux hirondelles, parce qu'il se faisoit une femme de neige, & qu'il se rouloit sur les buissons, que je parle de sa patrie & de sa vie : les fables dont sa légende est remplie, ou ne furent pas de lui, ou bien elles étoient proportionnées à la stupidité de ses contemporains; mais S. François fut un homme extraordinaire par sa modestie, son courage, sa piété, son zele & sa patience : celui qui a donné des loix à tant de millions d'hommes, est certainement un personnage remarquable. L'établissement d'un Ordre si pauvre, si austere, formé par un jeune homme de 25 ans, est une chose extraordinaire aux yeux même d'un Philosophe; il annonce un génie élevé, une vertu exemplaire, une onction touchante, une éloquence persuasive, un zele infatigable, une constance peu commune. Dix ans après son établissement, l'Ordre de S. François, sous le nom des Freres Mineurs, étoit si

S. François.

nombreux, que dans le premier Chapitre Général que S. François tint à Rome, en 1219, il s'y trouva plus de cinq mille Religieux, sans compter ceux qui étoient restés dans les Couvens.

Quelque peu d'habitans qu'il y ait à Assise, elle contient 20 Eglises; savoir, huit paroisses, huit Couvens de Religieuses, & quatre de Religieux; cela n'est pas étonnant dans un endroit que la Religion seule a rendue célebre.

Sagro Convento.

La premiere chose que l'on fait voir aux étrangers à Assise est le *Sagro Convento*. C'est là qu'est l'Eglise Patriarchale & le chef-lieu de tout l'Ordre de saint François, & où l'on assure qu'il est enseveli.

Elle appartient aux Cordeliers de la Grand-Manche ([a]), appellés en Italie *Minori Conventuali*, pour les distinguer de ceux qu'on a réformés ensuite sous d'autres noms, comme les Observantins & les Récollets; les Conventuels ont leur Général à part qui réside à

([a]) Ces Peres n'ont point de maison à Paris, & ils en ont même assez peu dans le Royaume, depuis le Cardinal d'Amboise qui en abolit plusieurs; comme il réunissoit l'autorité de premier Ministre & celle de Légat du S. Siege, rien ne s'opposoit à ses volontés; les Cordeliers s'en souviennent encore avec regret.

Rome au Couvent des saints Apôtres, ils sont au nombre de 80 dans le Couvent dont nous parlons. Leur Eglise fut déclarée par Grégoire IX, en 1230, exempte de toute autre Jurisdiction que de celle du saint Siege ; elle a été décorée du titre & des privileges d'Eglise Patriarchale, & de Chapelle Papale : on y conserve une côte de S. Jean-Baptiste, & diverses autres Reliques.

Il y a trois Eglises bâties l'une sur l'autre ; celle du milieu sert pour l'ordinaire à l'Office divin ; la plus haute est moins fréquentée ; la plus basse est celle, où l'on assure que repose le Corps de S. François ; mais on n'y entre point. Ce fut le Frere Elie, second Général de l'Ordre qui fit bâtir cette Eglise par *Lappo*, Architecte Allemand, pere d'Arnolfe Florentin, qui en jetta les fondemens deux ans avant la mort de saint François.

Le Couvent est vaste & magnifique, soutenu par d'immenses substructions, & il jouit de la vue d'une très-vaste & très-belle plaine. Toutes les murailles du Cloître aussi bien que les Eglises dont je viens de parler, ont été peintes par Cimabué, Giotto, Pierre Cavellino Romain, Giottino, &c. qui furent les premiers restaurateurs de l'art: on admire sur-tout le pardon d'Assise peint par Frédéric Barocci, qui y fut occupé pendant sept ans.

Ce Couvent fut bâti à l'endroit même du gibet; S. François voulut y être enterré comme les criminels, pour donner à ses freres le dernier exemple d'humilité chrétienne. Ce fut par le même principe qu'il changea le nom de *pauvres Mineurs* qu'il avoit d'abord donné à ses Religieux, en celui de Freres Mineurs, de peur qu'il n'y eût quelque gloire, même à annoncer la pauvreté.

Filippini. L'Eglise appellée *santa Maria di Minerva*, ou Eglise des *Filippini* est le plus beau reste d'antiquité qu'il y ait à Assise & dans les environs; la façade est formée de six colonnes cannelées, d'ordre Corinthien, du meilleur goût & d'une belle conservation; c'étoit un Temple de Minerve, comme le nom l'indique assez: elle a appartenu aux Peres du tiers-Ordre de S. François, mais elle est desservie actuellement par la Congrégation de l'Oratoire de saint Philippe de Néri, qui a une Eglise très-ornée, & toute neuve, à l'exception de la façade.

Quoique les lettres de bronze qui formoient une inscription dans la frise ayent été enlevées, on voit encore les trous où entroient les clous de chaque lettre, & cela suffit pour retrouver l'inscription. M. Séguier a bien sçu restituer celle de la maison quarrée de Nismes, par de semblables trous.

Chiesa Nuova.

Chiesa nuova est une autre Eglise de Franciscains bâtie à l'endroit même où étoit la maison paternelle de S. François. On y montre la prison où il fut enfermé par son pere qui contredisoit sa vocation; les chaînes dont il fut lié; la porte même qui fermoit l'écurie où sa mere alla faire ses couches par inspiration céleste. Cette Eglise est desservie par les Récollets. Ces Peres, dont la réforme fut faite en Espagne en 1532 sous le nom de Recogidos, sont appellés en Italie *Padri riformati*, *Scalzetti d'Ispagna*; leur Général est alternativement & pendant six ans ou à Madrid, ou à Rome dans le Couvent d'*Araceli*, au haut du Capitole, étant alternativement Italien ou Espagnol: ce Général est aussi le Chef des Cordeliers de l'Observance, appellés en Italie *Minori Osservanti*, dont la réforme avoit

Récollets.

Observantins.

été faite par S. Bernardin vers l'an 1419: il a 3000 Couvens sous sa Jurisdiction, sans compter les Conventuels qui ont un autre Général, & les Capucins dont la réforme fut établie en 1528. ([a])

Il y a encore une petite Chapelle de S. François qui est à quelque distance delà, & qu'on appelle par diminutif *Sanfrancescuccio*, c'est la petite écurie dont j'ai parlé plus haut; elle dépend du Couvent de S. François.

Sainte Claire.

L'Eglise de sainte Claire à Assise est occupée par les Religieuses de son Ordre; on y conserve le Corps de cette Sainte, aussi bien que celui de sainte Agnès; on y montre un Crucifix, peint sur toile, dont on dit que Ste Claire vit les yeux s'ouvrir miraculeusement, au milieu de ses prieres.

Cette Eglise est dans un goût Gothique, mais léger; elle est ancienne, & l'on a été obligé de la soutenir de tous côtés par des éperons. Sainte Claire

([a]) L'on donne quelquefois le nom de *Zoccolanti* aux Observantins, aux Récollets & aux Peres du tiers Ordre de S. François (ou Picpus,) à cause de la grosse semelle de bois, *Zoccola*, qu'ils portent dans certains Couvens; mais ce nom a quelque chose de méprisant dans l'opinion commune, d'ailleurs il ne désigne point précisément un des trois Ordres.

mourut à Assise, le 12 Août 1253, elle étoit d'une famille illustre de cette ville; M. l'Abbé Cioffi qui a bien voulu m'accompagner par-tout à Assise, est de la même famille. Dans la Cathédrale d'Assise, on voit un bel Autel de marbre, une Chapelle du S. Sacrement qui est extrêmement ornée, un bas-relief antique derriere l'Autel de S. Rufin, les Fonts Baptismaux où S. François fut baptisé.

Picpus.

Il faut voir encore à Assise l'Eglise de S. Antonio qui est occupée par les Peres du tiers-Ordre de S. François, ce sont ceux que nous apppellons à Paris *Picpus*, parce que cette réforme s'établit en France pour la premiere fois vers l'an 1600, au village de Picpus près le fauxbourg S. Antoine dans une maison que les Capucins & les Jésuites avoient successivement abandonnée.

L'Eglise de San Damiano qui est à un mille d'Assise, est celle où S. François établit lui-même les Religieuses de l'Ordre de Ste Claire, aussi appelle-t-on encore Damianistes celles qui suivent l'ancienne regle dans toute la rigueur de l'Institut, par opposition avec les Urbanistes qui ont profité de la mitigation faite par le Pape Urbain IV.

Les Cordeliers Obſervantins qui occupent aujourd'hui le Couvent conſervent encore le Bréviaire de Ste Claire, & le Crucifix qui, dit-on, parloit à cette Sainte. On eſt étonné de voir douze maiſons de Religieux Mandians, qui ne doivent vivre que d'aumônes dans une ville preſque déſerte, où il n'y a aucun genre de commerce ni de richeſſe ; mais il eſt naturel de croire que les charités même ſont aſſurées par des fondations, ou par des dévotions générales & des uſages fixes, ſans leſquels les Couvens ſeroient depuis long-temps dépeuplés ; d'ailleurs le Concile de Trente a permis même aux Mandians de recevoir, & de poſſéder des biens-fonds.

On diſpute ſouvent en Italie comme en France pour ſavoir quel eſt le véritable habit, & le véritable Ordre de ſaint François, parmi tous ceux qui ſuivent ſa regle ; ce qui me paroît ſûr, c'eſt que Saint François portoit l'habit le plus commun, celui du plus bas peuple de ſon temps, fait de la laine la plus groſſiere, dans la couleur naturelle de la bête, & qu'il ne s'étoit point aſſujetti à une forme ni à une couleur conſtante ; ainſi aucun des habits religieux de notre temps ne peut être appellé celui de S. François. Il en est de même de son Ordre; ses premiers disciples dégénéroient même sous ses yeux : on les a réformés successivement, mais aucun ne peut se vanter d'être revenu exactement à l'état primitif de l'Ordre de S. François, ni d'y être demeuré invariablement attaché ; Frere Elie disoit lui-même au saint Fondateur : Frere François, tes enfans ne veulent plus suivre ta regle ; aussi un plaisant, parlant à un Religieux de l'Ordre le moins austere, lui prouvoit par ce passage qu'il étoit des véritables enfans de S. François, puisqu'il étoit du nombre de ceux qui ne vouloient plus suivre la regle. Treve de raillerie : les Mineurs Conventuels, ou Cordeliers de la Grand-Manche sont les seuls qui n'ont pas changé de nom par des réformes ; mais comme ils sont encore plus éloignés que les autres de la rigueur du premier établissement, ils n'ont pas plus de droit que les Observantins, les Récollets, les Picpus, & les Capucins de se dire les véritables Religieux de l'Ordre de S. François.

On montre dans la ville d'Assise quelques anciens vestiges d'antiquité : un reste d'aqueduc derriere l'Eglise de saint

Rufino; des anciens bains dont il reste plusieurs colonnes, c'est ce que l'on appelle *acqua di Massicci*, ils sont dans l'endroit appellé *orto della volga*. *Le Carceri*, à trois milles d'Assise. Il y a aussi une eau minérale appellée *Acqua di moiano*, qui sert à prendre des bains de santé; comme celle de Nocera, sans avoir de goût particulier.

On y voit plusieurs Palais remarquables tels que ceux des Mattei, des Sperelli, des Vallemani; une belle Fontaine sur la place, & même un Théâtre à l'hôtel-de-Ville. La Foire de la Portiuncule *Fiera del Perdono* qui commence à la fin de Juillet, & qui dure jusqu'au 19 du mois d'Août, y attire un monde prodigieux.

Il y a aussi une Citadelle, mais elle est actuellement déserte; un Palais Episcopal bâti à l'endroit où S. François prit l'habit de Religion, le Gouverneur y habite actuellement: sa femme qui intéresse par son esprit, m'intéressoit aussi par les malheurs que sa beauté lui a attirés, & qui ne l'ont rendu que trop célebre en Italie; son premier mari fut tué dans une affaire dont sa jalousie fut la cause, mais que sa femme n'avoit point à se reprocher.

En descendant d'Assise on passe à la Portiuncule, appellée ordinairement *la Madonna degli Angeli*, c'est une grande & belle Eglise, avec un Couvent de 140 Cordeliers Observantins; il est bâti à l'endroit, où mourut S. François le 4 Octobre 1226, & fut long-temps la seule portion d'héritage que posséda l'Ordre de S. François, à qui les Bénédictins l'avoient donnée. Cet endroit fut si célebre par les révélations, les indulgences, les pélerinages, qu'il occasionna une Fête qui se célebre encore le 2 Août de chaque année, sous le nom de la Portiuncule. Le plan de l'Eglise est une croix latine, la nef a cinq grandes arcades décorées de pilastres Doriques. A la cinquieme Chapelle à gauche, il y a une Annonciation du Baroche, médiocre. On voit dans le milieu de ce grand vaisseau une petite maison isolée, convertie en Chapelle, (comme la *santa Casa* de Lorette), c'est-là, suivant S. Bonaventure, que S. François institua son Ordre par inspiration divine; cette chapelle a été restaurée en 1688, c'est la relique de ce Couvent. Portiuncule.

Les Religieux y montrent aussi la grotte où S. François faisoit ses prieres,

& le jardin des épines sur lesquelles il se rouloit quand il avoit des tentations.

Il s'est fait long-temps un si grand concours de monde à la Portiuncule, le 2 Août, que les Officiers d'Assise & de Pérouse étoient obligés de faire monter la garde pour prévenir les désordres : on y a vu jusqu'à cent mille ames tout à la fois ; le grand Come de Medicis fit faire un aqueduc qui y porte l'eau d'une distance de deux milles, & y forme des fontaines qui sont très-nécessaires aux pélerins.

CHAPITRE XVI.

Description de Pérouse.

PERUGIA, Pérouse, en latin *Augusta Perusia*, capitale de l'Ombrie, est une ville de 16 milles ames, située dans l'Etat Ecclésiastique, à 44 milles de Rome, sur une montagne élevée, où l'on n'arrive que par un chemin très-escarpé.

C'est une des villes les plus anciennes & les plus célebres de l'Italie ; elle prétend avoir été fondée 2000 avant

J. C. par Janus fils d'Apollon, le premier Roi de l'Italie dont l'histoire ait parlé, qui quitta le Royaume d'Athenes pour en chercher un autre dans des pays inconnus, & qui aborda en Italie, avant même que Saturne y fût venu; il en rassembla les hommes encore dispersés & féroces, il leur donna une religion & des loix, il fut regardé comme la premiere divinité de l'Italie, & il étoit toujours invoqué le premier dans les sacrifices, aussi Virgile dit-il, en parlant des premiers établissemens faits sur le Janicule & sur le Capitole, les attribue à Janus & à Saturne,

> Hanc Janus pater, hanc Saturnus condidit urbem.
>
> Æn. VIII. 357.

Quoi qu'il en soit, la ville de Pérouse ne pouvoit cacher dans une plus belle fable l'ancienneté de son origine. Dans le temps même où les Romains commencerent à tout envahir, elle se soutint long-temps: on voit qu'elle avoit été reconnue libre par eux-mêmes, qu'elle étoit la plus forte ville de la Toscane, & qu'elle avoit étendu sa domination, depuis la mer de Toscane jusqu'à la mer Adriatique sur un espace de 45 lieues. V.

Biondo, Italia illustrata; Leonardo Aretino, historia Fiorentina. Il paroît même qu'elle avoit fait une treve de 30 ans avec les Romains : *Itaque a Perusia Crotone & Aretio quæ ferme capita Hetruriæ populorum ea tempestate erant legati pacem fœdusque a Romanis petentes, inducias in trigenta annos impetraverunt.* (Tite-Live, Dec. I. L. 5.) C'étoit l'an 311 avant J. C. & les Etrusques ne furent affoiblis & hors d'état de nuire aux Romains, que vers l'an 280 avant J. C.

Pérouse étoit encore si considérable sous les Romains, que même après avoir gagné la bataille de Trasymene, Annibal n'osa pas l'assiéger, 228 avant J. C.

Siege de Pérouse.

Rien n'est plus célebre dans les guerres civiles que le siege de Pérouse fait par Auguste, dans le temps que Lucius, fils de Marc-Antoine s'y étoit retiré: les Pérugins aussi fideles que fiers, quoique environnés d'un double retranchement avec 1500 tours d'attaque, soutinrent un siege terrible & une famine affreuse. Lorsque Lucain par une indigne flatterie, dit à Néron : qu'avec toutes les horreurs de la guerre, l'Univers n'avoit pas trop acheté le bonheur de vivre sous son regne; il cite comme les fléaux

fléaux les plus cruels, la famine de Pérouse, le siege de Modene fait par Antoine, & la bataille d'Actium, près du cap Leucas, en Epire :

> His Cæsar Perusina fames, Mutinæque labores,
> Accedant fatis, & quas premit aspera classes
> Leucas. *L. I. v. 41.*

Ce siege de Pérouse finit de la maniere la plus funeste, il fallut céder à la fortune, & la ville fut détruite & brûlée ; elle se rétablit cependant, & fut encore le théâtre de la guerre sous les Goths, qui l'assiégerent pendant sept ans, & qui parvinrent enfin à s'en emparer. Elle fut reprise par Narsès ; elle se donna ensuite au Pape & fut comprise dans la donation que Charlemagne & Pepin firent à l'Eglise, & qui fut confirmée par Louis le Débonnaire, vers l'an 818. En 1228 les Pérugins étoient encore fideles au Pape ; mais dans les temps de troubles où chaque ville vouloit être indépendante, ils se gouvernerent librement, & firent souvent la guerre à leurs voisins, le Pape les excommunia même pour avoir pris & démantelé Foligno, vers l'an 1300.

En 1392, après avoir fait la guerre

au Pape, les Pérugins se soumirent à lui, mais en 1416 ils prirent pour leur Chef le fameux Capitaine *Braccio*, surnommé *Forte Braccio*, qui l'année suivante marcha vers Rome avec une armée, & s'en rendit le maître : ce grand homme est celui dont la mémoire est la plus respectée à Pérouse; non-seulement il mérita de gouverner sa patrie, mais il la soutint & l'embellit; ce fut lui qui fit faire les substructions immenses sur lesquelles est assise la grande place de Pérouse, & qui fit le canal ou *emissario* du lac de Trasymene, pour garantir la plaine de ses débordemens; il mourut en 1424, d'une blessure à la tête, & en 1442, la ville se remit de nouveau sous la puissance du Pape, en l'invitant d'y venir habiter. (V. *Campano*, *Istoria di Braccio*,) Pérouse eut aussi un Capitaine célebre, vers l'an 1500, nommé *Astore Baglioni*, & sa famille subsiste encore à Pérouse. V, le P. Ciatti, M. Crispolti & Pellini, dans leurs histoires de Pérouse.

Forte Braccio.

On ne voit aucun reste d'antiquité à Pérouse, si ce n'est dans la place Grimana, une ancienne porte qu'on appelle l'Arc d'Auguste, & à la paroisse de S.

Angelo, les restes d'un temple antique, avec une ancienne inscription qui est derriere l'autel.

Le caractere indomptable des Pérugins détermina le Pape Paul III à bâtir la Citadelle que l'on y voit encore; mais on assure qu'elle fut commencée, sous prétexte de bâtir un Hôpital, & que si les habitans n'y eussent été trompés, ils ne l'auroient jamais souffert; aussi voit-on dans la cour l'inscription suivante: *Paulus III. Pont. max. Tyrannide ejecta, novo civitatis statu constituto, bonorum quieti & improborum fræno, arcem à solo excitatam mirâ celeritate munivit, Pontif. sui IX. Sal.* 1543. Cette citadelle est très-forte, on y tient une garnison de 40 hommes, seulement pour contenir les habitans, qui encore dans le dernier conclave firent mine de vouloir se révolter. Citadelle.

On y voit 18 canons de bronze, fondus en 1543 & 1558, qui pesent 7930 livres, & dont les boulets en pesent $41\frac{1}{2}$, sans compter beaucoup d'autres petits canons qui servent à saluer les Cardinaux, les Prélats de Consulte, lorsqu'il en passe à Pérouse; ces canons sont encore braqués du côté de la ville.

Du haut de la citadelle on découvre l'étendue de la ville ; elle n'est point ronde, mais composé de cinq grands rayons au nord-est, la porte de *Monte luce* ou *Porte sole*, vers le nord, la porte *S. Angelo*, & la porte *Sta Susanna* ou *Sansanne*, à l'occident *Porta Borgna*, (ce nom vient du mot *Porta eburnea*,) & au midi *Porta S. Pietro*.

Cathédrale. Pérouse est le Siege d'un très-ancien Evêché qui rapporte 3000 écus Romains de rente. A côté d'une des portes latérales de la Cathédrale ou de l'Eglise de S. Lorenzo, on voit deux statues de bronze, d'abord celle de Jule III assis donnant sa bénédiction, elle a été restaurée par Denti ; elle est sur un piedestal ; cette figure est lourde, le travail de la tête est sec, & la chape en est trop tourmentée. La seconde figure qui est aussi à la porte de l'Eglise, à gauche dans une niche fort élevée, est celle de Paul II donnant la bénédiction ; elle est d'un travail froid & Gothique.

Sur la place qui est devant cette porte latérale de l'Eglise, où sont les deux statues dont je viens de parler, il y a une grande fontaine composée de deux grands bassins de marbre avec des petites figures Gothiques disposées tout autour entre des piliers ; il y a un bassin de bronze au milieu ; cette fontaine est d'une composition très-mauvaise, & elle ne jette plus d'eau. Dans la Chapelle qui est à droite en entrant dans la Cathédrale par la grande porte, on voit un grand tableau du Baroche représentant une descente de Croix, & la Vierge évanouie au pied de la Croix que les saintes Femmes secourent : tableau bien composé, où il y a beaucoup d'expression, & une assez bonne pâte de couleur, avec des caracteres gracieux ; la Vierge paroît trop jeune de même que les autres femmes : elles ont aussi quelques caracteres de ressemblance ; la nature n'en est pas assez variée : il y a en général beaucoup d'incorrections dans ce tableau ; & il peche par l'effet. Dans la Chapelle de la croisée à droite, deux tableaux à fresque du Scaramuccia : ils sont sans effet ; la composition en est assez bonne, mais un peu confuse : ils représentent l'un un Diacre à qui S. Pierre impose les mains, l'autre un Diacre prêchant devant un Pape. Un autre grand tableau à l'huile du même Peintre, représente quatre Evêques en prieres devant la Vierge : il est vigoureux de couleur, mais sans intelligence de clair-obscur, & la couleur en est outrée.

A la Chapelle gauche, le Mariage de la Vierge, de l'école du Pérugin; le profil de la Vierge est fin, le reste est sec & mauvais, & plus mal que le Pérugin n'auroit pu faire. On conserve dans cette Eglise le *S. Anello della Madonna*, la bague de la sainte Vierge.

Le Chapitre a une Bibliotheque qui lui a été léguée en 1695 par *Ant. Dominici*, avec 40 scudi de revenu; on y voit plusieurs Manuscrits curieux, entr'autres un Bréviaire du neuvieme siecle, un Evangile que M. Garampi, Préfet des Archives Apostoliques a jugé être du huitieme siecle : il s'y trouve des peintures grossieres; les Homélies du vénérable Bede, &c. Dans la Sacristie, on conserve un Evangile de S. Luc qui passe pour être du cinquieme siecle, il est écrit sur un parchemin extrêmement gâté, que l'on a pris pour du *papyrus* ancien.

Il y a dans Pérouse 24 Couvens de Religieux, & autant de Religieuses, dont plusieurs contiennent des choses dignes d'attention.

L'Eglise de S. Augustin est une des

plus remarquables par les peintures du célebre *Pietro Perugino.* Presque tous les tableaux de la Sacristie & du Chœur sont de sa main. Ce grand Peintre, qui fut le maître de Raphaël, naquit à Pérouse en 1446; son extrême pauvreté le porta à s'appliquer de toutes ses forces à la peinture, & ce fut à Florence qu'il se forma; il étoit contemporain de Michel Ange, mais il étoit souvent en dispute avec lui. l'envie qu'il avoit d'acquérir du bien, lui fit entreprendre une multitude d'ouvrages, sur-tout à Pérouse. On voit dans la Sacristie de S. Augustin un billet de sa main du 30 Mars 1517, écrit au Prieur du Couvent pour le prier de faire donner à son domestique une somme de grain; mais il est si mal écrit, & tous les mots en sont tellement estropiés, qu'on a écrit au bas : *Fu Restaurator de la Pittura, ma Guastator dell'arte di Scrittura.*

Pierre Pérugin.

Le Couvent de S. François occupé par des Cordeliers Conventuels, possede les os de *Braccio forte braccio*, renfermés dans une boîte, qui est à la Sacristie, aussi bien que ceux du célebre Bartole mort à Pérouse où il étoit établi, quoiqu'il fut de Sassoferrato.

Au troisieme Autel à droite est un tableau du Pérugin représentant S. Jean qui prêche, & quatre Saints qui l'écoutent : Les têtes des Saints ont des caracteres très-beaux & bien variés : le tout est d'ailleurs sans composition & très-sec.

Dans une Chapelle à gauche, un tableau représentant le couronnement de la Vierge dans le Ciel après son Assomption, & en bas trois petits tableaux dont le premier représente l'Annonciation, le second l'Adoration des Mages, & le troisieme la Circoncision ; ils sont tous quatre peints sur bois : on prétend que c'est le premier ouvrage de Raphaël : on y reconnoît par-tout la maniere & le style de son maître Pierre Pérugin. On voit à gauche dans la même Eglise les portraits de l'un & de l'autre.

Dans l'Oratoire de *la Confraternita di S. Francesco*, huit grands tableaux à l'huile de *Scaramucci* représentant des sujets de la vie de Jesus-Christ depuis sa naissance ; ils sont d'une couleur outrée, mais il y a assez de génie du côté de la composition. On y voit aussi le portrait de Braccio.

CHIESA NOVA *de' Filippini*, Eglise

moderne, très-ornée; dans la troisieme Chapelle à droite, une Assomption de la Vierge, du Guide; la figure de la Vierge est sagement composée, mais les deux petits Anges qui aident à l'enlever, sont placés symmétriquement & sans génie; ce tableau est assez harmonieux, mais d'un coloris foible.

Au maître-Autel la Vierge foudroyant le serpent & le Pere Eternel qui la reçoit dans la gloire, en lui imposant les mains: tableau de Pierre de Cortone sagement composé; la Vierge est très-gracieuse; le mouvement de la figure est simple & naïf; le Pere Eternel n'a pas un caractere noble, & sa draperie est trop lourde. Ce tableau est en général un peu trop gris.

A la troisieme Chapelle à gauche, la Naissance de la Vierge par Pierre de Cortone; répétition du tableau qui est à Monte-Cavallo. La coupole de cette Eglise est de Mancini; elle est peinte à fresque; les tons en sont cruds; le jaune y domine par-tout, & il y a peu de génie dans la composition,

S. DOMENICO à la troisieme Chapelle à gauche, un tableau du Pérugin divisé en deux parties; celle d'en bas représente plusieurs Saintes debout, où l'on trouve de bons caracteres de têtes ; celle d'en haut représente Jesus-Christ dans la gloire au milieu de la Vierge & de S. Jean à genoux, & des Anges qui jouent du violon : ce tableau est peint d'une maniere seche, mais il y a de bonnes tournures de draperies.

S. PIETRO, Eglise qui est à l'extrémité méridionale de la ville, occupée par les Bénédictins de la Congrégation de S. Maur. Cette Eglise n'est pas belle; mais la nef a neuf belles colonnes Ioniques de chaque côté, de marbre gris veiné.

A la seconde Chapelle à gauche, une Ascension de Pierre Pérugin, peinte sur bois, mal composée, mais où il y a des têtes excellentes & très-bien peintes.

Auprès de la Sacristie, un autre tableau de Pierre Pérugin, représentant un Pere Eternel & des Anges.

Dans la Sacristie, une sainte Famille que l'on met au rang des prémiers ouvrages que *Raphaël* fit sous la direction de Pierre Pérugin : les têtes de la Vierge & de l'Enfant Jesus paroissent totalement dans la maniere du Pérugin ; le reste qui s'en écarte est assez mauvais.

Tableaux de Vasari.

Au fond du réfectoire, trois tableaux

de Vasari. Le premier représente une multiplication miraculeuse; le second les Noces de Cana; le troisieme S. Benoît assis, ayant toute la Communauté debout derriere lui : il reçoit un Ange qui lui amene des mulets chargés de provisions qu'il avoit obtenues du ciel par ses prieres. Ces trois tableaux sont les meilleurs de Vasari, les mieux coloriés & les plus vigoureux; ils sont bien dessinés, on y trouve de beaux caracteres de têtes; mais quoiqu'il y ait mis plus d'effet qu'à son ordinaire, cependant ils pechent encore par cette partie : ils sont peints sur toile & à l'huile.

C'est la fleche de cette Eglise, qui étant la plus haute de la Ville, se fait voir de très-loin à ceux qui viennent d'Assise. Delà se voit la montagne de la Sybille si haute que le 15 d'Octobre elle étoit déja couverte de neige.

Dans la petite place & sur la porte *dello Studio de' Dottori*, est une statue en bronze de Sixte-Quint; il est représenté assis donnant la bénédiction : la tête a de l'expression; elle est assez bien touchée; la draperie de la chape est roide.

Le Couvent des Religieuses de *Mon-*

teluce, a aussi un beau tableau de Raphaël, un des plus précieux de la ville.

Dans celui des Olivetins il y a un tableau très-estimé de M. Soubleyras, Peintre François.

Les Religieuses de *Santa Lucia* sont très-connues en Italie par les *Pignocate*, & les *Ossa di morti*, especes de pâtes fort délicates ; la dévotion a fait donner à ces dernieres, la figure d'os de morts, qui n'ôte rien à leur bon goût

Dans les Palais Anzidei & Monaldi, il y a des tableaux précieux ; dans le Palais Donini, près de la citadelle, on voit une belle enfilade d'appartemens richement meublés. Le Palais Antinori est d'une très-belle architecture, il est près d'une porte de ville où l'on voit l'ancien nom *Augusta Perusia*.

Dans le Palais public, *Palazzo del Magistrato*, il y a une chapelle dans laquelle se voit un tableau des plus estimés de *Pietro Perugino*, & en même temps l'un des mieux conservés.

IL CAMBIO, lieu où s'assemble la Noblesse, renferme aussi de belles peintures à fresque du Pérugin, mais elles sont dans une petite chapelle basse & obscure, où l'on a peine à les bien sentir.

Le College des Jésuites est situé sur la petite place, *Piazza Zucca*; il est remarquable par l'immensité des bâtimens ou substructions qui le soutiennent : d'abord au-dessous de l'Eglise il y a des caveaux pour les sépultures, plus bas la Congrégation des Artisans, au-dessous de celle-ci la Congrégation des Nobles; plus bas encore celle des paysans, *Contadini*; ces étages sont tous fort élevés, ce qui forme une hauteur prodigieuse. Sous le jardin même des Jésuites il y a des voûtes pour une tannerie, & plus bas encore des magasins qui sont au niveau d'une des rues basses de la ville; c'est ainsi qu'on a cherché à gagner du terrein & à étendre, par des ouvrages immenses, une ville qui étant placée sur le sommet de la montagne ne pouvoit s'accroître autrement. Il y a dans la sacristie des Jésuites, un tableau du Baroccio, dont le sujet est la fuite en Egypte, il représente la Vierge qui puise de l'eau avec une tasse pour le petit Jesus, & S. Joseph qui lui donne un rameau de cerises; ce tableau est gracieux & les idées en sont naïves, mais il est incorrect & peu harmonieux.

Substructions.

Le College appellé *la Sapienza*, est

une espece d'Université où il y a plus de 60 Professeurs, mais dont les gages ne vont en tout qu'à 2000 écus Romains ; il y a même des machines de physique, avec lesquelles M. Pelicciari fait des expériences publiques, elles s'achetent aux dépens du College.

La grande place, *Piazza grande*, est celle où est le triomphe du célebre Capitaine Baglioni.

Le Palais du Gouverneur est aussi sur la même place ; il étoit occupé, en 1765, par Monsignor Bolognini, homme de beaucoup d'esprit, d'une figure intéressante, & d'une extrême politesse ; c'est l'auteur du livre sur les Marais pontins que j'ai cité dans le volume précédent.

Le peuple de Pérouse, comme je le disois tout à l'heure, est encore un peu féroce, il y a beaucoup de divisions intestines ; les jalousies & les haines secrettesdont on voyoit autrefois des effets si funestes, s'y retrouvent encore quelquefois ; la Noblesse est fort délicate & fort sensible au point d'honneur ; cependant depuis quelques années on m'assure que l'établissement des *Casini* ou lieux d'assemblées publiques où les Dames se rendent tous les soirs, a contribué beaucoup à adoucir les mœurs, à rendre les sociétés plus générales & plus vivantes, & les jeunes gens plus aimables. Pour moi je ne puis assez me louer des politesses que j'y ai reçues ; je fus assez étonné de voir à ma porte, le lendemain de mon arrivée, un beau carrosse à quatre chevaux de M. le Comte Baglioni, pour me conduire par-tout où je devois aller, avec les personnes qui avoient bien voulu se charger de m'accompagner & de me faire voir la ville ; sans ce secours il m'eût fallu beaucoup de temps pour voir toutes les choses dont je viens de parler.

La ville de Pérouse a été aussi distinguée par les armes que par les lettres, comme le dit Pie II dans ses Commentaires : *Claruit jampridem & armis & litteris, & potissimùm scientia juris in qua Bartolus excelluit & post eum Baldus & Angelus.* Biondo cite plusieurs autres Jurisconsultes célebres de Pérouse.

Cette ville aussi fertile en beaux esprits que le reste de l'Italie, a eu des Académies dans les premiers temps de la renaissance des lettres : une des plus anciennes fut l'*Academia Scossa*, Aca- Académies.

démie des secoués ; son emblême étoit un blutoir ou tamis à passer la farine, avec cette devise *Excussa nitescit* : elle vouloit montrer par-là que les esprits ont besoin de secousse pour être perfectionnés & devenir utiles ; l'Académie de la *Crusca* à Florence, qui est devenue si célebre par son Dictionnaire Universel de la langue Italienne, fut établie long-temps après, & elle emprunta de l'Académie de Pérouse, son emblême qui est aussi un blutoir, comme nous l'avons dit,

L'ACADEMIA INSENSATA fut établie à Pérouse en 1561 ; le nom d'*Insensati* que prenoient ces Académiciens, prêtoit à un double sens ; car on pouvoit entendre, non pas des insensés, mais des esprits dégagés de l'entrave des sens, & qui s'élevent par la contemplation au-dessus des choses matérielles. Ils prirent pour emblême une volée de grues, qui traversent la mer ayant chacune une pierre au pied, avec cette devise, *Vel cum pondere*, même avec ce poids ; ils vouloient indiquer par-là, que comme la grue chargée d'un poids étranger, s'éleve & vole sur la mer, eux de même, quoique chargés de la partie matérielle

& sensitive qui tire les hommes vers les choses terrestres & grossieres, savoient tendre vers les choses sublimes. L'*Academia Scossa* fut réunie à celle-ci qui eut long-temps une très-grande réputation dans l'Europe.

L'*Academia excentrica* fut établie en 1567, elle prit pour devise l'orbe excentrique de la lune, avec son épicycle, tel qu'on l'employoit alors pour expliquer les inégalités de la lune, qui va tantôt plus vîte, tantôt plus lentement. On y lisoit ces mots : *Retardat, non retrahit*, elle retarde, mais ne recule point; ces Académiciens vouloient faire entendre par-là que les Exercices Littéraires dont ils s'occupoient, pouvoient bien retarder un peu les exercices de leur état de Jurisconsultes, d'Ecclésiastiques, &c, mais non pas les leur faire abandonner; les membres de cette Académie s'appelloient *Excentrici*, c'est-à-dire, des personnes qui tournoient un peu hors du centre naturel des occupations principales ou solides de leur état; tout ainsi qu'en Astronomie, on appelloit *Excentrique* l'orbite de la lune, dont le centre n'est pas tout-à-fait d'accord avec le centre de la terre. L'épicycle ou le petit cercle qu'on faisoit tourner dans l'excentrique, & sur lequel la lune étoit placée, faisoit voir que la lune allant toujours du même sens & avec la même vîtesse sur son épicycle, ne laissoit pas de paroître aller plus ou moins vîte par rapport à nous ; ainsi le temps que l'on passe à s'instruire dans les sciences, n'est pas toujours en pure perte, même pour des personnes qui ont à remplir d'autres devoirs dans leur état. Le chef de ces Académiciens Excentriques s'appelloit *Eccentriarca* ; le Pape Paul V l'étoit, avant que de parvenir au pontificat. Il y eut encore à Pérouse une Académie appellée *De gli Atomi* ; une Académie de Jurisprudence, *Academia Insipida* ; une de Musique, *Academia Unisona*, & une Académie de Dessein.

Parmi les gens de lettres qui sont actuellement à Pérouse, M. le Comte & Chanoine Meniconi, qui a écrit sur le Droit Canon, est un des plus connus.

Voix extraordinaire.

On cite parmi les gens célébres de Pérouse, le Chevalier Balthasar Ferri, qui vivoit dans le dernier siecle ; il avoit la voix la plus étendue, la plus fléxible, la plus douce, la plus harmonieuse qui peut-être ait jamais existé ; ce chanteur, unique & prodigieux, fut comblé de biens & d'honneurs durant sa vie ; tous les Souverains se l'arrachoient, & toutes les muses d'Italie célebrerent à l'envi ses talens & sa gloire après sa mort. Tous les écrits faits à son occasion, respirent le ravissement & l'enthousiasme qu'inspiroient ses talens : il avoit au plus haut degré tous les caracteres de perfection dans tous les genres ; il étoit gai, fier, grave, tendre à sa volonté, & les cœurs se fondoient à son pathétique. Parmi l'infinité de tours de force qu'il faisoit de sa voix, on en cite un bien singulier, il montoit & redescendoit tout d'une haleine deux octaves pleines, par un trill continué marqué sur tous les degrés chromatiques, avec tant de justesse, quoique sans accompagnement, que si l'on venoit à frapper brusquement cet accompagnement sous la note où il se trouvoit, soit bémol, soit diese, on sentoit l'accord tout d'un coup avec une justesse qui surprenoit tous les auditeurs. (M. Rousseau, Dict. de Mus. pag. 545).

La ville de Pérouse étant sur une montagne isolée, étoit obligée de faire venir l'eau des montagnes voisines plus élevées, c'est ce qu'elle a pratiqué à moins de frais que la plupart des autres villes d'Italie, en se procurant cinq fontaines, par des tuyaux de plomb de 21 lignes de diametre, qui amenent l'eau du mont Pacciano, jusqu'à la place de la ville, sur une longueur de 2508 toises; un Fontainier très-intelligent, nommé Angelo Batocchi, est parvenu à faire descendre l'eau dans le fond de la vallée, & à la faire remonter à 400 pieds de hauteur, sans le secours des grands ponts d'aqueducs.

Pont mobile. Il y avoit ci-devant au bas du vallon, dans l'endroit appellée *Piaggia di Carnovale*, un pont de 12 arches; en 1752 les 10 du milieu se détacherent, & avancerent d'environ 30 pieds vers l'orient en suivant la direction du torrent, sans se renverser, jusqu'à ce qu'enfin les unes étant sollicitées plus que les autres, elles se détacherent & tomberent; le Fontainier avoit fait faire ensuite sur le torrent, un arc de trois pieds de diametre, qui s'est avancé de même d'environ cinq pieds en peu de temps, quoiqu'il fût bien fondé. Il n'est pas étonnant qu'il y ait des terreins mobiles, qui glissent sur des bancs de glaise, ou sur du sable mouvant; on a vu des montagnes entieres changer ainsi de place ; & de nos jours le grand pont de Moulins, sur l'Allier, bâti par le célebre Mansard, a manqué, & il a fallu le construire avec des soins extrêmes, sur un radier général qui fixe, pour ainsi dire, la mobilité du terrein.

On peut voir très-bien le vallon & les aqueducs, de même que la ville de Pérouse, en allant au Couvent des Cordeliers qui sont hors la porte S. Ange, *al monte de' Zoccolanti.*

De Pérouse à Arrezzo il y a une journée, 17 lieues que l'on compte pour trente milles dans le pays ; mais l'on y va facilement en treize heures de temps, en changeant deux fois de chevaux, ce qu'on appelle *trapassatura.* On passe près de Cortone qui est à 8 $\frac{1}{2}$ lieues de Pérouse. La route de Pérouse à Cortone est sur le territoire de l'Eglise, à l'exception de deux lieues. De Pérouse à Magione il y a trois lieues ; on compte dix milles dans le pays ; de Magione à Toricella une-demi lieue. De Toricella à Passignano une lieue : on compte cinq milles. De Passignano à Monte Gualandro, deux lieues ; de Monte Gualandro à Cortone deux lieues,

Le village de Passignano est sur le bord

du lac de Pérouse, autrefois le lac de Trasymene; on est fâché de ne voir qu'un village aussi étroit, aussi mal bâti & aussi pauvre dans un endroit si célebre. Six milles plus loin on passe le pont appellé *Ponte sanguinetto* situé au dessous du village de même nom, qu'on croit avoir tiré son nom de l'horrible effusion de sang arrivée dans la bataille de Trasymene, où Annibal défit le Consul Flaminius l'an 217 avant Jesus-Christ, & tua près de vingt mille Romains. Quatre milles plus loin on passe à la Spilonga, petit village sur les confins de la Toscane; & à trois milles de la Spilonga le village d'Ossaia qui est, suivant le Chevalier Guazzesi, le véritable endroit de la bataille; du moins l'on voit sur une maison l'inscription suivante.

Bataille de Trasymene.

Nomen habet locus hic Ossaia ab ossibus illis,
Quæ dolus Annibalis fudit & hasta simul
Jo. Pancratius, Pancratii redegit. A. D. 1728.

En effet l'on assure que dans tous les temps on a trouvé dans les environs de ce village beaucoup d'ossemens qui ont passé pour être encore des restes de la bataille de Trasymene. A trois milles delà on trouve le petit village de *Camotcia*: on voit delà sur la hauteur, la ville de Cortone, sur-tout la Citadelle & l'Eglise de sainte Marguerite, & des collines charmantes, embellies par une multitude de maisons de plaisance dans la plus agréable exposition.

CHAPITRE XVII.

Description de Cortone.

CORTONE en Italien *Cortona* est une, ville qui fut autrefois très-célebre, mais qui ne renferme aujourd'hui qu'environ 4000 habitans. Elle est située à 5 lieues d'Arezzo, à 8 lieues de Pérouse, & à 2 lieues du lac de Trasymene. Les savans croient que Cortone est la même chose que *Corytum*, ville qui devoit être plus ancienne que Troye, puisque Dardanus étoit originaire de *Corytum* en Etrurie, au rapport de Virgile.

> Dardanus Idæas Phrigiæ penetravit ad urbes,
> Threiciamque Samum quæ nunc Samothracia fertur,
> Hinc illum Coryti Tyrrhena a sede profectum.
>
> *Æn.* VII. 207.

Il paroît que Cortone doit être la même chose que Corytum, par le témoignage de *Silius Italicus*, qui dans son huitieme Livre place Cortone, maison de Tarchon, entre *Arretium* & *Clusium*, après lui avoir donné dans un autre endroit le nom de *Corythum*. C'est le sentiment de Cluvier, de *Ferrarius* d'Alexandrie, de Baudrand, du Sénateur *Bonarota*, & de *Rod. Venuti* dans le quatrieme Tome des Dissertations de l'Académie de Cortone.

Ce nom de *Corytum* lui vint d'un Roi d'Etrurie ou de Toscane, qui fut pere de Dardanus, fondateur de Cortone; c'est du moins ce que dit Servius, à l'occasion de ce passage de Virgile.

> Hæ nobis propriæ sedes, hinc Dardanus ortus:
> Jasiusque pater, genus a quo principe nostrum,
> Surge age & hæc lætus longævo dicta parenti,
> Haud dubitanda refer: Corytum terrasque require
> Ausonias. *L. III. v. 167.*

Hérodote l'un des plus anciens Historiens de la Grece qui vivoit environ 440 ans avant la naissance de J. C. racontant le départ des Grecs pour l'Italie & l'Etrurie, 343 ans avant la prise de Troye, dit qu'ils s'établirent dans la ville florissante de Cortone, & qu'ils s'y fortifierent contre les Ombres. Denys d'Halicarnasse, aussi bien qu'Hérodote, appelle Cortone, une ville grande, fortunée, & métropole

métropole de l'Etrurie. On trouve dans Etienne de Bysance qu'Ulysse revenant de la guerre de Troye, & sachant ce qui se passoit auprès de Pénélope, alla en Etrurie, & s'établit à Cortone; il y mourut même, au rapport de Théopompe. Quel éloge nous reste-t-il à faire de cette ville, quand on voit Ulysse abandonner pour elle Ithaque, cette patrie qui lui étoit si chere, que Cicéron prétend, que pour en voir seulement les fumées, il refusa d'être immortel. Lycophron parlant également de la mort d'Ulysse à Cortone, fait mention d'une montagne appellée Pergo, c'est encore actuellement le nom d'une montagne très-habitée & très-agréable, située près de Cortone.

Après la prise de Troye, Tarchon fils de Telephe passa en Etrurie, & s'établit à Cortone, au rapport de *Silius Italicus* qui appelle Cortone la maison du Roi Tarchon; ce fut lui qui donna du secours à Ænée pour s'établir en Italie, & & qui probablement fonda ensuite la ville de *Tarquinia*, qui étoit aussi en Etrurie.

Non-seulement Cortone fut ensuite l'une des douze villes principales de l'Etrurie, mais elle en étoit la Capitale, suivant Tite-Live (Décade 3. L. 2.) & elle envoya, conjointement avec Pérouse & Arrezzo, des Ambassadeurs aux Romains pour faire alliance avec eux.

Les Etruriens ayant été défaits par les Romains sur le lac de Bassano (*ad lacum Vadimonis*), la ville de Cortone fut tranquille sous la protection de Rome; mais elle vit Annibal dévaster ses campagnes jusques au lac de Trasymene: il cherchoit à irriter les Romains, & à les attirer au combat par le desir de venger leurs alliés. La bataille de Trasymene qu'il gagna près delà 218 ans avant Jesus-Christ, le rendit maître pour quelque temps de tout le territoire.

La ville de Cortone fut faite ensuite Colonie Romaine, après avoir conservé plus long-temps qu'aucune autre ville Grecque, son nom, ses mœurs & ses habitans: elle fut comprise dans la Tribu appellée *Stellatina* qui tiroit son nom du fleuve *Stella* en Toscane; cela paroît par une ancienne inscription trouvée dans le territoire de Cortone: on voit même par une autre inscription que le Préfet de l'Etrurie résidoit à Cortone, ce qui est confirmé par Cl. *Rutilius Numatianus* dans l'Itinéraire qu'il écrivoit vers l'an 415, sous l'Empire d'Honorius ([a]).

Cortone fut presque détruite par les invasions des barbares, mais elle se releva de ses pertes avec honneur. On voit par les Auteurs du XIe. siecle que Cortone étoit alors une ville considérable & peuplée, qu'elle étoit munie de tours & de fortes murailles, & qu'elle avoit un commerce étendu.

En 1231, les habitans de Cortone enleverent les chaînes des portes d'Arezzo. On voit dans Abraham Olstenius & dans Pierre Berti qu'ils marcherent dans une des Croisades en si grand nombre, qu'un des Ports de l'isle de Candie prit le nom de *Porto Cortonese.*

En 1261, après la bataille de *Monte aperto*, les Gibelins de Cortone se joignirent aux Siennois qui étoient victorieux, & avec leurs secours parvinrent à chasser ceux d'Arezzo qui s'étoient emparés de leur ville, & ils firent rétablir la partie des murs qui avoit été abatue. Depuis

([a]) Voyez la Préface du *Museum Cortonense*; comme aussi l'Abbé Vénuti, Président de l'Académie de Cortone, *Vet. Monum.* pag. 1. cap. 8. *Inscript. Ant. Etrur. Urbium*, pag. 11. Et au sujet de l'Eglise de Cortone, V. Ughellius & ses Annotateurs.

ce temps-là Cortone fut toujours du parti des Gibelins ou des Empereurs ; elle étoit appellé en Italie *Nido de' Ghibellini*. Lorsque la faction des Guelfes prévalut sous les Rois de Naples de la Maison d'Anjou après la mort de Manfredi & de Conradin, beaucoup de familles, de Sienne, de Pérouse, de Florence, se retirerent à Cortone.

En 1312, l'Empereur Henri VII vint dans cette ville ; il reçut dans la grande place le serment de fidélité de tout le peuple ; il déclara par un diplôme que cette ville étoit une dépendance de la Chambre Impériale, & lui confirma les privileges & la liberté dont elle jouissoit.

Casali. Ranieri Casali, citoyen de Cortone, parvint en 1325 à se faire reconnoître par le peuple, Souverain de la Ville ; & il transmit son pouvoir à six de ses successeurs jusqu'à l'année 1409. Ladislas, Roi de Naples, ravageoit alors les environs de Cortone ; les habitans qui d'ailleurs étoient mécontens de leur Prince, firent un traité avec Ladislas, & lui livrerent la ville avec le dernier des Casali. Le Roi de Naples garda cette ville jusqu'en 1411, qu'il la céda aux Florentins par un traité de paix. Depuis ce temps-là elle a toujours suivi le sort de Florence. On auroit sur l'histoire de Cortone dans le bas âge des notions beaucoup plus détaillées, si les archives de la ville n'avoient été brûlées le 25 Août 1525.

Il y a dans Cortone deux Chapitres, & 15 Couvens, dont plusieurs ont des Eglises remarquables par leur Architecture; il y en a du Bramante, de Sangallo, de Vasari, & de Fontana : on voit aussi dans quelques-unes, des peintures estimées. M. Cochin, M. Richard, M. Groslée, n'ayant point parlé de Cortone, je crois faire plaisir à mes Lecteurs en insistant un peu sur cet article.

Eglises de Cortone.

Dans la Cathédrale on voit une très-belle Nativité de Pierre de Cortone, Peintre célebre, dont nous parlerons à l'occasion des gens illustres de cette ville. On y voit un grand sarcophage antique, où est la bataille des Lapithes & des Centaures, en bas relief : les uns disent que c'étoit le tombeau du Roi Corythus, d'autres le donnent à Caracalla ou au Consul Flaminius : ce dernier sentiment est le plus probable.

Dans l'Eglise Collégiale de Ste Marie la neuve, qui est hors des murs de la ville, il y a un S. Charles de *Baccio Ciarpi*, & une Nativité de la Vierge par le Bronzin (*Alessandro Allori.*)

A S. François, Eglise des Cordeliers Conventuels, il y a un beau tableau de S. Antoine de Padouë de Louis *Cardi* de Civoli ; & sur-tout une Annonciation qui passe pour un des chef-d'œuvres de Pierre de Cortone.

S. Antoine, Abbé, Eglise des Servites, est aussi une des belles Eglises de la Ville.

A Ste Marguerite, Eglise des Cordeliers Observantins, il y a un tableau de Ste Catherine, de Frédéric *Barocci* ; une Conception avec S. François, S. Dominique, & Ste Marguerite pénitente, de Cortone, célebre par ses austérités : c'est un excellent ouvrage de François Vanni de Sienne ; une Vierge avec saint François & Ste Marguerite du Barocci. On conserve dans cette Eglise le corps de Ste Marguerite.

A S. Dominique, Eglise des Jacobins, il y a un tableau du Rosaire, où sont représentés plusieurs Saints par Louis *Cardi* de Civoli ; un tableau de l'Assomption avec S. Hyacinthe, du jeune Palma. Le tableau qui est au fond du chœur, est d'ancienne maniere ; il représente le bienheureux Jean Angelic, Jacobin.

A S. Augustin, Eglise desservie par les Péres du même nom, on voit un tableau de Pierre de Cortone, qui représente S. Jean-Baptiste, S. Etienne, Pape, & S. Jacques, protecteurs de trois grands Ordres Militaires

A S. Benoît, Eglise des Scolopies, le tableau qui représente S. Joseph Calasantius, Fondateur de l'Ordre, est de Marc Tuscher de Nuremberg.

S. Philippe, Eglise des Oratoriens, est remarquable par son architecture.

Dans l'Eglise des Comtesses ou des Religieuses Bénédictines, le tableau du grand Autel est une Assomption de Pierre Pérugin.

A S. Michel, Eglise de Bénédictines, le tableau du grand Autel est une Descente du Saint-Esprit ; ouvrage achevé d'André *del Sarto*.

La Trinité est une Eglise de Religieuses Bénédictines ; le tableau du grand Autel représente la Trinité avec les quatre Docteurs de l'Eglise Latine ; c'est un grand ouvrage de Luc *Signorelli*, Peintre célebre de Cortone, dont nous parlerons à l'occasion des gens illustres de cette ville.

Ste Claire, Eglise de Religieuses de l'Ordre de S. François, fondée en 1224, du vivant même de ce saint Patriarche. Dans la lunette qui est au dessus de la grille du grand Autel, il y a une Vierge avec S. François & Ste Claire, de Pierre de Cortone.

Dans l'Eglise Paroissiale de S. André, il y a au grand Autel un tableau qui représente la Vierge avec S. André, saint Jean l'Evangéliste & saint Joseph; il est du *Piazzetta*. A l'autel de S. Cajetan, il y a un autre tableau de la Vierge avec S. Joseph & S. Cajetan; il est de Louis *Mazzanti* d'Orviete.

Le bon Jesus est une Confrairie de Pénitens bleus qui sont tous Gentilshommes; les trois tableaux des autels sont du *Signorelli*. Sur les tribunes qui sont aux deux côtés de l'autel, il y a un tableau de la derniere Cene, & un de la priere au jardin des Oliviers; aux côtés de celle-ci, il y a une Vierge & un Ange Gabriel; le tout est d'André *del Sarto*.

A l'Eglise de Notre-Dame des Allemands, ou Pénitens bleus, il y a dans l'oratoire supérieur une Assomption qui est un ouvrage achevé d'André *del Sarto*.

A la confrairie des Pénitens verds du Sauveur, le tableau du grand Autel est d'André *Commodo*, & représente la Dédicace de l'Eglise de Latran faite par le Pape S. Silvestre.

Dans l'Eglise des Pénitens rouges, le tableau du grand autel est une Descente du Saint-Esprit, de la premiere maniere de Michel-Ange. C'est un des plus beaux tableaux de Cortone.

L'Eglise de Notre-Dame des Graces ou du *Calcinaio*, est desservie par des Scolopies; elle appartenoit autrefois aux Chanoines réguliers de la Congrégation du Sauveur; elle est située hors de la ville. On admire au dessus de la lunette de la porte principale une Vierge avec S. Joseph & S. Roch, peinture à fresque dans le goût de Raphaël.

S. Jean-Baptiste est une belle Eglise de Camaldules, située une lieue hors de la ville, & unie à un Monastere qui fut fondé par S. Romuald même, Instituteur de l'Ordre. On compte encore la *Madonna dello Spirito santo* parmi les belles Eglises de Cortone.

Je n'ai pas parlé ici de tous les tableaux précieux que l'on peut voir dans les Eglises de Cortone, ils sont en trop grand nombre. : on en pourroit citer encore plus de 40 qui méritent tous d'être vus.

Palais. Quoique la ville de Cortone soit très-petite, elle renferme environ 60 familles de la meilleure & de la plus ancienne Noblesse, dont plusieurs ont des Hôtels ou Palais (comme on dit en Italie) dignes de curiosité.

Il faut mettre à la tête de ces édifices le Palais du Gouverneur *Palazzo del Commissario, o del Governo* qui étoit autrefois celui des Casali, & dans lequel est la salle de l'Académie avec le Théâtre que l'on rebâtit, (en 1766), tout à neuf; le Palais public; le Palais Episcopal, & le Séminaire que l'Evêque, M. Ippoliti fait rebâtir, & aggrandir actuellement; le Palais des *Tommasi* où il y a une galerie de 300 tableaux des plus habiles Peintres de l'Italie.

Il y a aussi des collections de tableaux dans la Maison Laparelli, & dans celle des héritiers d'un Musicien, nommé Antoine Baldi : on peut citer encore le Palais de M. le Chevalier *Mancini*; celui des Marquis *del Monte*; celui de M. Philippe *Pancrazi*; ceux de MM. *Angellieri*, *Vagnucci*, *Palei*, *Alticozzi*, *Bal delli*, *Boni* ; ceux de M. le Chevalier Galeatto *Ridolfini*, de M. Jean Paul *Sernini*, des Marquis *del Monte* ou du mont Sainte Marie, du Marquis *Petrella*, de M. *Velluti*, de MM. *Catani*, *Venuti*, *Laparelli*, *Passerini*, *Panerari*, *Pantelli*, *Zefferini*, qui sont tous des Nobles de Cortone. Il y a plusieurs de ces Maisons où l'on conserve de beaux tableaux de Pierre de Cortone, de Signorelli, Gobbi, Luca, & autres Peintres habiles. Il n'y a gueres de ville où il y ait autant de familles Nobles & anciennes, que dans celle de Cortone : elles ont donné 114 Chevaliers à l'Ordre de S. Etienne, & 37 à l'Ordre de Malte, sans parler des autres Ordres où l'on fait preuves de Noblesse.

Les murs de Cortone sont un reste précieux d'antiquité Etrusque, dont Gori a donné la description dans son *Museum Etruseum* ; ils sont bâtis avec de grands blocs de pierre, sans chaux ni ciment, d'une maniere qui marque l'ancienneté de leur construction ; il y a des blocs de 22 pieds de long, sur 4½ de hauteur ; c'est sur-tout du côté de la porte de S. Dominique où ils sont le mieux conservés. On voit aussi à Cortone les restes d'un temple magnifique de Antiquités.

P vj

Bacchus, avec de belles colonnes orientales dans l'endroit appellé *Farnetta*; il y en a encore quelques-unes à *Cattos*, maison de campagne des Marquis Venuti.

En 1730, on a découvert des restes de bains antiques, pavés en belles mosaïques, avec les tuyaux de plomb qui y apportoient l'eau.

Il y a dans la bibliotheque des Venuti, un ancien tombeau Etrusque, avec des caracteres qu'on a cru pouvoir rendre par ces mots, *Larts anemi felsinal*.

On voit près de l'Eglise de S. Etienne, plusieurs anciens restes de murs & une grande conserve d'eau antique. J'ai oui citer aussi trois tombeaux, composés chacun de cinq grands blocs de pierre, dont un est dans le fauxbourg S. Michel, à l'endroit que l'on appelle la grotte de Pithagore. On trouve encore des restes d'anciens murs en plusieurs endroits de la ville & des environs. Lorsque l'on est obligé de faire des fouilles, on trouve fréquemment les restes des bâtimens antiques, douze à quinze pieds au-dessous du sol actuel de la ville, qui a été élevé comme celui de Rome, par les décombres & par les ruines.

Académie

L'ACADÉMIE DE CORTONE est ce qui a le plus contribué, dans ce siecle ci, à la célébrité de cette ville; on a jugé, avec raison, que l'ancienne Métropole de l'Etrurie, étant la plus intéressée à rappeller le souvenir des anciens Toscans, il lui convenoit d'avoir une Académie pour les antiquités Etrusques. Ce fut en 1726 que l'on commença de s'en occuper; les premiers Instituteurs furent les trois Vénuti, c'est-à-dire, le Chevalier Marquis *Marcello Venuti*, le Chevalier *Ridolfino Venuti*, & le Prévôt de Livourne, *Filippo Venuti*, dont nous avons parlé dans le Tome II, & qui est mort en 1768.

M. l'Abbé *Onofrio Baldelli*, qui étoit grand oncle maternel de MM. Venuti, donna à cette Académie, en 1728, sa Bibliotheque, avec un Cabinet d'antiques qu'il avoit formé pendant un long séjour à Rome, & qui étoit composé d'une multitude d'antiques, de statues, idoles, inscriptions, urnes, vases, pierres gravées; des livres rares, manuscrits anciens, minéraux, plantes marines, & instrumens de Mathématiques. L'Académie, après avoir beaucoup augmenté ce Cabinet, l'a rendu public sous le nom

Galleria del publico; & elle y a fait placer, en 1734, une inscription à l'honneur du Citoyen zélé qui en étoit l'auteur. On y a joint successivement des pieces d'histoire Naturelle, de Physique, des pierres précieuses, des estampes, des médailles & une bibliotheque, dans laquelle on faisoit chaque mois un discours sur quelque point de littérature. La description de ce Cabinet, & celle de plusieurs pieces rares appartenantes à des particuliers de Cortone, fut donnée en 1750 dans l'ouvrage connu sous le nom de *Museum Cortonense* (a).

Une partie de ces curiosités avoient été décrites & expliquées par Franc. *Valesius*, Romain, au commencement du siecle, d'après le Cabinet de M. Baldelli, aussi-bien que par Gori, dans le

(a) *Museum Cortonense in quo vetera monumenta complectuntur, Anaglypha Thoreumata, gemmæ insculptæ, insculptæque quæ in Academia Etrusca, ceterisque Nobilium virorum domibus adservantur in plurimis tabulis æreis distributum atque a Francisco Valesio Romano. Antonio Francisco Gorio Florentino & Rodulphino Venuti Cortonense notis illustratum Romæ*, 1750, in-folio, 125 pages & 85 planches en taille douces. On y a mis pour épigraphe ce vers de Virgile :

Est locus Italiæ in medio.

(VII. 563.)

comme s'ils devoient se rapporter à Cortone; mais nous avons observé que ce passage conviendroit mieux à Terni.

savant ouvrage intitulé : *Museum Etruscum*, *Gorii. Florentiæ*, 1737, 3 vol. in-folio.

L'acquisition précieuse de ce Cabinet donna au nouvel établissement de l'Académie de Cortone, une très-grande vigueur ; elle choisit un lieu d'assemblée, & un chef qui fut appellé de l'ancien nom Etrusque de *Lucumone*.

Cette Académie se destinant à l'étude de l'antiquité, regarda les monumens Etrusques, comme les premiers dont elle devoit s'occuper, & elle en tira le nom de son établissement. D'ailleurs, Cortone est dans une partie de la Toscane où l'on trouve continuellement des antiquités Etrusques, remarquables par la beauté du dessein & des formes, par les cérémonies qu'elles représentent, & le costume dont elles conservent la mémoire, & qui sont plus anciennes que la plupart des monumens que l'on a des Grecs & des Romains.

Mais quoique cette nation eût étendu sa domination sur une grande partie de l'Italie, son langage & son écriture sont encore inconnus, M. Bourguet, de Neufchâtel, a hasardé quelques conjectures sur ce sujet, dans le premier volume des essais de l'Académie de Cortone ([a]).

L'Académie de Cortone a déja publié sept volumes de Mémoires, le premier parut en 1742, sous le titre de *Saggi di dissertazioni Academiche publicamente lette nella nobile Academia Etrusca dell' antichissima citta di Cortona*, (*in Roma*; 1742, *in*-4°. 135 pages). Le sixieme volume parut en 1751, chez Pagliarini, & le septieme quelques années après; ils renferment des dissertations curieuses sur les usages des anciens, sur leurs monumens, & sur tout ce qui a rapport à l'antiquité, ces volumes sont très-estimés des Antiquaires; & l'on desire beaucoup d'en voir la continuation.

Cabinet Ridolfini.

Après avoir vu le Cabinet de l'Académie de Cortone, on doit voir aussi celui de M. le Cavalier *Galeotto* RIDOLFINI *Corazzi*, qui est rempli de choses rares & curieuses. M. le Marquis Maffei qui avoit examiné tous les grands Cabinets de l'Europe, convenoit qu'il

([a]) V. l'interprétation des Tables de Gubbio, *Tavole Eugubine*, le seizieme volume de la Bibliotheque *Italique*; Annio de Viterbe, Bernardino Baldo, Marmocchini, les Académiciens de Florence, & plusieurs dissertations qui sont dans les ouvrages de l'Académie de Cortone.

avoit trouvé dans celui de M. Ridolfini des choses qu'il n'avoit pas vues ailleurs.

M. le Chanoine *Sellari*, Bibliothéquaire de l'Académie, a formé un recueil de manuscrits, de médailles, de statues, de sceaux, de monnoies & de médailles antiques, digne de curiosité.

M. le Docteur *Coltellini* a un Cabinet d'Histoire Naturelle, & autres raretés, avec une grande bibliotheque; ce savant mérite lui-même la curiosité & les hommages des voyageurs.

Il y a encore à Cortone des Cabinets chez M. le Cavalier Jean-Baptiste Mancini, & chez MM. *Sellari*, *Vagnacci*, *Alticozzi* & *Venuti*.

Cortone fut la patrie de beaucoup de gens célebres, entr'autres du Frere Elie, compagnon ds S. François : on y montre la maison où il mourut, après avoir quitté son Ordre, & avoir été excommunié; on voit son portrait sur une poutre de l'Eglise, qu'il avoit fait bâtir, & où il est enterré. On trouvera sa vie à la fin du premier volume des Vies des Hommes & des Femmes illustres d'Italie, publiées à Paris chez Vincent, en 1767 : je passe sous silence plusieurs autres Généraux d'Ordres; plusieurs Evêques, & plusieurs Ecrivains dont il est parlé fort au long dans un *Atheneum Etruscum*, du P. Oldovini, Jésuite, que l'on conserve en manuscrit au College de Pérouse.

Peintres célebres.

PIERRE DE CORTONE, (*Pietro Berretini,*) naquit à Cortone en 1596, il mourut à Rome en 1669. Ce fut un des plus grands Peintres de l'Italie, sur-tout pour les tableaux d'une vaste ordonnance & les machines d'une grande composition: nous avons eu occasion de faire admirer ses ouvrages à Florence & aux Palais Barberini, & Sachetti, à Rome.

Luc *Signorelli* de Cortone, fut aussi un Peintre célebre, il mourut en 1524; ce fut lui qui fit revivre la maniere naturelle & délicate de la simple nature: il excella sur-tout dans le nud. On voit de beaux ouvrages de lui à Orviete, à Cortone, & à Rome dans la Chapelle Sixtine.

Cortone revendique aussi le Parmesan, François *Mazzoli*, qui ne prit naissance dans la ville de Parme que par hazard, en 1540. Denis Mazzoli, son fils, & Annibal Mazzoli, son petit fils, furent de très-bons Ingénieurs, vers l'an 1630. François, autre fils de

Denis, fut un habile Sculpteur, & ce fut lui qui fit l'autel de la Cathédrale de Cortone, en 1684; il y a eu plusieurs autres Artistes distingués dans la même famille.

Les Gens de Lettres actuellement vivans, depuis la mort de M. *Venuti*, Prévôt de Livourne, dont nous avons parlé dans le second Vol. sont, M. Jean-Jérôme *Sernini Cucciati* très-versé dans l'érudition, les antiquités & les langues; M. le Chanoine Philippe *Angellieri Alticozzi* également habile sur-tout dans ce qui a rapport à l'histoire Etrusque; M. le Marquis *Benvenuto*; M. Joseph *Venuti*, fils du feu Marquis *Marcello Venuti*; M. le Chanoine *Reginaldo Sellari*, Bibliothéquaire; M. le Chanoine *Maccari*, Grand-Vicaire; M. Nicolas *Vagnucci*, M. *Rinaldo Angellieri Alticozzi*, Gouverneur de S. *Miniato*, qui a fait imprimer à Lucques derniérement une bonne traduction de quatre Comédies de Plaute, & son frere le Cav. *Valerio Alticozzi* qui a du talent pour la Poësie, & qui est grand ami de *Mestatasio*.

Auteurs vivans.

M. *Ranieri Tommasi*, Prince de l'Académie *de gli uniti*; il a fait beaucoup de Sonnets qu'on estime pour la belle composition, la facilité, les pensées & la conduite.

M. Philippe *Pancrazi*, Secrétaire de l'Académie, a publié plusieurs belles pieces de Poesie. M. Jérôme *Boni*, amateur de Philosophie, de Mathématique, d'Architecture & de Dessein, aussi bien que M. Jérôme *Velluti*; M. le Marquis *Ranieri* de *Petrella* connu pour les machines & pour l'architecture; M. Thomas *Passerini* pour tout ce qui a rapport à la marine.

Environs de Cortone.

Cortone est bâtie sur le penchant d'une assez haute montagne, ayant la vue sur une vaste plaine qui est bordée des rivages agréables du lac de Trasymene; elle a au Septentrion des montagnes célebres, dont Polybe & Tite-Live ont donné la description. Les environs de la ville sont agréablement plantés de vignes & d'oliviers. On y trouve des carrieres, d'où l'on tire un très-beau marbre jaspé de verd, de noir & d'améthyste.

De Cortone à Arezzo il y a sept lieues, mais l'on peut y aller en quatre heures de temps avec les voitures du pays. On passe à *Camoscia*, village qui est au bas de la colline. On passe aussi près de *Castiglione Aretino*, ville ancienne;

mais très-peu considérable qui est sur la hauteur, à 8 milles d'Arezzo. Cette route se fait à peu près le long de la *Chiana*, fleuve singulier, dont nous avons parlé en décrivant la route de Siene à Rome; enfin on passe à *Puliciano*, qui est à cinq milles d'Arrezzo.

CHAPITRE XVIII.

Description d'Arezzo.

AREZZO est une ville de 8000 ames, située à 18 lieues au sud-est de Florence, dans une belle plaine & sur une petite éminence. Elle étoit autrefois une des 12 villes principales de l'Etrurie : il en est parlé dans tous les anciens Auteurs, dans Polybe, Caton, Strabon, Tite-Live, & Pline le Naturaliste. Arezzo.

Annius, dans ses Commentaires sur les fragmens de Caton, dit que son nom vient de celui de Vesta, femme de Janus, qui étoit appellée Aretia, c'est-à-dire *Terra*.

Dans le temps de la guerre sociale, ou guerre des Marses, les Etrusques ayant pris parti contre les Romains, & Sylla les ayant défaits, il voulut punir ſpécialement les villes de Fieſole & d'Arezzo, il chaſſa tous les habitans de celle-ci, & en tranſporta d'autres qui furent appellés *Aruntini novi* ; auſſi voit-on que Pline diſtingue trois peuples qui furent appellés *Aruntini*.

Tite-Live raconte (L. XXVII.) que Varron, pour s'aſſurer des Etruſques, ſe fit donner pour ôtages 120 des principaux habitans d'Arezzo; il dit auſſi (L. XXVIII.) que cette ville donna de l'argent, des troupes, des armes, & des vivres pour l'équippement des 40 galeres que Scipion devoit conduire en Afrique contre Carthage.

Martial célebre les vaſes de terre qui ſe faiſoient à Arezzo du temps de Porſenna & des anciens Toſcans.

> Aretina nimis ne ſpernas vaſa monemus;
> Lautus erat Tuſcis Porſena fictilibus.
>
> *L.* XIV. *Epig.* 98.

Il en parle encore dans un autre endroit, lorſque reprochant à un Poëte les vers qu'il lui avoit volés, il ſe ſert de la comparaiſon des vaſes de cryſtal, & de ceux de terre qui les déshonorent & les dégradent.

Sic Aretinæ violant cryſtallina teſtæ. *L.* I. *Ep.* 54.

Arezzo fut prise par Totila, & extrêmement maltraitée par les Goths & les Lombards; ceux-ci la ruinerent, ensorte qu'elle fut pendant deux ans sans murailles; ce fut ensuite son Evêque *Guido Pietramala* qui fit rétablir les fortifications. Les Aruntins furent souvent en guerre avec les Florentins, & ils eurent quelquefois l'avantage. Au temps de l'Empereur Frédéric II, lorsque les factions des Guelfes & des Gibelins déchirerent l'Italie, les *Tarlati & les Ubertini* qui étoient Gibelins, s'établirent à Arezzo; le peuple les chassa, mais enfin Guillaume *Ubertini*, Evêque d'Arezzo, parvint à se rendre maître de la ville; il fit long-temps la guerre aux Florentins, mais il fut défait & tué en 1318 dans une affaire qu'il eut contre *Guido Feltrano*, qui commandoit les troupes de Florence: il y eut dans cette rencontre 3000 hommes de tués, & 2000 prisonniers faits sur les Aretins.

Guido Pietramala succéda à l'Evêché d'Arezzo, & à l'autorité temporelle que Guillaume *Ubertini* avoit exercée; il étoit à la tête des *Tarlati*, mais il fut aussi défait par les Florentins aidés du Roi de Naples, qui cependant consentit que l'Evêque demeura Gouverneur d'Arezzo. Ce Prélat eut la guerre contre les *Ubertini* & contre le Pape Jean XXII, à qui il prit plusieurs villes ; il couronna lui-même à Milan de la couronne de fer Louis de Baviere qui étoit ennemi du Pape ; mais en retournant chez lui, il mourut près de Négromonte. Cet Evêque également politique & conquérant, fut un des Princes les plus célebres de son temps : il fortifia beaucoup de villes, ce fut lui qui embellit Arezzo, & en fit applanir les rues. Il eut pour successeur son frere *Pietro Saccone*, dont les guerres furent malheureuses, & qui fut obligé de vendre Arezzo aux Florentins. On lui laissa seulement quelques Châteaux ; mais étant ensuite devenu suspect aux Florentins, il fut dépouillé de ses biens, & renfermé dans une prison. Gautier, Duc d'Athenes, qui se rendit maître de Florence, le délivra & le rétablit. Lorsque celui-ci eût été chassé par les Florentins, Arezzo reprit sa liberté, on y fit élection de 60 Magistrats, qui la gouvernerent en paix pendant quelque temps; mais les divisions s'y étant rallumées, les *Ubertini* y rétablirent la faction des Gibelins ; les Guelfes y rentrerent à leur tour, & la ville fut saccagée.

Les

Les troupes de Louis d'Anjou avec les fils de Sacone la ravagerent encore ; & finirent par la vendre aux Florentins ; elle passa, comme Florence, sous la domination des Médicis.

Description de la Ville.

AREZZO est pavée comme Florence de grandes dalles de pierre, qui sont piquées pour la commodité des chevaux. Sa Cathédrale est un assez beau bâtiment dans une belle exposition.

L'Evêque d'Arezzo est Prince de l'Empire, & a 45000 livres de rente.

On voit sur la place de la ville un grand & beau bâtiment public, de l'architecture de Georges Vasari, appellé *le Loggic* ; le Bureau de la Douanne & le Théâtre y sont placés, & il y a un portique pour se promener à couvert.

On remarque aussi à Arezzo un bel établissement appellé la *Fraternita* ; cette Confrairie est administrée par les Officiers municipaux, elle a 33 ou 34 mille livres de rente qu'elle emploie à marier des filles, à distribuer du pain aux pauvres, & à faire d'autres œuvres de charité.

Le Mont de piété est un autre établissement de même espece moyennant gages & intérêt ; cela ne manque gueres dans les villes d'Italie.

On va voir à l'Abbaye un beau tableau de *Vasari* ; c'est le repas d'Assuérus ; on montre aussi à S. Roch un *gonfalone* ou une banniere pour la Procession, qui est de *Vasari*, elle représente S. Roch d'un côté, & une peste de l'autre.

Il n'y a point à Arezzo de monument ancien, car il ne reste presque rien de l'ancien amphithéâtre sur lequel on a une dissertation du Cavalier Guaresi.

Hommes Illustres.

Il n'y a gueres de petite ville en Italie qui ait été plus féconde en grands hommes que celle d'Arezzo ; c'étoit la patrie de Mécene, comme le prouve Macrobe dans ses *Saturnales* ; S. Laurent & S. Pellegrin martyrisés sous Dioclétien, étoient d'Arezzo, & l'on y conserve leurs Reliques. Pétrarque y naquit en 1304 dans le *Borgo del arto*. ([a]) Nous avons parlé de ce grand Poëte à l'article de Florence. C'est aussi la patrie du célebre Arétin, *Pietro Aretino* ou Pierre d'Arezzo né en 1462, & mort en 1557 : il eut la gloire de faire trembler les Princes par ses satyres, & d'être surnommé divin ; ce titre lui est consacré pour jamais dans le poëme

([a]) On appelle ici *Borgo*, chacune des grandes rues, comme à Turin *Contrada*, à Milan *Corso*, à Florence *Via*, à Rome *Strada*.

de l'Arioste, où l'Auteur, en parlant de tous les grands personnages qu'il imagine voir se réjouir du succès & de la fin de son ouvrage, s'écrie entre autres :

> .... Ecce il flagello,
> De' principi, il divin Pietro Aretino.
> *Can.* 46. *Ottava.* 14.

Un des plus fameux ouvrages de l'Arétin, mais aussi l'un des plus obscenes, est celui qui a pour titre *Capriciosi e piacevoli ragionamenti di M. Pietro Aretino il veritiere e il divino, cognominato il flagello de' Principi.* La premiere journée contient la vie des Religieuses, la seconde est la vie des femmes mariées, la troisieme celle des P. Il y a aussi des Dialogues entre un Moine & un M. la Généalogie des courtisanes de Rome, & autres objets semblables qui en font un ouvrage d'autant plus recherché, qu'il mérite moins d'être lu (a).

Cette ville fut aussi la patrie d'un

(a) Voyez la vie de l'Arétin, par le Comte *Mazzuchelli*, qui a donné six volumes in-folio, des vies des Auteurs Italiens, quoiqu'il n'ait épuisé que les deux premieres lettres de l'Alphabet. V. aussi les vies des Hommes & des Femmes illustres d'Italie, 1767, 2 vol. à Paris, chez Vincent. Et la vie de Pierre Arétin, par M. de Boispréaux, à la Haye, chez Jean Neaulme, 1750. *in*-12.

savant Bénédictin, nommé Gui l'Arétin, qui vers l'an 1[illegible]4, imagina la maniere commode qu'on emploie pour noter la Musique, soit par des lignes paralleles qui en indiquent le ton, soit par les noms qu'il donna à chaque note. V. Dictionnaire de Musique de M. Brossard, & celui de M. Rousseau de Geneve.

Léonard Bruni qui est connu sous le nom d'*Aretino*, étoit un Secretaire de de la République de Florence, très-célebre dans l'histoire de son temps, & qui a lui-même écrit l'histoire de Florence; il mourut en 1440, & fut enterré à Florence dans l'Eglise de Sainte Croix. Nous en avons parlé à l'occasion des grands Hommes de Florence.

Césalpin, célebre Médecin, mort en 1603, étoit aussi d'Arezzo; ce fut lui qui le premier eut une idée de la circulation du sang; il jetta, en 1583, les vrais & solides fondemens de la Botanique, en divisant les plantes en plusieurs classes, par le moyen de leur fructification: découverte, dont M. Linnæus lui fait honneur en ces termes, (*Classes Plant.* 1747).

Quisquis hic exciterit primos conçedat honores,
Cæsalpine tibi, primaque certa dabit.

François *Rhedi*, fut aussi un célebre Médecin d'Arezzo, il naquit en 1626, & mourut en 1697; il fut Médecin du Grand Duc de Toscane; ses ouvrages de Médecine & de Physique ont encore la plus grande réputation. Ses expériences sur la génération des insectes ont été le modele des plus grands Observateurs qu'il y ait eu après lui; elles parurent en 1671. On a réimprimé à Naples, en 1740, la collection de ses ouvrages. *Opere di Francesco* RHEDI, *in Napoli*, 1740, 6 vol. *in*-4°. Son éloge & son portrait gravé, ont été publiés à Florence, il y a quelques années, par Allegrini qui donne la suite des Hommes illustres de la Toscane. Grégoire Rhedi, neveu de François Rhedi, est encore connu dans la Médecine.

La ville d'Arezzo compte parmi ses Citoyens illustres, les deux *Accolti*, *Lorenzo Quazzesi*, qui a écrit sur le passage d'Annibal, & sur plusieurs autres objets d'antiquité; le Marquis *Torquato Montauli* qui a traduit l'Arioste en Latin, & qui est mort il y a une dixaine d'années; le Pape Jules III, de la maison *Ciocchi*, élu en 1550; un de ses neveux Grand-Maître de Malthe; le Cardinal Bonucci, Théologien du Concile de Trente, Général de l'Ordre des Servites, qui étoit fils d'un Maçon d'Arezzo ; le Cardinal Casini, Capucin & Prédicateur célebre ; François *Albergotti*, dont Barthole parle avec éloge ; il étoit de la maison Albergotti, fort connue en France, & originaire d'Arezzo.

Concino Concini, Marquis d'Ancre, Maréchal de France, favori de Louis XIII, & de Marie de Médicis, étoit aussi des environs d'Arezzo ; il fit commencer dans cette ville un bâtiment qui subsiste encore, & qu'on appelle *Ospigio di murello* ou *Seminario Vecchio*, près la porte qui conduit à Florence, *Porta di S. Lorentino* ; ce Palais devoit être fort étendu, mais il n'eut pas le plaisir de le finir ni de le voir, ayant été tué au Louvre en 1617.

CHAPITRE XIX.

Des environs d'Arezzo, & du Val d'Arno qui conduit à Florence.

Mofetes de Laterina.

LES Mofetes de *Laterina* font une chofe remarquable qu'on trouve à trois lieues d'Arezzo, vers le côté de Florence, c'eft-à-dire à l'occident; elles font dans un endroit appellé *Bagnaccio*. Vis-à-vis de *Laterina*, mais de l'autre côté de l'Arno, on éprouve des vapeurs fulfureufes, fi pénétrantes que les animaux y font fouvent fuffoqués en paffant près-delà, au point que les payfans s'en fervent pour faire la chaffe, en forçant les bêtes fauves à s'y rendre. Il s'y trouve auffi des eaux minérales qui paroiffent très-limpides, mais qui ont un petit goût d'acidité, & qui dépofent fur les pierres une couleur ferrugineufe.

Camaldoli.

Quand on eft à Arezzo, on peut aller huit lieues plus au nord, voir le fameux Hermitage de *Camaldoli* ou *Camandoli*, qui eft vers les fources de l'Arno, 12 à 15 lieues à l'orient de Florence. C'eft-là que S. Romuald institua, en 1009; son Ordre, dont les Peres ont encore le nom de Camaldules, à cause de leur premiere habitation, comme nous l'avons déja dit, (Tom. I. page 209).

Montagnes élevées.

Il y a dans les environs de Camaldoli des montagnes élevées, d'où l'on a la vue des deux mers.

Come Apennin scopre il mar schiavo e il Tosco,
Dal giogo onde a Camaldoli si viene. IV. 11.

M. de la Condamine a entendu des personnes du côté de Lorette qui lui ont assuré, comme témoins oculaires, qu'il y a véritablement plusieurs pointes de de l'Apennin, sur la frontiere de l'Etat Ecclésiastique de la Toscane & du Duché de Modene, d'où l'on apperçoit les deux mers qui bornent l'Italie au levant & au couchant: entr'autres, dit-il, d'un sommet voisin de *Borgo San Sepolcro*, & d'un Couvent de Camaldules près des sources de l'Arno, entre Vallombroso & Bagno, sur la frontiere de l'Etat Ecclésiastique & de la Toscane.

Enfin, du mont Cimone, près de *Sestola*, M. de la Condamine observe qu'en plaçant sur l'un de ces sommets, un signal qui se verroit tout à la fois dès montagnes de Genes & de celles d'Istrie, on pourroit mésurer un arc de la terre de cinq degrés en longitude, ce qui seroit une chose très-intéressante pour mieux connoître la figure de la terre, (Mémoires de l'Académie pour 1757, page 397).

Le chemin d'Ar.zzo à Florence, qui est de 18 lieues ou de 40 milles, suivant l'estime du pays, se fait le long des montagnes, par une belle route neuve bâtie en corniche, & soutenue par de la maçonnerie : ce chemin d'Arezzo à Florence a coûté 60 mille scudi ou 336 mille livres de notre monnoie ; il a été fait aux dépens des ponts & chaussées qui sont une partie de ce qu'on appelle à Florence *uffizio della parte*; car les grands chemins ne se font point par corvées, comme dans quelques provinces de France, où les paysans sont désolés par le travail des grandes routes. On passe à *Monte varchi*, petite ville de trois mille ames, à 11 lieues de Florence. On y voit une Eglise Collégiale appellée S. Laurent ; une inscription placée à côté de l'autel, apprend que le grand Duc Côme III allant à Lorette en 1695 avec son fils Jean Guaston, s'arrêta pour rendre hommage aux Reliques qu'on y conserve; c'est du lait de la sainte Vierge. On passe aussi à *S. Giovanni* qui est sur le bord de l'*Arno*, à 22 milles ou 9 lieues de Florence, à *Figline* qui en est à 15 milles, & à *Incisa* qui en est à 13 milles: ces bourgs sont dans le *val d'Arno di sopra*.

Os d'Eléphans. LE VAL D'ARNO *di sopra* est une plaine agréable ou un vallon arrosé par l'*Arno* qui n'a qu'une issue vers *Rignano*, où le fleuve semble s'être ouvert un chemin au travers de la montagne : on en trouve la description dans le cinquieme Volume de M. *Targioni* (pages 272 & suivantes.) Il parle des mines de fer, dont on y apperçoit des indices, aussi bien que du vitriol, du soufre, du charbon fossile, des os d'éléphans pétrifiés & non pétrifiés : plusieurs Auteurs en avoient parlé, & les avoient attribués aux éléphans qu'Annibal conduisit en Italie; M. *Targioni* fait voir que cela ne peut pas être, & il montre par un grand nombre d'autres exemples tirés de toutes les parties de l'Europe, qu'il faut supposer que la race des éléphans s'est multipliée autrefois dans nos pays. Ce n'est pas le premier indice que l'observation nous a fourni des changemens prodigieux arrivés sur notre globe : la terre semble avoir été embrasée autrefois ; sa chaleur a duré pendant un temps considérable ; elle s'est refroidie successivement, & peu à peu pendant que les régions septentrionales ont conservé quelque chose de leur ancienne chaleur ; les éléphans y ont habité, mais dans la suite ils ont été forcés à se retirer en Asie & en Afrique ; il n'en est resté de vestige chez nous que dans le sein de la terre.

Le célebre Pierre-Antoine *Micheli*, Botaniste du grand Duc de Toscane, fit un voyage en 1732 le long du *val d'Arno di sopra* jusqu'à Arezzo & à Cortone sur un espace de plus de 20 lieues uniquement pour l'Histoire naturelle ; M. *Targioni* qui eut l'avantage de l'accompagner dans ce voyage, nous en donne la relation ; il y décrit le territoire de *Figline*, de *Mansoglio*, de *Catrosso*, de *Cortona*, de *Mont'Uliveto*, les eaux de *Monzione*, & le territoire d'*Arezzo* & de *Levane* ; & il termine ce Volume par un Mémoire très-savant sur l'utilité que l'on pourroit retirer des mines de la Toscane : nous avons parlé ci-dessus du prix des denrées dans le *val d'Arno*.

CHAPITRE XX.

Route de Foligno à Lorette, & description de cette derniere Ville.

Chemin de Lorette.

APRE'S avoir décrit la route de Foligno à Florence par Pérouse, Cortone & Arezzo, il est nécessaire de reprendre la route qui va vers l'Orient du côté de la mer Adriatique, c'est-à-dire, à Ancone & à Lorette.

De Foligno à Colle, il y a une demi-lieue; *Ponte S. Lucia*, une lieue; *Case nuove*, une lieue; *Colfiorito*, une lieue & demie; *Serravallo*, une lieue & demie; *Muccia*, deux lieues; CAMERINO, une lieue & demie. Quoique le grand grand chemin ne passe pas à Camerino, c'est une petite ville pour laquelle on peut se détourner. De *Camerino* à *Valcimara*, deux lieues; *Belforte*, une lieue & demie; *Tolentino*, une lieue & demie; *Macerata*, quatre lieues; Ruines de *Recina* une lieue; *Sambuchetto*, une lieue; *Recanati*, deux lieues; *Loreto*, une lieue & demie.

Tolentino.

TOLENTINO n'est qu'à 10 lieues de

Lorette ; cette ville est située sur une montagne, & n'a rien de plus remarquable que d'avoir été la patrie du célebre S. Nicolas, Religieux de l'Ordre de saint Augustin, qui y mourut en 1310, après avoir acquis par sa sainteté & ses austérités la plus grande réputation : la légende des miracles qu'on lui attribue, va de pair avec celle des plus grands Saints. Quand on est à Tolentino, l'on a fini de passer l'Apennin qui commence à Narni ; mais la chaîne qui passe entre Narni & Tolentino n'est point aussi rude que celle qui s'étend vers Florence ; les chemins en sont même fort beaux.

MACERATA est sur le sommet d'une montagne, de laquelle on découvre de loin la mer Adriatique. Il y a dans cette ville une premiere porte de briques décorée de pilastres Toscans ; elle est en forme d'arc de triomphe, & fut bâtie par le Cardinal *Pie* dont le buste est en bronze au dessus de l'arcade ; cette porte décore l'entrée de la ville ; mais l'arcade du milieu, & les deux petites portes des côtés sont trop serrées & trop élevées. Macerata.

A deux milles & demi de *Macerata*, on trouve sur le bord du chemin, au sortir d'un pont de bois fort long & fort bas qui est sur la petite riviere de *Potenza*, les ruines de *Recina*, où l'on distingue un théâtre : ce sont de simples matonages ou restes de briques très-informes, & l'on ne peut pas bien juger de ce qu'étoit ce monument par ce qui en reste.

La campagne au sortir de *Macerata* est très-belle, très-riante & bien cultivée; on y trouve beaucoup de mûriers blancs, ainsi que dans toutes les vallées des Appennins.

De *Sanbuchetto* à Lorette, il y a beaucoup à monter & à descendre ; le chemin d'ailleurs est très-beau ; mais en approchant de Lorette & dans tout le territoire, on est accablé de pauvres qui demandent l'aumône, en baisant la terre d'une maniere qui afflige l'humanité.

Loreto. LORETO est une ville très-jolie & bien peuplée, située sur une montagne, à quatre lieues d'Ancone, & à un mille de la mer Adriatique : cette ville n'a rien de plus remarquable que l'Eglise fameuse, où est la *santa Casa* de Notre-Dame.

La place qui est devant l'Eglise n'est qu'à moitié faite ; elle est décorée des ordres Doriques & Corinthiens l'un sur l'autre. Ces ordres décorent aussi les arcades qui regnent dans la partie gauche qui est finie. A l'égard de la partie droite il n'y a pas apparence qu'on la finisse si-tôt : toute son architecture ne vaut rien. L'Eglise est vaste, mais son architecture n'a rien de remarquable : sur les degrés du portail, il y a une figure en bronze de Sixte-Quint assis ; elle est fort mauvaise ; il y a des vertus sur le piedestal.

La porte de l'Eglise est de bronze, avec des bas-reliefs représentant la création du monde, Adam & Eve chassant Caïn qui a tué son frere ; la femme qui tente l'homme; l'un & l'autre condamnés au travail; Caïn chassé par le Pere Eternel : tous ces bas-reliefs sont très-beaux.

A la premiere Chapelle derriere la croisée à droite, on voit une Annonciation du *Baroche*, tableau très-gracieux, semblable à ceux qui sont à *Pesaro* & à la *Madonna degli Angioli* près d'Assise: l'Ange a l'air trop efféminé, & la Vierge semble être offensée de ce qu'il lui dit : ce tableau est très-maniéré ; c'est cependant un des meilleurs de ce Peintre.

A la sixieme Chapelle de la Nef à gauche, un tableau du Vouet représentant une Cene ; il est bien composé, la couleur en est vigoureuse, quoiqu'un peu jaune ; il a de beaux caracteres de têtes &

paroît fait très-librement. Au milieu de cette Eglise est placée la SANTISSIMA CASA bâtie de briques & isolée; elle n'est élevée que jusqu'à une certaine hauteur, telle enfin qu'elle est venue de Jérusalem lorsqu'elle fut apportée miraculeusement par les Anges en 1292, suivant une tradition dont personne ne doute à Lorette ([a]): les dehors de la *santa Casa* sont revêtus de marbre; l'architecture est de *Sansovino*, mais elle est lourde & trop chargée d'ornemens: l'ordre dont cette Chapelle est décorée au dehors est Corinthien; les colonnes sont engagées & cannelées; il y a dans les entre-colonnes deux niches l'une sur l'autre, & différens bas-reliefs. Dans les dix premieres niches sont des statues de Prophettes; dans les secondes niches, dix Sibylles. Les bas-reliefs représentent différentes Histoires de la Vierge: toute cette sculpture est lourde & très médiocre, quoique de l'école de Michel-Ange.

Chambre de la Vierge.

Les murs de la *Santa Casa* ne s'usent point, malgré le concours de Pélerins qui les grattent & qui les baisent conti-

([a]) Misson atribue ce miracle au Pape Boniface VIII, sur lequel il fait à cette occasion une sortie de véritable protestant.

nuellement ; mais le marbre dont elle a été pavée s'use beaucoup, de même que celui d'alentour, à cause de l'usage où sont les Pélerins d'en faire tout le tour à genoux, en se traînant sur le pavé.

Il y a tout autour de cette Chapelle une quantité prodigeuse de lampes d'argent données en présent ; dans le fond est un autel où l'on dit la messe, mais il y a une certaine distance du mur à cet autel, ce qui forme une espece de Sanctuaire où est exposée l'image miraculeuse de la Ste Madone, faite en bois de cedre: on l'apperçoit à la lueur des lampes, au travers de la grande grille qui est sur l'autel.

A l'opposite de cette Madone, & dans la *Santa Casa*, contre le mur il y a un Crucifix, dont on raconte qu'ayant été déplacé trois fois par ordre d'un Pape, il est revenu trois fois à la même place ; à côté est une image de S. Louis, qui est cachée derriere un Ange d'argent : elle a aussi des anecdoctes, comme on le peut voir dans le petit ouvrage qui contient la description de cette Eglise. Le sanctuaire où est la Madone est plein d'*Ex-voto* d'or & d'argent d'un prix immense, la Vierge est couverte

Richesses de cette Eglise.

de pierreries données par les Têtes couronnées, & par différens Seigneurs particuliers ; la couronne de diamants & celle de l'Enfant Jesus sont des vœux offerts par Louis XIII, lorsqu'il demandoit un fils, tout ainsi que l'Eglise du Val-de-Grace à Paris : ces couronnes sont fermées & d'un très-grand prix ; on y voit aussi un grand ange d'argent portant Louis XIV sur un coussin ; la figure de l'enfant est toute d'or, & pese 27 livres, c'étoit le poids juste de Louis XIV lorsqu'il vint au monde, du moins à ce qu'on prétend à Lorette ; une figure à genoux, haute d'environ trois pieds, représente le grand Condé qui remercie la Vierge après être sorti de la Bastille ; elle est entiérement d'argent. Au bas de la figure de la Vierge est la cheminée de sa chambre, dans laquelle il y a un grand tronc. Au-dessus de la cheminée est une tablette d'argent avec les Litanies de la Vierge : dans une armoire où l'on dit qu'étoit la figure de la Madone, lorsqu'elle a été apportée miraculeusement ; on conserve différentes reliques & beaucoup de richesses. Dans une autre armoire est une caisse où l'on conserve la robe de la Ste Vierge, & où les insectes ne ſe mettent point; une taſſe rompue, qui eſt celle où la Vierge buvoit, elle eſt de terre verniſſée & peinte, les morceaux en ſont arrêtés avec du maſtic dans une ſebille de bois; elle répand une odeur très-agréable: on aſſure qu'elle ne s'uſe point, quoiqu'on la frotte continuellement avec des meubles de dévotion; ceux que l'on y fait toucher le plus ſouvent, ſont des chapelets avec la médaille de la Vierge; des ſonnettes pour chaſſer le tonnerre; des couſſinets; du plâtre de la ſainte Caſe; des morceaux du voile de la Ste Vierge, &c. Tout le reſte de cette eſpece de ſanctuaire eſt plein de petits enfans, d'Anges en argent, de lampes d'or, &c. Les murs ſont auſſi couverts de lames d'argent, repréſentant des *Ex-voto*.

L'Egliſe de Lorette eſt deſſervie par 20 Chanoines qui portent la ſoutanne violette, avec le camail pourpre, & 20 Bénéficiers qui forment le bas-chœur; il y a auſſi 20 grands Pénitenciers attachés à cette Collégiale pour abſoudre les Pélerins.

Tréſor.

LE TRÉSOR de Lorette eſt riche à un point qui ne ſe peut comprendre, on en eſt étonné, autant qu'édifié; la liste des principales pieces forme un volume à part ; sept grandes armoires à doubles battans, & 24 petites ne renferment qu'une partie des bijoux en or, en perles, diamans, & autres pierres précieuses que tous les Princes Catholiques y ont accumulés depuis 400 ans.

On y voit entr'autres une Citadelle qui paroît être celle du Havre, donnée par le grand Condé lors de sa délivrance.

Toutes les peintures de la voûte sont du Pomaranci ; elles représentent les Prophetes, les Sibylles, & différens traits de la vie de la Vierge : ces peintures sont médiocres, les figures en sont cependant sveltes, & peintes avec légéreté.

Nativité du Carrache.

Un tableau d'*Annibal Carrache*, représentant la naissance de la Vierge : il est bien composé ; les femmes qui regardent la Vierge qu'on apporte, sont bien en colloque ; les caracteres des têtes en sont très-beaux & bien variés ; les coëffures admirables, & les draperies bien jetées dans de belles intentions : le Peintre a risqué d'habiller de rouge une femme qui est au fond, & qui indique du doigt la Vierge, ce qui ne détruit pas l'effet de son tableau : il est parfaitement desſiné; c'eſt un des mieux coloriés du Carrache & le plus vigoureux; il n'y a cependant pas, en général, aſſez d'intelligence du clair-obſcur.

Un tableau que l'on dit être de Raphaël repréſentant une Vierge, & S. Joſeph à qui l'Enfant Jeſus, couché ſur ſes langes, tend les bras; la Vierge a quelque choſe de faux dans les enſembles de la tête, l'Enfant Jeſus eſt mauvais de corps, le tout eſt peint d'une maniere très-ſeche; ce tableau eſt, ou une copie ou un des ouvrages les plus médiocres de ce maître.

On va voir encore à Lorette, l'arſenal, les caves & l'apothicairerie; l'arſenal eſt peu de choſe, on y conſerve des cuiraſſes anciennes, & d'autres armes priſes ſur les Turcs, il y a environ 200 ans, dans une expédition où ils échouerent; la tradition porte qu'ils devinrent tous aveugles, quand ils vinrent pour piller le tréſor de Lorette.

Les caves ſont belles & ſpacieuſes, il y a environ 140 tonnes très-groſſes, l'une deſquelles donne trois ſortes de vin avec le même robinet.

A l'apothicairerie, on conſerve environ 300 vaſes de fayance, qu'on dit être faits sur les desseins de Raphaël, & de Jules Romain; les plus beaux & les plus grands sont les cinq qui représentent les quatre Evangélistes & S. Paul; il y en a qui représentent des sujets tirés de la Fable & de l'histoire. La composition en est bonne, mais l'exécution mauvaise.

Osimo. OSIMO à trois lieues au nord-ouest de Lorette, est une petite ville de l'Etat Ecclésiastique, dans laquelle je ne connois de remarquable que l'Evêque, Monsignor Pompeo Compagnoni qui a écrit sur l'histoire sacrée, & qui passe pour un Prélat très-savant.

La distance de Lorette à Ancone est de cinq lieues ou 15 milles; savoir, de Loreto à Camurano deux lieues & demie, & autant de Camurano à Ancone; on fait cette route dans une plaine charmante, coupée par le *Musone* & l'*Aspido*. On remarque sur toute cette côte qu'il n'y a pas de chaînes de montagnes, d'où les ruisseaux & les rivieres descendent en plus grande quantité que de la partie orientale de l'Apennin.

CHAPITRE XXI.

Description d'Ancone.

ANCONA est une ville de 20 mille ames, située sur une montagne ; très-gaie & très-commerçante, avec les plus beaux ports de la mer Adriatique ; on en peut juger par cette ancienne phrase, *Unus Petrus est in Roma, una turris in Cremona, unus portus in Ancona*, c'est-à-dire qu'on ne trouve en Italie qu'une Eglise de saint Pierre, une tour comme celle de Crémone, & un port comme celui d'Ancone. Il est aussi un des plus fréquentés ; les Papes ont eu soin d'en maintenir les droits, & de le faire réparer ; on y travaille même encore. On voit avec plaisir sur une des portes de la ville cette profession de bonne foi & d'urbanité, relative à la liberté qu'on y donne à toutes les nations & à toutes les religions en faveur du commerce.

Alma fides, proceres, vestram quæ condidit urbem,
Gaudet in hoc, sociâ vivere pace, loco.

LA CATHEDRALE d'Ancone appellée

sainte Syriaque, n'a rien de singulier; elle est obscure, quoique placée sur une éminence, d'où l'on a le coup d'œil le plus agréable sur la ville & sur la côte. Dans le portique qui est au devant de l'Eglise, on voit deux colonnes remarquables, avec deux gros lions de marbre.

La loge des marchands a une belle façade, & de vastes appartemens, où l'on voit d'assez bonnes statues, entr'autres la Religion, la Foi, l'Espérance, la Charité.

Devant l'Eglise de saint Dominique, on voit une statue en marbre du Pape Corsini, Clément XII. Elle est médiocre & d'un travail lourd; elle peut être très-ressemblante, mais le travail n'en est pas meilleur: il est représenté levant la main, dans une attitude assez indécise, comme s'il alloit donner la bénédiction, ou prêcher.

Dans cette même Eglise de S. Dominique, il y a un tableau qu'on dit être du Titien, (ce qui est douteux;) il représente un Christ, la Vierge affligée, saint Jean & S. Dominique qui embrassent le pied de la Croix: la Vierge a beaucoup d'expression; la tête de S. Dominique est belle, mais le reste ne vaut rien.

A l'Eglise de *san Francesco della Scala*, & dans la Chapelle du fond des bas côtés à droite, est un tableau du *Porcini da Pesaro*, représentant un S. François & un autre Religieux priant dans le désert; ce tableau est bien composé, & les expressions en sont vraies; il est assez bien empâté, mais d'une couleur un peu grise.

Au fond du chœur, il y a une Vierge du Titien, qui tient l'Enfant Jesus debout ; elle est entre deux Religieux de l'Ordre de S. François : la tête de la Vierge est d'une maniere large ; les formes en sont grandes, mais on y trouve plus de vérité que de noblesse ; le tableau est d'ailleurs si mutilé qu'on a peine à en juger.

Santa Palatia, Eglise de Religieux de l'Ordre de S. François : il y a sur le maître-autel un tableau du *Guerchin*, fait lorsqu'il cherchoit la maniere du Guide : il représente sainte Palatie qui encense la Divinité, & un Ange qui lui montre le Ciel, pour lui faire sentir que son offrande est reçue : le tour de la figure de la Sainte est simple & très-bon ; la tête en est gracieuse, mais les mains en sont trop fortes & mal dessinées ; les draperies en sont bien entendues ; l'Ange est svelte ;

ce tableau eſt d'une aſſez bonne couleur; mais les chairs tirent un peu ſur le pourpre. Ancone eſt bâtie de briques, & de la pierre blanche dont nous avons parlé pluſieurs fois, que l'on prend à une lieue de la ville du côté de Lorette. Mais comme cette pierre eſt tendre, & s'éclate à l'air, on fait venir auſſi une pierre de Dalmatie plus dure, qui reſſemble beaucoup au marbre, ſi ce n'eſt qu'elle n'en a pas le brillant (M. Guettard, p. 396).

Arc de Trajan.

Il y a ſur la jetée du port ou à l'entrée du Mole, un arc de triomphe fait d'un beau marbre blanc, que le Sénat fit ériger l'an 112 de Jeſus-Chriſt à l'honneur de Trajan, de Plotine ſa femme & de Martiana ſa ſœur, en reconnoiſſance des améliorations que l'Empereur avoit faites dans le port d'Ancone, à ſes propres dépens: cet arc de triomphe étoit orné d'un grand nombre de ſtatues de bronze, de trophées, d'inſcriptions, enſorte qu'il étoit d'une bien plus grande magnificence qu'il n'eſt actuellement; on y voit encore quelques bas-reliefs, parce qu'étant pris ſur de grands blocs de marbre dont l'ouvrage eſt bâti, on n'a pas pu les déplacer ni les enlever ſi facilement; il paroît que cet arc de triomphe étoit bâti avec plus de solidité que la plupart des autres monumens de cette espece : le marbre dont il est bâti est de l'isle de Paros, & il est joint si exactement, qu'il semble ne faire qu'une seule piece : cet arc est le mieux conservé qu'il y ait en Italie. Il a quatre colonnes Corinthiennes posées sur des piedestaux ; une seule porte en bas, & un attique au-dessus avec une inscription très-bien conservée, & deux têtes sur les clefs de la porte. Il y a beaucoup de simplicité dans cette architecture, dont aucun des membres n'est sculpté ; les profils n'en sont pas excellens ; la proportion générale en est élancée, ainsi que celle de tous les membres ; ce que l'Architecte a fait pour que cet arc ne parût pas écrasé, étant vu du côté de la mer, où est son vrai point de vue.

A quelque distance de cet arc de triomphe, on voit un autre arc moderne de Vanvitelli, décoré d'un ordre Dorique, dont M. Cochin fait l'éloge, quoiqu'il y ait d'autres Artistes qui en fassent peu de cas.

On prend à la descente de cette jetée une barque, & l'on se fait mener au Lazaret, où tous les vaisseaux qui viennent du levant font quarantaine. Ce Lazaret est aussi de l'architecture de Vanvitelli ; il est d'un goût mâle, mais singulier ; son plan est un pentagone. Au milieu de la cour, il y a une Chapelle en briques, qui est comme une lanterne ; elle est très-bien bâtie. Il y a ordinairement beaucoup de Grecs qui font quarantaine ; leurs chambres & les magasins, où l'on met les marchandises, sont bien bâtis & très-commodes.

La citadelle commande la ville & le port, ce qui est nécessaire pour la sûreté d'une place aussi importante dans l'Etat Ecclésiastique ; on y voit peu de vaisseaux remarquables, mais beaucoup de barques légeres ; on y pêche d'excellens poissons, comme du *Calamaro*, du *Rombo* & du *san Pietro*.

On permet à Ancone toutes les Religions en faveur du commerce, mais toujours sans aucun exercice public ; il y a beaucoup de Protestans, & ils n'y sont point inquiétés ; les Juifs mêmes y ont un quartier qui leur est affecté, & une Synagogue qui est un grand bâtiment oblong, toujours éclairé de beaucoup de lampes ; seulement ils sont obligés de porter, dès l'age de dix ans, un chapeau dont la forme est petite, & où il y a un morceau de drap rouge ; asservissement désagréable pour eux, & qu'on n'exige point à Livourne.

Les habitans d'Ancone, & sur-tout les femmes sont d'une plus jolie figure, que dans le reste de l'Italie ; on diroit que c'est une race différente, & cela continue aux environs, comme vers *Sinigaglia*, *Fano*, *Pesaro* & *Rimini* : on fait en Allemagne la même distinction par rapport aux femmes de Leipsic, de Hall, de Dresde, & on l'attribue au grand nombre de jeunes gens qui fréquentent les universités, ou au cortege qui environne la cour ; il pourroit arriver aussi que l'abondance des pélerins & des étrangers qui fréquentent Lorette, Ancone & les environs, contribuât à entretenir la force & la perfection de l'espece, & par conséquent la beauté des enfans qui y naissent ; mais ce seroit une foible indemnité pour la perte des mœurs, qui sont le bien le plus précieux d'une nation, & le gage le plus sûr de sa prospérité.

CHAPITRE XXII.

Route de Sinigaglia, Fano, Pesaro & Rimini.

A DEUX lieues & demie d'Ancone, on passe l'*Esino* près de son embouchure, & l'on arrive au village de *Case brugiate*, qui est à une demi-lieue au delà. Trois lieues plus loin on trouve la ville de *Sinigaglia*; toute cette route se fait sur le bord de la mer.

Sinigaglia. SINIGAGLIA est une ville Episcopale, ancienne, mais petite; bien fortifiée avec un petit port sur lequel il y a de beaux bâtimens pour la commodité de la marine. Cette ville est renommée dans toute l'Italie par la grande foire qui s'y tient en été; le débordement de la riviere qui y arriva le 23 Juillet 1765, fit un grand ravage dans cette foire, & en troubla beaucoup les plaisirs; il y eut beaucoup de marchandises perdues, & de vaisseaux endommagés; on ne se rappelloit pas d'avoir jamais éprouvé une semblable inondation.

Foire célebre.

M. Fagnani qui est à Sinigaglia, passe pour un des grands Géometres qu'il y ait en Italie.

De Sinigaglia jusqu'au passage du *Cesano*, une lieue & demie ; jusqu'à Marotta une lieue ; jusqu'au passage du Metauro deux lieues, & de là jusqu'à FANO une demi-lieue.

LE METAURO que l'on passe près de Fano, à cinq lieues de Sinigaglia, est célebre par la victoire la plus importante, la plus complette & la plus singuliere que les Romains aient jamais remportée ; ce fut 208 ans avant J. C. dans la seconde guerre Punique. Asdrubal venoit de descendre des Alpes, & l'Italie étoit perdue s'il parvenoit à se joindre à son frere Annibal, qui étoit encore en quartier d'hiver dans le Brutium, à l'extrémité méridionale de l'Italie. Le Consul Claudius Nero, après avoir remporté une victoire sur Annibal, laisse une petite partie de ses troupes dans son camp, leur ordonne d'allumer souvent des feux, & de faire tout ce qui étoit nécessaire pour persuader à Annibal que le Consul, avec toute son armée, étoit encore dans le camp ; cependant il part secrétement, il traverse *Metaurum.*

toute l'Italie en six jours, & va se mettre volontairement sous les ordres du Consul Livius son collegue, qui étoit trop foible pour vaincre seul Asdrubal; celui-ci sachant l'arrivée de Claudius Nero, ne doute pas qu'Annibal ne soit perdu, le découragement, la fatigue, la mauvaise situation des lieux étoient contre lui, il fut encore trompé par ses guides; les deux Consuls le surprirent, il fut forcé d'accepter la bataille, il fut tué avec 50 mille hommes de son armée; Claudius Nero repartit sans perdre un seul instant pour retourner contre Annibal, & ayant fait jeter dans le camp ennemi la tête d'Asdrubal, il donna aux Carthaginois la premiere nouvelle du malheur qui venoit de leur arriver. Ce fut alors qu'Annibal prévit le sort inévitable de sa patrie & s'écria: Malheureuse Carthage, qui pourroit résister à la rigueur de tes destins? C'est cette belle expédition de Claudius Nero qu'Horace célébroit dans son Ode à Drusus.

> Quid debeas, ô Roma, Neronibus,
> Testis Metaurum flumen, & Asdrubal
> Devictus, & pulcher fugatis
> Ille dies latio tenebris,
> Qui primus alma risit adorea. L. IV. Od. 4.

FANO est une ville de l'Etat Ecclésiastique, fortifiée, mais d'ailleurs peu considérable; l'Eglise de *San Pietro de Patri Philippini* est richement décorée: son architecture est en pilastres Ioniques cannelés, mais un peu lourde. Les trois tableaux de la voûte de la nef, & les trois de la voûte du sanctuaire sont de Viviani: il y a un peu de couleur, mais ils sont en général très-maniérés & incorrects. Fano.

Au maître-autel J. C. qui remet les clefs à S. Pierre, tableau du Guide, très-froid & gris de couleur. Les deux tableaux des côtés du sanctuaire ne sont pas mauvais; ils sont de *Cantarini*, Vénitien: celui de la droite paroît meilleur que celui de la gauche.

Au second autel de la nef à gauche, un S. Jean du Guerchin, figure roide, dure de dessein & de couleur.

La Bibliotheque est composée de deux chambres où il y a 13 mille volumes: on y montre un tableau représentant Jesus-Christ, la Vierge & S. Jean, mal peint en miniature, mais dont les draperies, les contours des figures, & un lacs d'amour en forme de cadre, sont formés par les quatre Passions écrites en petits caracteres, par Johan Micael Sehwerckardt, en 1676.

Le théâtre de Pesaro est remarquable par son architecture & par son étendue; il a 14 toises de profondeur. Les décorations sont belles & en grand nombre, la perspective en est singuliere; il y a 16 coulisses de chaque côté, sans compter les petites qui forment le fond & la perspective; il y a cinq rangs de 21 loges chacun, & un vaste parterre sans amphithéâtre. Dans les fêtes triomphales qu'on représentoit sur ce théâtre, ou dans les batailles, on y faisoit monter des chevaux par un escalier fort commode pratiqué pour cet effet. Ce théâtre, depuis plus de 40 ans ne sert à rien.

IL DUOMO, ou Eglise cathédrale, a dans la quatrieme Chapelle à droite, quatre tableaux à fresque du Dominicain, représentant l'Annonciation, la Visitation, la Naissance de J. C. & la Circoncision: ils ont tant souffert, qu'à peine les peut-on voir: celui de la Visitation paroît le meilleur, les caracteres de tête de la Vierge & de deux petites femmes qui sont derriere, sont très-jolis & extrêmement gracieux.

A la Chapelle du fond des bas-côtés

à gauche, un tableau du Dominicain, représentant la mane donnée aux Israélites; il est d'une composition confuse, & il a une couleur un peu jaune, mais de grandes beautés de détail.

On voit, en sortant de cette ville, la cascade du port, formée par la chûte de plus de 20 pieds de haut, d'un bras du Métauro qui est resserré dans un canal étroit pour nettoyer le port : il coule avec tant de rapidité, quoique sur un plan incliné, qu'il fait bouillir & écumer les eaux d'un moulin à tabac qui viennent s'y décharger. Le moulin à tabac est placé sur une petite branche du Métauro qui le fait aller, & fait mouvoir 20 foulons pour pulvériser les feuilles, de même que les trémies où l'on passe le tabac.

Les restes de l'arc de triomphe de Constantin se réduisent à une porte de marbre blanc, à côté de laquelle il y en avoit deux petites, & une corniche au-dessus. Il y avoit aussi un édifice dont on voit encore des parties de colonnes, de chambranles & d'arcades qui restent au-dessus de l'arc : le bas de cette porte est du temps d'Auguste, & il est d'un très-bon style : la corniche est belle & — Arc de triomphe.

bien profilée, les membres de l'architrave sont à rebours, c'est-à-dire, que les grandes faces sont en bas. Le haut du monument fut bâti dans un siecle de mauvais goût; on fait voir contre le mur d'une petite Eglise qui est à côté, le dessein de cet arc, tel qu'il étoit autrefois avec les cinq arcades de son second étage qui surmontoient la grande arcade; les deux petites portes qui étoient à côté du premier & son inscription.

En sortant de Fano on passe la riviere appellé *Arzilla*, & à deux lieues & demie plus loin on arrive à Pésaro.

Pesaro. PESARO est une petite ville de l'Etat Ecclésiastique, entourée de murs, & flanquée de bastions. On voit sur la place une grande figure de marbre représentant Urbain VIII assis; elle est très-médiocre.

A l'Eglise de S. Antoine Abbé, un tableau de Paul Véronese, qui est au maître-autel, représente la Vierge & l'Enfant Jesus dans la gloire au milieu d'un concert d'Anges; en bas S. Pierre & S. Paul, Apôtres; S. Antoine & S. Paul premier Hermite: la tête de la Vierge est belle & paroît être un portrait; la composition de ce tableau, & particuliérement celle de la gloire, est confuse & sans repos ; il est en général foible de couleur & peche par l'effet : le S. Paul & le S. Antoine sont cependant bien traités.

A l'Eglise du Nom de Jesus, il y a sur le maître-autel un tableau du Baroche, représentant la Circoncision bien composé, & dont le champ du tableau est fort étendu ; il a assez d'effet, quoique les couleurs en soient tranchantes, & qu'on y voie ces draperies jaunes & bleues que le Baroche employoit partout : la Vierge est très-gracieuse, ainsi que l'acolyte qui tient le cierge : les deux Anges de la gloire sont composés & drapés d'une maniere ridicule ; les mains de la Vierge sont trop fortes.

Dans l'Eglise de S. André, on voit au maître-autel un autre tableau du Baroche représentant la vocation de S. Pierre & de S. André : S. Pierre descend de la barque, & S. André vêtu de jaune est à genoux, le bonnet à la main devant J. C. qui paroît lui dire, Je vous fais pêcheur d'hommes. La figure du Christ est courte & la tête sans caractere : le S. André est bien pensé, & il a assez d'expression ; la tête du S. André est une belle tête de vieillard ; le S. Pierre saute assez lourdement à bas de la Barque ; le racourci n'en est pas beau.

Dans la Cathédrale, on voit à la cinquieme Chapelle à droite, une Annonciation du Baroche, c'est une répétition de celui de Lorette qui est en tout point préférable à celui-ci, les têtes de la Vierge & de l'Ange étant plus belles.

A la seconde Chapelle à gauche, un tableau du Guide : S. Thomas & S. Jérôme méditent sur leurs écrits : J. C. & la Vierge paroissent dans la gloire ; ce tableau est d'une couleur un peu grise : les deux Saints sont beaux & drapés d'une maniere large ; la tête de la Vierge est d'un assez beau caractere ; le bras & la main en sont trop maigres, & l'Enfant Jesus est très-médiocre ; ce tableau a beaucoup noirci. Au haut de ce grand tableau, il y en a un petit représentant un buste du Pere Eternel, mieux conservé, & dont la tête est fort belle.

A l'Eglise de *San Francesco*, à la Chapelle du fond des bas-côtés à droite, un tableau du Baroche représentant *Santa Michellina* de Pesaro, Religieuse Franciscaine, à genoux dans un moment de raviſſement où Dieu lui parle au travers d'une nuée ; la tête de cette Sainte réunit les graces & la beauté ; elle eſt peinte avec des tons fins & très-vrais, mais les plis de ſon habillement ſont trop tourmentés, & s'accordent mal avec le nud ; ils ont des tons qui ſe confondent auſſi trop.

Le pont de Peſaro eſt bâti de la pierre blanche qu'on fait venir de l'Iſtrie, par la mer Adriatique ; elle ſe polit comme le marbre, & elle en a l'éclat ; on en fait des colonnes dont le fût eſt d'une ſeule piece.

Il y a eu beaucoup de gens de Lettres à Peſaro & un cabinet célebre : on connoît un ouvrage précieux intitulé : *Lucernæ fictiles Muſci Paſſerii*, 1739. *Piſauri*, 3 vol. in-folio, publié par l'Acad. de Peſaro. Les perſonnes les plus connues qui y ſoient actuellement ſont, M. Annibal *de gli Abati*, OLIVIERI qui a écrit ſur divers ſujets. Un Architecte célebre, nommé *Lazarini*, connu par des ouvrages ſur ſon art, & M. le Marquis...... qui a fait un ouvrage ſur le flux & le reflux de la mer.

Au ſortir de Peſaro, l'on commence à

s'éloigner de la mer, & l'on suit jusqu'à Rimini une belle route garnie de mûriers blancs.

De Pesaro à Catolica, il y a trois lieues & demie : ce village a été appellé *Catolica*, à cause de la retraite qu'y firent les Evêques Ortodoxes, du temps du Concile de Rimini, sous l'Empereur Constantin. On laisse à droite sur le bord de la mer Fiorenzuola, Capo di Mezzo, le Gabicce, Torre della Catolica ; une lieue au delà de la Catolica on passe la *Conca*.

Arcione est une lieue au delà de la Conca. D'Arcione à S. Lorenzino, il y a aussi une lieue, & on passe l'Amarano en sortant de S. Lorenzino. Delà à Rimini, il y a une lieue & demie.

De Pesaro jusqu'à Rimini, on ne trouve plus de vestiges de la voie Flaminia, si ce n'est quelques pierres qui sont d'un bleu tirant sur le noir, parsemés de points blancs, & qu'on ne peut s'empêcher de regarder comme une sorte de lave (M. Guettard, page 397).

Rimini. RIMINI est une ville ancienne & célebre, aujourd'hui très-petite, située sur le bord de la mer, avec un petit port où il se fait très-peu de commerce ; car il n'y peut aborder, pour ainsi dire, que des barques de pêcheurs.

En entrant à Rimini, on passe sous un arc de triomphe d'Auguste, le plus ancien qui existe : c'est une porte décorée de deux colonnes, sur laquelle est un fronton, ce qui ne se voit point ailleurs. Au-dessus est un reste d'inscription tourné vers la campagne. Cet arc de triomphe, de même que le pont qu'Auguste y fit faire, sont de la pierre blanche des Apennins, qui est semblable à celle d'Istrie, & à laquelle on donne le nom de marbre dans le pays. Le style de ce monument n'est pas le même par-tout : il y a du bon & du singulier : la masse générale, à en juger par l'étendue de l'inscription, devoit être grande & majestueuse ; la porte est extrêmement large ; il n'y a point de larmier à la corniche ; les faces de l'architecture sont à rebours ; un soubassement regne sous la porte & sous les colonnes ; elles n'ont point de plinthe à leurs bases, ainsi que les anciens édifices Grecs. Il y a aux encoignures de l'arc contre les chapiteaux, des colonnes au dessus de l'archivolte, deux médaillons qui renferment deux têtes ; elles semblent être celles de Jupiter & de Junon. Il y a sur la clef une tête de bœuf, qui étoit l'attribut d'Auguste à qui cet arc fut érigé. Du côté de l'intérieur de la ville, on voit les répétitions des deux médaillons & de la tête de bœuf, mais sans inscription. La grande rue conduit de cette porte à une place publique, très-longue & environnée de simples maisons particulieres. Il y a sur cette place un mauvais piedestal élancé sur lequel on prétend que César harangua ses soldats, lorsqu'il passa le Rubicon.

Neuf arcades de briques servant à soutenir une partie des dépendances du Couvent des Capucins, sont les restes de l'amphithéâtre de *Publius Sempronius*, Consul.

Dans l'Oratoire de S. Jérôme, on voit au maître-Autel un S. Jérôme du *Guerchin*, représenté à l'instant où étant occupé à écrire, il entend l'Ange qui sonne de la trompette: il y a de l'enthousiasme dans la composition, mais la figure du Saint est roide & sans noblesse; il a l'air d'un forgeron, l'Ange est mieux: le tout est un peu rouge de couleur.

S. FRANCESCO, Eglise que Sigismond Malatesta fit bâtir en 1450: son portail est décoré de trois arcades de colonnes d'ordre Ionique engagées ; elles sont très-ornées, mais lourdes & de mauvais goût. Sur le côté droit de cette Eglise, il y a sept tombeaux placés au milieu de sept arcs sur le soubassement général de l'Eglise : cette disposition est singuliere, mais très-sépulcrale ; & fait fort bien : tout cet édifice est de marbre.

Sur la place de la *Communità* en face du Palais des Magistrats, il y a une statue de bronze assise sur un piédestal, représentant le Pape Paul V, Borghese ; il tient les clefs de l'Eglise d'une main, & l'autre est dans une attitude de déclamation. Cette figure est d'un travail sec & mesquin.

Auprès de la Cathédrale est la vieille citadelle.

Pont antique.

Le pont S. Julien traverse la riviere de la *Marecchia*, laquelle forme le port, & il tient au mur de la ville du côté de Bologne ; il est de marbre, comme je l'ai dit, & a cinq arches d'égale grandeur, mais dont il n'y en a que quatre qui soient antiques ; car celle qui est du côté de la campagne paroît moderne : il est gravé dans *Palladio*, & c'est un des plus beaux & des mieux conservés de tous ceux qui restent des anciens. Le style en est grand & sublime, les bandeaux des arcs sont fiers : il y a sur les clefs des couronnes & des vases sculptés ; la corniche est admirable & bien mâle ; il y a des niches dont les détails sont grands & très-singuliers ; leur architrave est à rebours. On voit sur ce pont deux grandes inscriptions, bien placées & d'une bonne maniere.

Après avoir passé ce pont, l'on va au fauxbourg de S. Julien, & l'on voit dans l'Eglise de même nom, au maître-autel, un tableau de Paul Véronese, représentant le martyre de ce Saint : la composition en est un peu confuse, & il peche en général par l'effet, la lumiere y étant trop interceptée ; il contient des beautés de détail. La gloire n'est pas assez aérienne, & les draperies des figures y font des courbures trop tranchantes.

Il y a dans cette ville un Médecin célebre, M. *Giovani* BIANCHI, qui a écrit sur l'histoire naturelle & sur divers sujets d'antiquités & de littérature ; il a un cabinet qui contient beaucoup d'antiques dignes de curiosité, & même des pieces remarquables en histoire naturelle, un beau gland de mer, qu'on a cru être un lepas ; une étoile de mer nommée la feuille, &c. C'est lui qui est l'Auteur du Livre intitulé *Jani Planci Ariminensis de Conchiliis minùs notis*, dans lequel il examine aussi la cause du flux & du reflux; & celle de l'éloignement de la mer, qui semble s'être retirée des côtes depuis Venise jusqu'à Tarente; mais il y fait différentes objections contre la théorie du flux & du reflux de la mer auxquelles un Mathématicien pourroit facilement répondre.

M. *Battara* est un autre Naturaliste de Rimini.

M. Serafino *Calindri* est un habile Physicien de la même ville : il m'a dit avoir observé que la plus grande différence des marées, ou l'excès de la haute mer sur la basse mer est à Rimini de deux pieds huit pouces de France ; il a fait beaucoup d'observations intéressantes sur le mouvement des eaux, principalement de l'embouchure des fleuves, & d'autres ouvrages dont il seroit à souhaiter qu'il fît part au public. Marées.

Le port de Rimini n'a jamais été bien bon ; mais il est devenu encore pire depuis deux siecles, & il est sur-tout impraticable depuis une quinzaine d'années, par les atterrissemens de la *Marecchia*; Port de Rimini.

qui amene des montagnes voisines beaucoup de graviers & de galets, *ghiara*. Le P. Boscovich a donné un ouvrage sur ce sujet en 1765; & M. Calindri s'en occupe encore actuellement.

Les filles de Rimini portent les cheveux tressés, avec des fleurs qu'elles mettent sur l'oreille, & qui font très-bien. On y voit beaucoup de femmes qui portent l'écharpe, dont nous avons parlé à l'occasion de Bologne.

CHAPITRE XXIII.

De la République de Saint Marin.

SAN MARINO, ville située dans la Romagne, quatre lieues au sud-est de Rimini; c'est le siege d'une République d'environ 5000 habitans, dont le territoire n'a que deux lieues de diametre, & se réduit presque à la montagne sur laquelle la ville est placée.

Le premier fondateur de cette ville fut S. Marin, qui étoit un Maçon de la Dalmatie. Il travailla pendant 30 ans aux réparations de Rimini, après quoi il se retira sur le sommet de cette montagne pour y vivre en hermite ; les austérités qu'il y pratiquoit, la sainteté de sa vie, les miracles qu'on lui attribua, le rendirent si célebre, qu'une Princesse du pays lui donna la montagne en toute propriété, & qu'une foule de peuple vint y habiter, sous sa conduite ; le Saint y forma une République qui conserva le nom de S. *Marino* : il n'y en a jamais eu dont l'origine ait été aussi respectable ; celle de Rome avoit commencé par un asyle de brigands, celle-ci fut formée par la piété & la Religion. Il n'y en a pas non plus qui ait duré plus long-temps ; car elle compte déja plus de 1300 ans, tandis que tous les Etats de l'Italie ont éprouvé dans cet intervalle une multitude de révolutions. On trouve S. Marin comprise avec les autres villes de la Romagne dans la donation, que Pepin le Bref fit au Pape Etienne III, l'an 755 ; mais il paroît que cela ne changea rien à l'état de cette République. On ne voit rien de remarquable dans l'histoire de S. Marin, si ce n'est une guerre dans laquelle cette République secourut le Pape Pie II contre Malatesta de Rimini, & deux acquisitions qu'elle fit l'an 1100 & l'an 1170 de deux châteaux voisins. Le Pape Pie II lui en donna quatre autres en reconnoissance du secours qu'il en avoit reçu ; ce fut là l'époque la plus florissante de ce petit Etat ; sa domination s'étendoit alors jusques à la moitié de la montagne voisine, mais actuellement elle est réduite à ses anciennes limites. Il n'y a dans tout l'Etat que trois châteaux, trois Couvens & cinq Eglises.

La ville est située sur une montagne haute & escarpée, dont le sommet se cache dans les nues, & où l'on est souvent dans la neige, lors-même qu'il fait chaud dans tous les environs. On dit qu'il n'y a aucune fontaine dans l'Etat de S. Marin ; on reçoit dans des citernes la pluie & la neige qui tombent sur la montagne. Le vin qui croît sur ce rocher est excellent. Les caves y sont d'une fraîcheur admirable ; on y pratique ordinairement des ouvertures qui répondent à l'intérieur du creux de la montagne, & d'où il sort une vapeur qui est si fraîche, qu'à peine peut-on la supporter en été.

Il n'y a qu'un chemin pour y arriver, & il est défendu sous les plus grandes peines de chercher à entrer dans la ville par un autre côté, quoiqu'il n'y ait jamais de guerre ;

guerre, les sujets de la République sont tous aguerris, & on les exerce de très-bonne heure, pour qu'ils soient prêts à prendre les armes au premier signal; & il paroît que ce peuple vendroit cher sa liberté, s'il étoit jamais attaqué.

Le pouvoir souverain réside dans un Conseil général appellé *Arengo*, où chaque maison a un représentant; mais comme ce Conseil général seroit trop nombreux pour les délibérations ordinaires, il y a un Conseil de 40 personnes, appellé cependant le Conseil des 60, qui exerce l'autorité de la République dans les affaires ordinaires. On n'assemble l'Arengo que dans les cas extraordinaires: alors si quelqu'un manquoit à s'y rendre, il seroit condamné à une amende.

Le petit Conseil est tiré moitié des familles Nobles, & moitié des familles Plébéiennes, au contraire, des trois autres Républiques d'Italie qui sont purement aristocratiques: tout s'y regle par scrutin, & le Conseil nomme les Officiers de la République.

Aucun jugement ne passe, à moins qu'il n'y ait les deux tiers des voix; il n'y a jamais dans ce Conseil deux personnes de la même famille; on n'y est point admis avant 25 ans, & l'on n'y entre que par élection.

Le Conseil des 60 choisit tous les six mois deux Officiers appellés *Capitanei*, qui sont à peu près comme étoient les Consuls de Rome; on ne les continue jamais deux fois de suite, mais ils peuvent être élus de nouveau quelque temps après qu'ils sont sortis de charge, & il y en a qui l'ont été six ou sept fois.

Le troisieme Officier de la République est le Commissaire qui juge les causes civiles & criminelles, conjointement avec les Capitaines; il est toujours étranger, & il n'est en place que pendant trois ans.

On a soin de prendre un homme d'une intégrité connue, & qui soit Docteur en Droit.

La quatrieme personne de l'Etat est le Médecin qui doit être aussi un étranger, & qui est entretenu aux frais de la République; il est obligé d'avoir un cheval pour faire ses visites; il doit avoir au moins 35 ans, être Docteur en Médecine, & on le choisit tous les trois ans, de peur que la République n'eût à souffrir trop long-temps par l'erreur d'un mauvais choix.

Le Maître d'Ecole est encore une personne distinguée dans la République, & M. Addisson assure qu'en général on lui avoit paru assez instruit dans ce pays-là.

Les loix de S. Marin forment un volume Latin in-folio, imprimé à Rimini, qui a pour titre : *Statuta illustrissimæ Reipublicæ Sancti Marini*. Dans le Chapitre des Ministres de la République, il est dit que quand elle sera obligé d'envoyer quelqu'un en pays étranger, on lui passera 24 sous par jour aux dépens de l'Etat.

Ce peuple passe pour être vertueux, très-attaché à la Justice ; il est plus heureux, dit M. Addisson, dans les rochers & les neiges de S. Marin, que les autres peuples, dans les vallées fertiles & délicieuses de l'Italie : rien ne prouve mieux les avantages de la liberté, & l'aversion naturelle des hommes pour le gouvernement arbitraire, que de voir cette montagne couverte d'habitans & la campagne de Rome dépeuplée. (*Remarks on several parts of Italy in the years*, 1701, 1702, 1703. *by the late Right honourable Joseph Addisson esq. London 1745).*

CHAPITRE XXIV.

Description de Ravenne.

EN sortant de Rimini on passe la *Marecchia*, & une demi-lieue plus loin on trouve deux chemins qui font un angle d'environ 35 degrés ; celui de la gauche est le chemin de Bologne, par Cesena, Forli, Faenza & Imola ; celui de la droite qui suit les côtes de la mer est le chemin de Venise par Cervia, Ravenni, Comacchio ; il y a 18 lieues de Rimini à Comacchio, & 20 lieues de Comacchio à Venise. Je vais parler d'abord de Ravenne, après quoi je reprendrai la route de Bologne dans le Chapitre XXV.

De Rimini à Bordonchio il y a deux lieues & demie, & l'on passe près de *Torre della Petriera*, une demi-lieue avant Bordonchio.

Une demi-lieue après Bordonchio, on trouve la *Torre di Bellaria*.

Rubicon. A une demi-lieue de cette tour, on

passe le Pisatello, qu'on croit être le *Rubicon*, célebre par la défense que le Sénat avoit fait d'en passer les limites, l'an 50 avant J. C.

> . . . . Ut ventum est parvi Rubiconis ad undas
> Ingens visa duci patriæ trepidantis imago.
>
> *Luc. L. I. v.* 186.

César s'arrêta un moment sur les bords de cette riviere qui servoit de bornes à sa province ; la traverser, c'étoit lever absolument l'étendard de la guerre : le sort de l'Univers fut mis en un instant en balance avec l'ambition de César. Celle-ci l'emporta, César passa, dit Plutarque, semblable à un homme qui s'enveloppe la tête & les yeux pour se cacher la vue de l'abysme où il va se précipiter.

A une lieue & demie du Pisatello, on trouve *Cesenatio*, gros bourg sur le bord de la mer, où il y a un petit port pour les barques, & un canal creusé jusqu'à la mer. De Cesenatio à Cervia il y a deux lieues ; après avoir passé Cervia l'on côtoie une forêt de pins, d'un demi-mille de longueur, & l'on passe le Savio sur un pont de bois ; de Cervia à l'*Osteria del Savio*, deux lieues ; de cette auberge à *Classe*, deux lieues, & de *Classe* à Ravenna, une lieue; on y trouve l'Eglise des Camaldules, appellée S. Apollinaire *in Ciel aureo* ou *de Classe di fuora*: elle fut bâtie par Théodoric ou par l'Empereur Justinien; c'est le seul reste d'une ville qui étoit encore importante du temps de Charlemagne, mais qui n'est plus aujourd'hui qu'un fauxbourg de Ravenne; on y remarque les vestiges d'un ancien port que la mer a abandonné.

S. Apollinaire.

L'Eglise est soutenue par 24 belles colonnes de marbre gris veiné, qui furent apportées de Constantinople; les chapiteaux ne sont d'aucun ordre & ressemblent à des feuilles de chardons; autour de l'Eglise, on voit dix grands tombeaux de marbre, avec des sculptures gothiques; il y a encore une autre Eglise, *in Ciel aureo*, qui mérite d'être vue.

RAVENNE est une ville de 14 mille ames, mais grande, ancienne & célebre, située à 63 lieues au nord de Rome, & 27 lieues au midi de Venise: c'est dans Ravenne que réside le Cardinal Légat de la Romagne, qui est une des grandes Provinces de l'Etat Ecclésiastique.

Strabon nous dit que Ravenne fut

fondée par les Thessaliens, anciens peuples de Grece, qui envoyerent, comme beaucoup d'autres, des colonies sur les côtes de la mer Adriatique, ainsi que sur celles de la mer de Toscane. Les Sabins l'occuperent ensuite, comme le dit Pline en parlant de la huitieme région de l'Italie. Les Gaulois Boïens qui s'étoient anciennement établis sur le Pô, 600 ans avant J. C. du côté de Parme & de Modene, pénétrerent ensuite jusqu'à la mer, & se rendirent maîtres de Ravenne; mais ils furent défaits 225 ans avant J. C. Paul Emile gagna sur eux une bataille où il y eut 40 mille Gaulois de tués: ce fut le salut de la République, car ils marchoient droit à Rome, & ils avoient fait vœu de ne quitter leurs baudriers, que lorsqu'ils seroient sur le Capitole.

Ravenne étoit à l'embouchure d'un vaste port, où l'Empereur Auguste avoit placé les flottes de la mer Adriatique. Les villes de *Cesarea* & de *Classis* qui en étoient tout proches, contribuoient aussi à la sûreté du port & à la richesse de cette côte; mais les atterrissemens qui ont comblé ce port, ont couvert les bâtimens superbes qui y étoient, dont on trouve souvent encore sous terre des vestiges considérables ([a]). Trajan, Tibere, Théodoric s'occuperent à fortifier & à embellir Ravenne. Odoacre, Roi des Hérules, sorti de la Hongrie & de la Prusse, ayant conquis presque toute l'Italie l'an 476, fit d'abord sa résidence à Ravenne; mais il fut pris & tué par Théodoric, Roi des Ostrogots. Ce Prince qui aimoit les Arts & qui les connoissoit, se plut à embellir Ravenne; il fit rebâtir, avec une magnificence royale, les aqueducs construits autrefois par Trajan; & le tombeau que sa fille Amalasonte lui fit élever, est encore un des ornemens de Ravenne.

Sous le regne de Witigès, Bélisaire, général des troupes de Justinien, qui depuis l'an 535, avoit conquis presque toute l'Italie, fit le siege de Ravenne, & y entra sans y commettre aucun désordre en 539. Le Gouverneur, nommé Longin, que l'Empereur Justin II envoya pour commander en Italie & succéder à Narsès en 568, choisit Ravenne plutôt que Rome pour le lieu de sa résidence; il la fit fortifier, pour mieux

([a]) Il n'est pas vrai cependant, comme on l'a souvent écrit, qu'il y ait encore des anneaux de fer dans les murs de Ravenne, je ne sais si on les voit à Classe.

s'opposer aux efforts des Lombards; il prit le nom d'EXARQUE, & donna naissance à l'Exarchat de Ravenne, appellé aussi Décapole, qui comprenoit Ravenne, Classe, Césarée, Cervia, Cesene, Imola, Forlimpopoli, Forli, Faenza, Bologne; la Pentapole qui étoit une province voisine, comprenoit Pesaro, Rimini, Fano, Ancone & Uniena. L'Exarchat de Ravenne finit l'an 773, à l'arrivée de Charlemagne; il donna cette ville au S. Siege, on prétend même que Luitprand, Roi des Lombards en 728, & Pepin l'an 755 en avoient déja fait la donation au Pape.

Exarchat en 568.

Lorsque sous les successeurs de Charlemagne, l'Empire se subdivisa en une foule de Républiques ou de Principautés particulieres, Ravenne jouït aussi de sa liberté. Elle fut soumise ensuite aux Boulonois. Les Traversara, & ensuite les Polenta s'en rendirent maîtres, & les Vénitiens s'en emparerent en 1440; mais la bataille d'Agnadel que Louis XII gagna le 14 Mai 1509, à sept lieues de Milan, procura au Pape la restitution de Ravenne.

Voyez le Livre intitulé *Hieronimi Rubei, Hist. Ravennatum, Libri X. Vene-*

tiis, 1789, *in folio. Tomaso Tomai*, *Girolamo Fabbri*, *memorie sacre di Ravenna*; *Ravenna ricercata*; *Pasolini*, *lustri Ravennati*; *Testo dal Corno*, *Ravenna dominante*.

Ravenne qui dominoit autrefois sur le plus beau port de la mer Adriatique, est actuellement loin de la mer; mais on ne peut avoir aucun doute sur la position de l'ancienne ville, que les monumens encore subsistans, nous indiquent assez; on reconnoît la situation du phare destiné à éclairer la route des vaisseaux, & de la belle porte de marbre ou *porta aurea*, qui fut bâtie par Claude ou par Tibere, & qui a été détruite; on voit aussi les restes de l'ancien palais de Théodoric ([a]).

Ravenne est très-remarquable par la quantité de marbres antiques qu'on y voit, sur-tout du noir & du blanc, foible reste de son ancienne magnificence.

LA CATHÉDRALE est un ancien bâtiment, où l'on voit quatre rangs de belles colonnes de marbre Grec; on y remarque aussi l'ancien *Ambone* actuellement divisé en deux parties, dont l'une sert de

([a]) V. l'ouvrage intitulé: *De gli antichi edifici profani di Ravenna*, *libri due di Antonio Zirardini*, *in Faenza*, 1762, in-12. & *Ravenna ricercata de Fabbri*.

chaire, & l'autre est enchâssée dans le mur; une ancienne chaise d'yvoire; un calendrier Pascal, sur lequel le Cardinal Norris a donné une grande dissertation.

Un beau Guide qui est dans la chapelle Aldobrandini ou dans la croisée à gauche, représentant les Israélites qui ramassent la manne : ce tableau est bien composé; la figure de Moyse est belle, bien drapée, & la tête est aussi pleine d'expression; il y a en général dans ce tableau beaucoup de bonnes têtes, & les caracteres en sont bien variés : il n'est point gris comme beaucoup de tableaux du Guide, la couleur en est même vigoureuse; c'est dommage que les ombres ayent un peu poussé au noir.

Moyse du Guide.

La coupole de cette chapelle est aussi peinte à fresque par le Guide; elle représente Jesus-Christ dans la gloire; on y voit de très-jolis enfans, mais elle n'est pas aussi bien composée que le tableau de l'autel.

L'Archevêché de Ravenne est un des Sieges les plus distingués de l'Italie par l'autorité & le rang, qu'ont eus autrefois ses Archevêques. On voit qu'en 666, l'Archevêque Maur refusoit de reconnoître le Pape Vitalien pour son supérieur, & il traitoit avec lui comme s'il eût été son égal ; il obtint même de l'Empereur un diplôme qui exemptoit pour toujours les Archevêques de Ravenne de la dépendance de tout Supérieur Ecclésiastique, & même de celle du Patriarche de l'ancienne Rome ; mais en 679, l'Archevêque de Ravenne fut obligé de renoncer, en plein Concile, à l'indépendance de son Siege, & en 682, cette soumission fut réitérée. Cependant en 774, l'Archevêque de Ravenne agissoit en Souverain dans tout l'Exarchat, même dans Bologne, jusqu'à ce que Charlemagne eût fait cesser ces divisions intestines. Ce Siege est actuellement occupé par Monsignor *Oddi* de Pérouse.

On remarque près de l'Eglise une tour quarrée de brique penchante qu'on appelle *torre della communita*.

La place de Ravenne, qui est un quarré long, est décorée de deux statues de Papes ; l'une représente Clément XII assis ; cette figure est en marbre, & sculptée par *Pietro Bacci* ; elle est assez bien composée, & les masses de ses draperies sont bonnes ; il y a des vérités dans la tête, qui est un portrait fidélement rendu ; mais les mains ne valent rien. Vis-à-vis est une figure de bronze, représentant Alexandre VII, mais elle ne vaut rien du tout.

SAN VITALE, Eglise de Bénédictins, bâtie vers le sixieme siecle : elle offre encore des restes précieux de l'ancienne magnificence de Ravenne : le plan est des plus singuliers ; c'est une espece d'octogone soutenue par de belles colonnes de marbre grec, qui furent apportées sans doute à Ravenne, sous les Exarques qui étoient des Souverains sortis la plupart de Constantinople, c'est-à-dire, de la source des richesses & des arts. Ces colonnes ont leur base dans un souterrain qui est souvent inondé ; leurs chapitaux ne sont d'aucun ordre, & leurs formes sont extravagantes. L'Eglise est environnée de sept grandes niches, autour desquelles passent les bas côtés, dont les colonnes soutiennent une tribune tournante. On a ajouté le chœur vers l'arcade qui répond à une des niches. S. Vital.

Le baldaquin du grand-autel étoit autrefois soutenu par des colonnes fort singulieres, qui sont encore dans la muraille voisine ; elles semblent être composées de pierres précieuses, quoique d'une matiere naturelle ; c'est une espece de marbre ou de breche remplie de morceaux de porphire, d'albâtre, de serpentine & de plusieurs autres marbres : on le nomme *Plasme* à Ravenne.

Parmi les marbres, les porphires, les mosaïques, les bas-reliefs dont cette Eglise est ornée, & qui en font un monument admirable ; il y a deux bas-reliefs qui ont donné lieu en 1766 à une longue & savante dissertation du P. Belgrado, de Parme ; elle a pour titre *il Trono di Nettuno*. Ces deuxmarbres sont semblables, ils ont chacun quatre pieds de long sur deux pieds quatre pouces de hauteur, & ils paroissent d'un siecle plus reculé, que le bâtiment de S. Vital ; l'élégance de l'architecture, & l'expression des figures annoncent un temps voisin des premiers Empereurs, c'est-à-dire, du siecle des arts & du goût. On y voit un trône couvert d'un voile, avec trois génies, dont l'un porte le trident de Neptune, les deux autres une grande coquille de buccin ; un de ces génies est à droite du trône, les deux autres sont à la gauche ; le trône est un grand fauteuil quarré sans marche-pied. Au-dessous du trône, est un monstre marin qui paroît en avoir la garde, & le trône est couvert d'un voile. Ce voile présente une idée de respect, de mystere & d'élévation ; & on le retrouve dans plusieurs anciens monumens. Le P. Montfauçon a fait graver un lit qui paroît ainsi couvert d'un voile (Suppl. de l'Ant. expliquée, T. 2.) ; nous voyons cet usage très-bien exprimé dans Homere (Iliad. θ. v. 440). Jupiter avoit indiqué l'assemblée de tous les Dieux ; ceux du second ordre étoient déja au lieu de l'assemblée, Neptune avoit devancé Jupiter ; & dès qu'il le voit arriver, il va prendre son char, détele les chevaux, se charge du coussin de Jupiter, le place sur un autel, & le couvre d'un voile fin & précieux ; voilà qui explique très-bien le marbre dont il s'agit. On voit au dessus de l'entablement, des pilastres, plusieurs tridents, des dauphins entrelacés, des coquilles, qui forment les attributs de Neptune.

Dans la Sacristie, un grand tableau du Baroche, ([a]) représentant le martyre de S. Vital ; la composition en est fort embrouillée, & il est d'ailleurs sans effet ; mais il y a beaucoup d'expression dans le juge qui ordonne le supplice : la tête

([a]) Ce Peintre célebre mourut à Urbin en 1612.

d'une nourrice qui est sur le devant, est d'une très-grande beauté; tout le reste du tableau n'est que papillotage.

Dans une cour du Couvent, on voit une Chapelle de S. Nazaire & S. Celse, revêtue de marbre gris de lin, qui fut bâtie par l'Impératrice Galla Placidia, fille de Théodose le Grand, pour servir de sépulture à sa famille: on y voit en effet trois grands tombeaux en marbre, celui de cette Impératrice, ceux des Empereurs Honorius son frere, & Valentinien III son fils; on croit aussi que son mari Constance, associé à l'Empire, y est enterré; elle mourut à Ravenne vers l'an 449. Cette Princesse étoit pleine d'esprit, de courage & de piété; elle essuya beaucoup de contradictions & d'adversités, à l'invasion d'Alaric en 409, & à la minorité de son fils. Le tombeau de l'Impératrice plus grand que les autres, renfermoit le corps de cette Princesse, assis dans un fauteuil, & revêtu des ornemens Impériaux, mais il n'en reste rien, depuis qu'on y a mis le feu, en y voulant introduire une lampe pour en examiner l'intérieur. La voûte est une mauvaise mosaïque, & les tombeaux sont aussi fort laids.

L'apothicairerie de la maison est une

chose curieuse ; on y voit un trémoussoir ou machine d'équitation, composée par un des Religieux, pour donner de l'exercice aux malades, avec une collection de machines, & d'instrumens de toute espece, à l'usage des Chirurgiens & des malades, des pieces d'anatomie en cire, celle sur-tout qui représente un corps en putréfaction, dont on trouvera l'histoire dans M. Grosley (T. 1. p. 325). La description de tous les instrumens s'imprime actuellement à Faenza, & formera un volume in folio avec beaucoup de figures ; la construction, le jeu & l'usage de chaque instrument y seront expliqués en détail : ce sera un ouvrage très-curieux.

Dans l'Eglise de saint André, il y a de belles colonnes de marbre blanc & rouge, qui sont dignes d'attention.

S. ROMOALDO, Eglise de Camaldules : dans la seconde Chapelle à droite, il y a un tableau de Carle Cignani, représentant S. Nicolas avec deux enfans à ses pieds : la tête du Saint est belle, & les enfans sont vigoureusement coloriés ; mais ce tableau est d'ailleurs très-gâté, & a poussé au noir, ce qui fait qu'on n'en peut pas bien juger.

A la troisieme Chapelle, une Annonciation qu'on dit être du Guide, peinte assez vigoureusement, mais dont la composition n'est pas heureuse, non plus que les caracteres de têtes.

Dans le réfectoire des Camaldules, Jesus-Christ au tombeau par *Vasari*, tableau dessiné d'une maniere grande, & où il y a de beaux caracteres de tête. Le Christ est un peu roide, & le tout peche en général par l'effet.

La bibliotheque est assez jolie, de même que l'entrée à double rampe, qui sans être de bon goût, est singuliere.

SANTA MARIA DI PORTO, dans la quatrieme Chapelle à gauche, est un tableau du vieux *Palme*, très-vigoureux de couleur, où il y a des têtes fort belles & bien peintes, mais dont les ombres sont un peu dures; il représente le martyre de saint Marc, qu'on traîne avec des cordes.

Tombeau de Théodoric.

LA ROTONDA ou l'Eglise de Ste Marie de la Rotonde, qui est hors de la ville tout près des murs, est le monument le plus remarquable des environs de Ravenne; il fut érigé à la mémoire de Théodoric, par la célebre Amalasonte sa fille, & niece de Clovis, Roi de France ([a]).

([a]) C'est elle qui fut ensuite étranglé en 534, dans une isle du lac de Boisene, entre Aquapen-

Le monument dont nous parlons, a deux étages, mais l'inférieur est à moitié comblé & rempli d'eau; l'étage supérieur est celui qui est couvert par un immense bloc de pierre d'Istrie qui a environ 34 pieds de diametre, hors d'œuvre, taillé en coupole, terminé par une corniche & des moulures, qui font un exhaussement de neuf pieds dix pouces; M. le Comte de Caylus, qui en parle dans un mémoire sur quelques passages d'Hérodote, trouve que ce bloc de pierre, qu'on transporta de l'Istrie, & qu'on plaça à 40 pieds de hauteur, devoit peser au moins 940 000 livres; cet ouvrage des Goths est le dernier exemple des grands efforts de méchanique employés par les anciens dans tous les genres de taille, de transport & de pose. Audessus de cette coupole, étoit placé le sarcophage de porphire, qui contenoit les cendres de Théodoric; il se voit actuellement dans la muraille du Couvent de S. Apollinaire qui est dans la ville de Ravenne: il a huit pieds de long sur quatre de hauteur, & il a dû servir autrefois dans une salle de bains, comme d'autres

deate & Viterbe, par ordre de Théodat qu'elle avoit fait nommer Roi des Romains & des Goths, peu de temps auparavant.

tombeaux qui sont au Capitole, & comme ceux qui renferment les Reliques de S. Barthélemi & de l'Impératrice Helene. M. Grosley a dit, d'après Léandre Alberti, que les François l'abattirent en 1512, à coups de canons, pour avoir le bronze dont cette urne étoit garnie; mais d'autres disent que ce fut une bombe qui tomba dessus; & la scélératesse que les Italiens nous reprochent à ce sujet, pourroit bien n'être qu'une suite involontaire des malheurs de la guerre. Les statues qui étoient sur le pourtour de ce couronnement ont été enlevées par les Vénitiens, & sont aujourd'hui dans l'Eglise de S. Marc.

Il y avoit encore à Ravenne deux statues de Théodoric, dont l'une étoit une statue équestre en bronze, que Charlemagne fit transporter à Aix la Chapelle. Théodoric fut un Prince dans qui l'on ne vit rien de barbare que le nom; il mérita l'estime & l'attachement des étrangers & de ses sujets; il se rendoit médiateur pour les uns, & ne négligeoit rien de ce qui étoit utile aux autres; il ne savoit pas écrire, mais il avoit pour Chancelier le célebre Cassiodore; il embellit Ravenne, Véronne, Pavie; enfin il

Théodoric.

donna en toute occasion des leçons de cette politesse de mœurs, & de cette douceur qu'il avoit acquise à Constantinople: Nous avons parlé de ses constructions au commencement de ce Chapitre.

On revient de cette Rotonde par une très-belle promenade faite sur les boulevards, qui est plantée d'arbres, & qui tourne tout autour de la ville.

Les Maisons ou Palais les plus remarquables de Ravenne sont ceux des *Rasponi* & des *Spreti*

Ravenne se glorifie d'avoir le tombeau du Dante, tout ainsi que Rome d'avoir les cendres du Tasse; Venise, celle de l'Arétin; Arqua, celles de Pétrarque; Ferrare, celles de l'Arioste; Certaldo, celles de Boccace. Le célebre *Dante Alighieri* étoit né à Florence en 1265, & ce grand Poëte mourut en 1321 à Ravenne, où son zele pour le parti de l'Empereur ou des Gibelins l'avoit fait exiler. Charles de France, Comte de Valois, que le Pape Boniface VIII avoit attiré à Florence, & qui soutenoit le parti des Guelfes, fut le principal auteur de sa disgrace; & voilà pourquoi le Poëte a si mal parlé de l'origine de Robert le Fort, pere du Roi Eudes qui fut la premiere

Tombeau du Dante.

Robert le Fort.

tige de la Maison de France; ce fut ce Prince qui défendit le Royaume avec tant de courage & de succès vers l'an 862; mais les Historiens n'étant pas d'accord sur ses ancêtres, on a fait à ce sujet un grand nombre de systêmes; le plus absurde est celui du Dante. Ce Poëte aussi méchant que corrompu dans ses mœurs, n'en est pas moins un des premiers Auteurs de l'Italie; son Enfer, son Purgatoire, sont remplis d'imagination, & il a été si célebre qu'on lui a donné souvent le surnom de divin, & qu'on avoit établi une chaire pour l'explication de ses ouvrages: nous en avons parlé dans le second volume de cet ouvrage. Son tombeau est à Ravenne dans une petite rue, tout près du cloître des Francifcains.

Cette ville a aussi produit quelques Gens de lettres, l'Académie des *Informi* y a eu de la réputation. V. la lettre de l'Abbé Ginanni *Sulla litteratura Ravennate*, imprimée en 1749. Un des hommes les plus distingués qu'on y ait vus, a été le Comte François Ginanni qui est mort le 8 Mars 1766 à l'âge de 49 ans. Il a donné un ouvrage en 1759 sur la maladie des grains, plusieurs dissertations dans le recueil du P. Calogerà, & 15 planches d'Histoire naturelle, qui contiennent une partie de son cabinet, avec des explications; il a publié le Traité des plantes marines & des testacées du Comte Joseph Ginanni son oncle, &c. Il forma en 1752 une nouvelle Académie, dont l'objet étoit de cultiver & d'éclaircir l'histoire de Ravenne, & tout ce qui y avoit rapport, même l'histoire naturelle du pays. On a imprimé à Cesana, en 1765, le premier volume des dissertations de cette Académie, & l'on y trouve entr'autres un Mémoire du Comte Ginanni, sur le *Scirpus* de Ravenne, espece de plante aquatique. M. Prospero *Ginanni*, Chanoine de Ravenne, son frere, héritier de ses manuscrits, étant lui-même homme de Lettres, ne manquera pas de procurer la publication des ouvrages que la mort l'a empêché de donner.

On cite encore parmi les Gens de Lettres, le P. Isidore Bianchi, Camaldule.

On peut aller par la poste de Ravenne à Venise, en passant à *Magna-vacca*, à *Goro*, à la *Cavanella* & à *Chioza*, où l'on s'embarque pour Venise.

Mais nous ne suivrons pas cette route qui n'a rien de remarquable au-delà de

Cornelius que le Sénat y avoit envoyé. Biondo, (Hist. L. VIII.) dit que Clesi, devenu Roi après la mort d'Alboin, Roi des Lombards, bâtit Imola dans l'endroit où avoit été *Forum Cornelii*, ville ruinée par Antiochus, Capitaine des troupes de Narsès ; il lui donna le nom d'Imola à l'occasion des masures qui étoient sur une petite colline près du fleuve, & il y établit des quartiers pour tenir en respect les habitans de Faenza, de Forli & de Ravenne. Depuis ce temps-là il n'est plus fait mention de cette ville dans l'histoire ; on voit seulement qu'après l'expulsion des Lombards, elle tomba sous la puissance des Boulonois ; Imola eut cependant aussi quelques Seigneurs particuliers, tels que Pierre Pagnano en 1272, Alidosto en 1292, Manfredi en 1446, Sforze en 1472. V. Léandro Alberti & Biondo, Hist. L. XXI. Enfin César de Borgia s'en empara, & elle passa sous la domination de l'Eglise, du temps de Jules II.

Cette ville a produit plusieurs hommes illustres, entr'autres, Jean de Imola, célebre Professeur de Jurisprudence à Bologne ; & Tartagno, son fils qu'on appelloit le Monarque de la Loi.

L'Académie d'Imola qui fut établie en 1656, sous le nom des *Industriosi*, a produit des hommes célebres, sur-tout l'Avocat *Giovambatista Felice* ZAPPI, né en 1667, & mort à Rome en 1719 ([a]).

Voici deux Sonnets fameux en Italie, qui sont l'un & l'autre de lui, le premier est sur le triomphe de Judith.

AL fin col teschio d'atro sangue intriso
Tornò la gran Giuditta; e ognun dicea:
Viva l'Eroe. Nulla di Donna avea,
Fuorchè 'l tessuto inganno, e'l vago viso

Corser le verginelle al lieto avviso;
Chi 'l piè, chil manto di bacciar godea.
La destra no, ch' ognun di lei temea
Per la memoria di quel mostro ucciso.

Cento Proferi alla gran Donna intorno
Andrà, dicean, chiara di te memoria
Finchè 'l sol porti, e ovanque porti il giorno.

Forte ella fu nell' immortal vittoria;
Ma fu più forte allor che fe' ritorno:
Stavasi tutta umile in tanta gloria.

([a]) V. *Rime dell' Avvocato Giovan-Battista Felice Zappi, e di Faustina Marratti sue consorte*, in-12, 1723 & 1731, & *Quadrio della storia e della Ragione d'Ogni Poesia, in Milano* 1741. I. 73. & II. 344.

Ravenne; nous allons reprendre la route de Bologne où nous l'avons laissée en sortant de Rimini, pour aller à Cesena, Forli, Faenza, Imola & Bologne.

CHAPITRE XXV.

Route de Rimini à Bologne.

NOUS avons dit qu'à une demi-lieue de Rimini, l'on trouvoit deux chemins, dont l'un étoit le chemin de Bologne, & c'est celui dont il nous reste à parler; de Rimini à *sancta Giustina*, il y a deux lieues. On passe le Luso à une demi-lieue plus loin. Savignano est un village une à demi-lieue de cette riviere; au sortir de Savignano on passe le *Fiumesino*; & une demi-lieue plus loin, la Rigosa.

A une lieue & demie de la Rigosa, on traverse le Pisatello, qui passe pour être le fleuve célebre du Rubicon, dont nous avons déja parlé; & à une lieue du Pisatello, on arrive à Cesena; ainsi de Rimini à Cesena il y a environ six lieues.

Cesena. CESENA est une petite ville agréable, bâtie aux pieds d'une montagne, elle passe

passe pour avoir été fondée par les Gaulois Sénonois qui vinrent assiéger Rome, 391 ans avant J. C. mais Léandro Alberti convient que l'on ignore son origine. Il en est parlé dans Strabon, L. V. dans Pline au Chapitre de la huitieme région, & dans la guerre des Goths de Procope, L. II & III. Cette ville se soumit aux Boulonois l'an 1256. Elle eut ensuite des Seigneurs particuliers, tels que *Maghinardo da Sasenana*, en 1293, les Ordelaffi & les Malatesti; le dernier fut Malasteta Novello qui la laissa au S. Siege, à qui elle demeura toujours fidele. Alexandre VI la donna à son fils, César de Borgia, après lequel elle revint à l'Eglise.

Les vins de Cesena étoient estimés dès le temps des Romains. (Pline, L. XLIV, Chap. 6.) Cette ville passe encore pour être abondante en productions naturelles; les habitans y sont d'une gaieté qui annonce la pureté du climat: de Cesena à Forlimpopoli, il y a trois lieues; de Forlimpopoli à Forli, une lieue & demie.

FORLI, en Latin *Forum Livii*, tire son origine d'un petit établissement que forma Livius Salinator, après la dé- Forli.

faite d'Asdrubal dans l'endroit appellé Castelluzzo, qui est à une demi-lieue de Forli. Les habitans de cette ville n'ont point dégénéré de la gloire de leurs Fondateurs : ils se distinguerent toujours par les armes, & conserverent long-temps leur liberté ; ils furent soumis ensuite à la République de Bologne, en 1248, puis à différens Seigneurs particuliers, jusqu'au temps de Jules II, qui sût faire valoir les droits du S. Siege par la force des armes, & qui s'empara de Forli en 1513. Cette ville fut la patrie du Poëte Cornelius Gallus, & de Flavio Biondo, célebre historien d'Italie, mort à Rome en 1463. Le célebre Morgagni, Professeur d'Anatomie à Padoue, y est né le 25 Février 1682. De Forli à Faenza, il y a trois lieues.

Faenza. FAENZA, en Latin *Faventia*, est une ville grande & bien bâtie, située dans la Romagne, sur le Lamone, à 11 lieues de Bologne ; Léandro Alberti dit qu'on ignore son origine ; on sait seulement qu'elle est ancienne ; car Tite-Live en parle, (L. LXXXVIII.) La mere de l'Empereur Commode, y étoit née. Silius Italicus parle aussi de cette ville, quand il dit : *Arva coronatum nutrire*

Faventia pinum. Cette ville fut ruinée plusieurs fois. Elle fut soumise long-temps aux Manfredi, à qui le Pape Alexandre VI l'ôta en 1500. Le lin qu'on y cultive étoit très-estimé du temps des Romains, Pline, L. XIX, Chap. 1. Mais dans ces derniers temps la ville de Faenza est devenue célebre par le travail de la terre émaillée, qu'on appelle *Maiolica* en Italie, & que nous appellons la *Faïance* ; un Italien qui étoit venu accompagner en France un Duc de Nevers, ayant apperçu à Nevers une terre argilleuse ou mêlée de glaise & de sable, telle qu'on l'employoit à Faenza, occasionna le premier établissement de Faïance qu'il y ait eu dans le Royaume. Faïance.

De Faenza à Castello Bolognese ; deux lieues ; de Castello Bolognese à Imola, une lieue & demie.

IMOLA, en Latin *Forum Cornelii*, petite ville de la Romagne, située à sept lieues de Bologne, sur les bords du Santerno, dans une plaine riante, qui est le commencement de la plaine immense de Lombardie, dont nous avons déja parlé. Léandro Alberti croit que cette ville fut fondée par les Romains, & qu'elle prit son nom de quelqu'un des Imola.

Le second Sonnet de Zappi est encore plus célebre, mais dans un genre tout différent, ce sont les graces badines & naïves, l'expression tendre, délicate & ingénieuse, qui en font le mérite.

CENTO VEZZOZI pargoletti Amori
Stavano un di, scherzando in riso, e in gioco,
Un di lor comincio: si voli un poco,
Dove? un rispose; ed egli: in volto a Clori,

Disse; e volron tutti al mio bel foco;
Qual nuvol d'Api al piu gentli de' fiori.
Chi 'l crin, chi 'l labbro tumidetto in fuori,
E chi questo si prese; e chi quel loco.

Bel vedere il mio ben d'Amori pieno!
Dui con le faci eran negli occhi, e dui
Sedean con l'arco in sul ciglio sereno

Era tra questi un Amorino, à cui
Mancò la gota, e'l labbro, e cadde inseno
Disse à gli altri: chi sta meglio di nui?

C'est à Imola qu'habite le Comte Camille *Zampieri*, connu par ses Poësies Italiennes & Latines.

D'Imola à Castel S. Pietro, il y a deux lieues; de Castel S. Pietro à la Posta, une lieue; de la Posta à Maggio, une lieue; de Maggio à S. Lazaro, deux lieues; de S. Lazaro à Bologne, une lieue.

CHAPITRE XXVI.

Description de Ferrare.

LA route de Bologne à Ferrare se peut faire, 1°. par un canal de navigation, 2°. par la route de la Poste, 3°. par celle de Cento : voici la route de la Poste, qui est aussi la grande route ; de Bologne à Corticella, une lieue ; de Corticella à Bondanello, une lieue ; de Bondanello à Funo, une demi-lieue ; de Funo à Castello S. Giorgio, une lieue ; de Castello S. Giorgio à S. Pietro in Casale, une lieue & demie ; de S. Pietro in Casale à S. Vincenzo, une lieue ; de S. Vincenzo à Poggio, une lieue ; de Poggio à Ferrara, trois lieues : en tout, il y a de Bologne à Ferrare, 10 lieues.

Quand on est curieux de peintures, on doit aller par *Cento* ; il n'y a que deux lieues de plus ou 36 milles, mais le chemin est souvent impraticable par les inondations. On passe le Rheno à Lapierre qui est un gros bourg, l'on se détourne pour aller à un mille delà voir *Cento*.

CENTO est une ville d'environ 4000 habitans, située à six lieues de Ferrare, où naquit en 1590, le célebre Peintre, Jean-François Barbieri, surnommé *Guercino*, parce qu'il étoit borgne. Le Guerchin aimoit sa patrie, & y habitoit volontiers; en 1616, il y établit une Académie, où les jeunes Peintres venoient de tout pays pour se former; il reçut trois Cardinaux qui passoient à *Cento*, & les fit servir à table par douze de ses éleves les mieux faits & les plus élégans : ce genre de magnificence prouve bien la réputation que ce grand Peintre avoit acquise dès l'âge de 26 ans. Il ne voulut point quitter son pays pour être premier Peintre du Roi de France ni du Roi d'Angleterre; il mourut à Bologne en 1666, comblé de gloire, & avec une fortune considérable; il n'y a aucun Peintre qui ait plus travaillé que le Guerchin & avec plus de facilité : on compte de lui plus de 106 tableaux d'autel, & 150 tableaux d'histoire, sans y comprendre les coupoles, les plafonds, les morceaux peints sur les murs des Eglises, & les petits tableaux de chevalet; il en est resté plusieurs à *Cento* dans différentes Eglises, & ils forment encore toute la réputation de *Cento*,

Le Guerchin.

Je vais les parcourir, en suivant l'ordre naturel des quartiers de cette petite ville.

Le college des Jésuites, pour lequel l'Abbé Piombini a légué tout son bien, qui monte à 15 ou 16 cens livres de rente, fait bâtir une Eglise d'environ 60 pieds de longueur, fort bien décorée, qui coûtera plus de cinquante mille francs. On conserve dans ce college un S. Jérôme & une Vierge du Guerchin; *che allata il bambino*; l'Auteur avoit chargé ses héritiers de ne jamais les vendre ni les laisser copier à personne, sous quelque prétexte que ce fût: le saint Jerôme a un Ange derriere lui sur lequel il répand une ombre, qui est distribuée avec beaucoup d'intelligence. On conserve dans le même college un vieillard du Guerchin, & quelques tableaux de Gennari son cousin, & le compagnon de ses travaux: j'y ai admiré sur-tout Elisée ressuscitant le fils de la Sunamite; la douleur de la mere, la noblesse du Prophete, la figure cadavéreuse de l'enfant, y sont rendues d'une maniere frapante.

Dans l'Eglise du Rosaire, on voit un Christ, un S. Jérôme, un S. Jean-Baptiste, un S. Thomas, du même Maître.

A l'Eglise de Ste Magdeleine, un tableau de cette Sainte; il a été un peu gâté par le scrupule d'un Archevêque de Bologne, qui a voulu faire descendre les cheveux sur la gorge de la trop belle pénitente.

NOME DI DIO, Eglise de Confrairie; on y voit le plus fameux de tous les tableaux de *Cento*, Jesus-Christ ressuscité qui apparoît à sa Mere.

IL DUOMO, Eglise Cathédrale, sous l'invocation de S. Biagio ou S. Blaise; on y voit une transfiguration de Gennaro, & une chaire de S. Pierre du Guerchin, c'est-à-dire, Jesus-Christ consignant les clefs à saint Pierre; celui-ci m'a paru un peu noir: on remarque à main droite un Ange qui forme une épisode dans la composition, mais il sent toujours la maniere de ce grand Maître.

Sous le portique de l'Eglise est un monument ou sépulcre vuide, élevé à la mémoire du Guerchin: *Cenotaphium Jo. Franc. Barbieri vulgo il Guercino da Cento, Pictoris eximii, obiit 24 Dec. 1666.*

A S. Pierre, on conserve un tableau de saint Benoît, & un de saint Pierre-aux-liens, par le Guerchin: à S. Salvadore, un tableau de tous les Saints; aux Servites, saint Charles avec un Ange qui lui présente une rose ; aux Capucins qui sont hors de la ville, les disciples d'Emmaüs, & une madonne où le Peintre avoit, dit-on, rendu le portrait de sa maîtresse.

La ville de Cento dépend pour le temporel, du Légat de Ferrare ; & pour le spirituel, de l'Archevêque de Bologne : le Pape Lambertini s'y plaisoit beaucoup, & il y venoit en villegiature quand il étoit Archevêque de Bologne, aussi l'a-t-il déclarée ville Episcopale en 1755; cependant en laissant cet Evêché uni à l'Archevêché de Bologne. Le Docteur Monforti, Curé de S. Roch travaille à une histoire de *Cento.* La Coutume du pays fut imprimée à Ferrare en 1609, en un Volume in-folio qui a pour titre *Statuta terræ Centi nuper reformata, anno Domini* 1607.

En six heures de temps les voituriers vont de *Cento* à Ferrare dans les beaux temps. On va en partie sur les anciennes digues du Rheno, & en partie dans le lit même où il couloit. Le chemin est mauvais dans cette Province, & souvent, on est une journée entiere à faire une poste, ou plusieurs jours à attendre que les eaux soient retirées.

FERRARE est une ville située à Ferrare.

10 lieues de Bologne & à 20 lieues de Venise, sur une des branches du Pô, à 12 lieues de son embouchure. L'invasion d'Attila en Italie l'an 452, & la ruine de l'ancienne ville d'Aquilée fit remonter le Pô à quelques habitans du Frioul, qui vinrent se mettre en sûreté parmi les marécages & les bois, à l'endroit où est Ferrare actuellement, vers l'an 595. L'Exarque de Ravenne Smaragdus y fit bâtir des murailles ; le Pape Vitalien en 658, lui donna le titre de ville, & y transféra l'Evêché de Voghenza. Ferrare fut comptée parmi les villes de la Romagne à cause de sa fidélité aux Empereurs Romains; elle fut soumise ensuite aux Exarques de Ravenne, aux Rois Lombards, & enfin au saint Siege, soit lorsque Charlemagne donna au Pape l'exarchat de Ravenne, soit au temps de la Comtesse Mathilde en 1077 : le Pape Jean XII la donna à Tedaldo, Marquis d'Est, qui bâtit le château appellé encore *castel Tedaldo*, & qui mourut l'an 1007.

Après la mort d'Alphonse II, que les Papes regardent comme le dernier Duc de la Maison d'Est, Clément VIII fit valoir les prétentions du saint Siege sur la ville de Ferrare : il se mit en campagne avec son neveu Aldobrandini, & il en fit la conquête en 1598, malgré les prétentions d'une branche de la même Maison, qui est celle des Ducs de Modene, reconnue pour légitime par les Empereurs, mais non par les Papes. (V. *Barufaldi*, Hist. de Ferrare. *Prisciano, antichità di Ferrara*).

On trouve dans l'Arioste un brillant éloge de la ville de Ferrare, qu'il met en forme de Prophétie dans la bouche du Pilote qui conduisoit Renaud, pour en venir à l'éloge des deux Hercules, Ducs de Ferrare, qui régnerent au commencement du seizieme siecle.

O città bene aventurosa, disse,
. . . .
Ch'anco la gloria tua salirà tanto
C'havrai di tutta Italia il pregio, e'l vanto.
. . . .
Che v'havria con le gratie e con Cupedo,
Venere stanza, e non più in Cipro, ò in Gnido
E che sarebbe tal per studio, e cura,
Di chi al sapere, & al poter' unita,
La voglia havendo, d'Argini e di mura,
Havria sì ancor la sua città munita,
Che contra tutto il mondo star sicura
Potria, senza chia mar di fuori aita,
E che d'Ercol figlivol, d'Ercol sarebbe,
Padre il Signor, che questo e quel far debbe.

Canto. XLIII. *Ott.* 55. 59.

Cette ville se présente d'une maniere avantageuse : quand on vient de Bologne, en entrant par la porte S. Benoît, on voit la rue S. Benoît qui a près de 1000 toises de longueur, & qui est alignée jusqu'à la porte S. Jean; c'est une partie de la nouvelle ville, bâtie par Hercule, second Duc de Ferrare, qui avoit épousé une fille de Louis XII, célebre par son goût pour les Lettres, & par la protection qu'il accordoit aux Savans. A l'égard de la longueur totale de la ville, on voit par un grand plan nouvellement gravé, qu'elle a 700 perches de Ferrare, ou 1444 toises depuis la porte S. Benoît jusqu'à la porte S. George; la grande rue S. Benoît est traversée à angles droits à l'endroit où est le Palais *Villa*, & celui du Maréchal *Pallavicini*, par une autre rue qui est encore d'une longueur considérable.

La Citadelle qui est à l'occident de la ville, est grande, forte & réguliere, le Pape y entretient 300 hommes de garnison, & un arsenal où il y a 14 mille fusils & beaucoup d'artillerie.

On va voir au Château de belles peintures à fresque dans la salle du Conseil; ce Château des anciens Ducs de

Ferrare, est l'habitation ordinaire du Légat ; mais le Cardinal Marcello Crescenzi, qui étoit Archevêque & Légat tout à la fois, habitoit le Palais Archiépiscopal, qui est plus beau : j'ai vu avec plaisir ce Prélat, qui ayant été autrefois à Paris, parle volontiers de la France, & reçoit les François avec beaucoup de politesse ; je savois d'ailleurs qu'on avoit parlé de lui pour la Papauté, ce qui fait l'éloge de son caractere & de ses mœurs. L'Archevêché vaut 16 mille écus Romains, la Légation en vaut 10, le tout revient a près de 140 mille livres de France.

L'Eglise Cathédrale occupe une partie de la grande place ; elle n'a rien de bien remarquable, que le S. Laurent du Guerchin ; on y voit une inscription à l'honneur de Clément VIII qui conquit Ferrare, & le tombeau de *Lilio Gregorio Giraldi*, célébré par M. de Thou, comme un des plus savans hommes de son siecle ; ce fut sur ses Mémoires & sur ceux de son frere, L. Antonio, que se fit la réformation Grégorienne du Calendrier, en 1582.

Vis-à-vis de la Cathédrale est un ancien Palais où habitoient les Ducs de Ferrare, dans les temps où leur Cour étoit la plus célebre; il appartient à la Reine de Hongrie, comme partie des biens allodiaux qu'elle possede; il y a deux statues à la porte de ce Palais.

Un Lyonnois très-connu & très-estimé, M. Johannot de S. Laurent, en occupe une partie.

Au College des Jésuites, on conserve deux tableaux de l'Espagnolet, S. Stanislas communié par les Anges, & S. François Xavier ressuscitant un mort.

A *Santa Maria in vado*, un tableau de Paul Véronese.

A la Chartreuse, il y a dans l'Eglise une Ascension & un Jugement dernier, de Bastianino Filippi; dans le réfectoire, les Noces de Cana, du Bononi, Peintre de Ferrare; ce tableau est si estimé, qu'on assure qu'on a voulu le couvrir d'or pour le payer, mais les Chartreux n'ont garde de s'en défaire; dans la salle du Chapitre, il y a aussi un S. Bruno du même Bononi; dans le cloître, on voit le tombeau & l'épitaphe d'un Prince, dont la mémoire est chere à Ferrare: *Ossa Borsii Estensis Ferrariæ Ducis I. vi-*

ta functi an. 1471 ; son tombeau a été refait en 1613, & postérieurement encore en 1758.

L'Eglise de S. George est remarquable par le Concile de 1438, que le Pape Eugene IV y assembla, & qui fut ensuite transféré à Florence.

Dans l'Eglise de S. Augustin est le tombeau de *Laura Eustochio*, appellée la *Berettara*, maîtresse d'Alphonse II, dernier Duc de Ferrare, & dont les enfans ont été exclus de la succession par le Pape Clément VIII.

En entrant dans l'Eglise de S. Benoît, la premiere Chapelle à main droite, est celle de S. Jean Baptiste ; on y voit un tableau du Bononi, où Hérodes & Hérodias sont représentés sous les traits du Duc Alphonse & de sa maîtresse. Il y a aussi une sainte famille du Dossi. Cette Eglise de S. Benoît est celle où l'Arioste est enterré ; on lui a élevé un grand mausolé en marbre, à la droite du grand Autel, avec cette épitaphe : *D. O. M. Ludovico Areosto ter illi max. atque ore omnium celeberr. vati. à Carolo V. Cæs. coronato nobilitate generis atque animi claro in reb. pub. administran. in regen. populis, in graviss. ad summ. Pontif. lega-*

Tombeau de l'Arioste.

tionibus prudentiâ consilio, eloquentiâ præstantiss. Ludovicus Areostus pronepos ne quid domesticæ pietati ad tanti viri gloriam cumuland. defuisse videri possit magno patruo cujus ossa hic verè posita sunt P. C. an. Sal. 1612, vixit an. 59. ob. an. 1533. 8. id. Junii.

Notus & Hesperiis jacet hic Areostus & Indis,
Cui musa æternum nomen Hetrusca dedit,
Seu satyram in vitio exacuit, seu comica lusit,
Seu cecinit grandi bella ducesque tuba,
Ter summus vates cui summi in vertice pindi.
Tergeminâ licuit cingere fronde comas.

Dans le vestibule du réfectoire des PP. Bénédictins, on voit un Paradis de *Benedetto da Garafolo*; ce Peintre étoit ami de l'Arioste, & il l'a représenté sur la droite avec une barbe noire, entre Ste Catherine & S. Sébastien; le Poëte lui disoit en plaisantant: Mettez-moi dans ce Paradis-là, parce qu'il n'y a pas apparence que je sois dans l'autre:

Dipingete me in questo Paradiso perche nel altro io non civo.

Dans la maison du Docteur André Barotti, on peut voir un manuscrit des satyres de l'Arioste, & une chaise qui lui appartenoit, de même qu'on a conservé à S. Onuphre de Rome, quelques mauvais meubles du Tasse, comme une espece de Relique.

La mémoire du Tasse fait qu'un étranger va voir l'Hôpital S. Anne, où ce grand Poëte fut enfermé sous prétexte de folie, en 1579. Alphonse, Duc de Ferrare, dont la sœur Eléonor étoit trop liée avec le Tasse, retint pendant sept ans dans cette triste captivité, celui dont il avoit reçu une couronnne immortelle, dans ce beau passage de la Jérusalem délivrée : *Tu magnanimo Alfonso*, &c. La santé de ce Poëte qui acheva de se déranger dans sa prison, lui fit traîner dès-lors une vie triste & languissante, & il mourut en 1595, en arrivant à Rome, où le Pape Clément VIII lui préparoit au Capitole un couronnement & un triomphe solennel.

L'Hôpital dont il s'agit, a été rebâti depuis ce temps-là ; il contient actuellement 125 malades.

C'est dans la maison *Gualengo* à Ferrare, qui appartenoit autrefois aux Guarini que fut représenté pour la premiere fois le *Pastor fido*, Poëme qui jouit encore d'une si grande réputation ; cette maison étoit toute consacrée aux Lettres, comme on le voit sur les pilastres qui en font l'encoignure du côté de la rue S. Benoît; *Herculis & Musarum commercio, ... favete linguis & animis.*

L'Université, *lo studio*, est établie dans le *Palazzo del paradiso*, de même que la bibliotheque publique : cette Université est ancienne, & a eu beaucoup de célébrité : l'académie appellée *degli intrepidi* est réduite, comme la plupart des autres académies d'Italie, à quelques assemblées chaque année, qui se tiennent dans le château.

Le Palais *Bentivoglio* est le même où habitoit le célebre Cardinal de ce nom, dont nous avons un recueil de lettres, que l'on conseille encore de lire comme un modéle dans la langue Italienne; il avoit été Nonce à Paris en 1617, & il paroît dans ses lettres qu'il avoit beaucoup d'inclination pour la France; nous en avons déja parlé, T. III, p. 449.

Il n'y avoit rien de plus célebre en Italie que la Cour de Ferrare vers la fin du seizieme siecle, sur-tout pour la littérature & l'esprit; on en peut juger par les traits que je viens de citer. Il y a même encore actuellement des gens de Lettres à Ferrare; tels sont Jean-André Barotti, connu par des ouvrages de poésie & d'histoire littéraire ; Jerôme Baruffaldi qui a écrit sur les antiquités sacrées ; Vincent Bellini, habile Antiquaire ; l'Abbé Jean-Baptiste Passeri, connu par plusieurs genres d'érudition, actuellement auditeur du Cardinal Légat ; le Marquis, Alfonse Varano, célebre par sa tragédie de Demetrio qui passe pour une des meilleures que l'on ait en Italie : il a fait encore une Sémiramis qui est très-belle.

Madame RICCOBONI, Hélene Balleti qui a brillé à Paris, sur le théâtre Italien, sous le nom de Flaminia, est aussi née à Ferrare: c'est la femme de son fils, qui s'est distinguée d'abord sur le même théâtre & ensuite par des pieces charmantes, & des Romans ingénieux.

Quoique les Ducs de Ferrare aient toujours été de fort petits Souverains à cause du peu d'étendue de leur domination, cependant il y en a eu plusieurs qui ont tenu un rang distingué parmi les Princes d'Italie ; le pays étoit alors très-peuplé, & très-bien cultivé ; le revenu du Prince étoit considérable, & suffisoit pour soutenir une Cour brillante : depuis que ce pays fait partie de l'état Ecclésiastique, il a été négligé, le Pape n'en retire rien, le pays se dépeuple ; de cent mille habitans qu'il y avoit à Ferrare, on n'en compte plus que 33, encore faut-il y comprendre trois mille Juifs. Les eaux se sont débordées, les canaux sont engorgés, & le peu d'habitans ne suffisant plus pour ces travaux, l'air y est devenu mal sain ([a]).

Il en est de même du Polesino qui est un des bons cantons de l'Italie; la partie de cette Province qui est possédée par les Vénitiens, est très-bien peuplée, bien cultivée. Aussi-tôt qu'on a passé à Lagoscuro, le bras du Pô qui sépare la partie du Polesino appartenante à la République, de celle qui appartient au Pape, on trouve une diminution frapante dans la culture & la population ; les villages y sont déserts, & les campagnes en friche ; les Souverains n'ont pas assez de temps pour travailler efficacement au bien de leurs pays.

([a]) Voyez le beau discours sur la Nature, où M. de Buffon fait voir combien les hommes contribuent à la salubrité de l'air, & à la fécondité de la Nature.

CHAPITRE XXVII.

Des travaux faits pour l'écoulement des eaux, entre Bologne & Ferrare.

On ne peut voyager dans cette partie de l'Italie, sans entendre parler à tout instant des débordemens du Pô, des marécages de Bologne, de Ferrare & de la Romagne, des remedes qu'on se propose d'y apporter, & sans s'intéresser aux travaux qu'exige une telle calamité.

De Bologne il y a 16 lieues vers l'orient jusqu'à Ravenne, & 10 lieues vers le nord jusqu'à Ferrare; toute cette surface de 160 lieues quarrées, est presque toute désolée par les eaux; mais les intérêts divers des pays voisins, ont été cause que l'on a disputé pendant un siecle sur la maniere d'y remédier, tandis que la dépense & les difficultés de l'entreprise contribuoient à éloigner l'exécution.

Le Pô, qui de tous les temps a été redoutable par ses débordemens & ses ravages, passoit avant le douzieme siecle, près de Ferrare du côté du midi : il se forma vers 1155, un nouveau lit au nord de Ferrare, dès-lors la branche droite s'appauvrit peu-à-peu, & devint continuellement plus petite. Les habitans de Ferrare craignirent vers l'an 1600, que le Panaro & le Reno continuant de couler par l'ancien lit, appellé *Po di primaro*, & d'y former des attérissemens, il n'en résultât des inondations dans le Polesino de S. George & dans les vallées de Comacchio : ils recoururent au Pape & demanderent que le Reno fût détourné pour ne plus entrer dans le Pô de Ferrare ; à l'égard du Panaro, il s'étoit déja fait une route pour se réunir aux eaux du Pô, dans un lit abandonné, qui étoit entre le Bondeno & la Stellata. Le Pape voulut favoriser ses nouveaux sujets, qui de leur côté, pour rendre leur demande plus favorable, paroissoient vouloir entreprendre l'excavation générale de l'ancien lit du Pô, & procurer le retour des eaux ; il falloit pour cela que tous les fleuves d'eau trouble, depuis le Reno jusqu'à la mer, qui tomboient dans le Pô de Ferrare & dans la branche du Primaro, fussent détournés & se répandissent pour quelque temps

dans

dans les vallées. Le Pape par un Bref du 12 Août 1604, l'ordonna ainsi par *interim*, pour faciliter les travaux projettés, qui cependant étoient visiblement au-dessus des forces de l'Etat de de Ferrare, & qui d'ailleurs avec le temps seroient devenus inutiles.

Le Reno fut d'abord conduit dans les vallées de *santa Martina*; mais comme il y avoit peu de fond, elles furent bientôt comblées; quand les Ferrarois virent que ce terrein étoit devenu susceptible de bonification, ils firent tous leurs efforts pour écarter de leur territoire les eaux du Reno; les Bolonois furent forcés d'élever de plus en plus les digues, mais les accidens & les ruptures qui arrivoient de temps à autres, rendoient les travaux inutiles; le Reno continua de se répandre dans les vallées, & de submerger le terrein, sans qu'on ait pu y apporter de remede.

La derniere rupture, arrivée en 1740, s'appelle *Rotta Pansilia*; c'est par elle que sortent actuellement toutes les eaux qui se rendent ensuite dans les vallées de Poggio & de Malalbergo; à l'égard des autres fleuves qui furent aussi détournés du Primaro, en 1604, comme le Santerno & le Senio, ils y rentrerent quelques années après; & le Lamone qui tomboit dans le Primaro fut conduit directement à la mer.

Les Bolonois comprirent les suites funestes du bref de Clément VIII. Ils se plaignirent vivement de l'injustice qu'on leur faisoit: pour les calmer, on ordonna en 1605 une visite, à la suite de laquelle il fut décidé que le Reno seroit mené dans le Pô de Lombardie; mais cette décision n'eut aucune suite, non plus que les Brefs de Grégoire XV & d'Urbain VIII qui l'ordonnerent également, & depuis long-temps les Bolonois n'osent plus espérer ce remede.

Cependant on n'a point cessé de faire depuis ce temps-là des visites, des projets & des mémoires.

Le célebre Benoît Castelli fut choisi pour la visite des eaux de Bologne & de Ferrare, faite sous Urbain VIII en 1625; M. Cassini assista à une autre visite faite sous Alexandre VII en 1658. Il y en eut une des Cardinaux d'Adda & Barberino, assistés par Guglielmini en 1693, c'est la plus célebre de toutes; lorsque l'avis des Cardinaux eut été dressé, le Pape Innocent XII voulut encore avoir celui de M. Cassini, qui étoit alors établi en France, mais qui se transporta en Italie en 1695, pour examiner l'état des lieux : son avis fut encore de rétablir le Reno dans le Pô de Lombardie ; mais on tint ce résultat caché, & il n'eut point d'exécution.

Le remede le plus complet & le plus juste de tous, seroit véritablement de faire rentrer le Reno dans le Pô, au-dessus de Ferrare. Les Bolonois insistoient encore à la fin du dernier siecle sur ce moyen, sans vouloir s'en départir ; mais les oppositions des Vénitiens & de la ville de Ferrare ont été si fortes, qu'on y a, pour ainsi dire, renoncé : lorsque le Prince Lobkovitz, à la tête de son armée, offrit aux Bolonois de faire exécuter ce projet par ses troupes, moyennant une somme de 4 à 5 cent milles livres, ils n'oserent l'accepter, de peur qu'une autre voie de fait ne vînt ensuite rendre cette dépense inutile.

Le Pape Benoît XIV qui desiroit beaucoup de soulager sa patrie, fit faire un canal qu'on appelle *Cavo Benedettino*, pour recevoir les eaux de l'Idice, que les Ducs de Ferrare avoient détourné du Primaro dans le seizieme siecle, en le conduisant dans les vallées de Marmorta, & qui depuis 1731 se répandoit dans les campagnes, & inondoit les vallées de Dugliolo. Benoît XIV espéroit de réunir dans le même canal toutes les eaux du Reno de la Savena, & de les conduire par le Primaro jusqu'à la mer, malgré l'opposition des Ferrarois. C'est ce qu'on appelle la ligne du Primaro ; ce canal coûta plus d'un million, mais il n'eut pas tout le succès qu'on en espéroit ; l'Idice dont la pente étoit très-forte, & les eaux très-limoneuses, combla une partie du Cavo Benedettino ; le Reno s'ouvrit une autre route, & le Pape Benoît XIV fut découragé ; je crois cependant que c'est le parti auquel on revient actuellement.

Ligne du Primaro.

Les habitans de Ferrare qui se sont toujours opposés à l'introduction du Reno dans le Pô, ont proposé en divers temps jusqu'à sept routes ou sept lignes différentes pour le desséchement ; je les ai toutes tracées sur la carte qui est à la fin de ce Volume ; j'y ai tracé aussi la ligne supérieure qui devoit être préférée à toutes les autres, selon l'avis de plusieurs Mathématiciens, & spécialement du P. Jacquier & du P. le Sueur, qui avoient donné un grand Mémoire là-dessus.

Le P. Ximenez, Jésuite, également habile & célebre en matiere d'hydraulique, a fait plusieurs Mémoires sur cette matiere : son avis est que toutes les lignes proposées pour la conduite des eaux, sont fondées sur des principes douteux, ou décidément faux, & qu'elles pourroient rendre la situation du pays pire qu'elle n'est actuellement ; il juge que la dépense de la ligne supérieure iroit à plus de quatre millions de *scudi*, ce qui en rendroit l'exécution impossible ; mais il pense qu'on pourroit laisser le Reno tel qu'il est, & faire tomber les eaux du Bolonois dans le Primaro ou par le *Cavo Benedetino*, ou par un autre canal qui aboutiroit également au Primaro ; les fleuves troubles & limoneux du Bolonois & de la la Romagne serviroient à combler les vallons & les marécages voisins, & les eaux clarifiées se rendroient dans le Primaro.

Mais un remede encore plus sûr, suivant le P. Ximenez, seroit de conduire toutes ces eaux dans les vallées de *Comacchio* qui sont au nord de Ravenne, & qui communiquent à la mer ; la dépense n'iroit pas, selon lui, à 100 mille écus Romains.

Vallées de Comacchio.

Le P. Hippolyte *Sivieri*, Jésuite, le plus habile Ingénieur de Ferrare, voudroit aussi que l'on fît déboucher toutes les eaux par les vallées de Comacchio, en tirant une ligne depuis Argenta jusqu'à la mer, vers l'embouchure du Primaro, au travers de ces marais : il m'a assuré qu'avec un million de *Scudi*, on acquerroit un espace de terrein qui a huit lieues de long sur une de large au moins, tandis que la ligne supérieure coûteroit, selon lui, 20 millions : d'ailleurs il est persuadé que 18 torrens & 45 ruisseaux, dont les directions & la qualité des eaux sont très-différentes, ne pourront se réunir & se contenir, pour aller ensemble dans un même lit ; il assure que le Reno qui a des eaux claires avec peu de pente, & l'Idice qui a des eaux troublées avec une pente extraordinaire de près de cinq pieds & demi sur mille toises, n'ont pu s'allier ensemble dans le Cavo Benedettino, à plus forte raison tous les autres.

Mais il y a dans le projet de Comacchio un obstacle invincible ; c'est le grand intérêt de la *Camera*, à ne pas se priver d'un revenu considérable que produit la pêche de ces vallées. Ce revenu monte à plus de 150000 livres de France. Ces vallées sont d'immenses marécages, terminées par des étangs qui ont trois issues dans la mer ; on les ouvre le deux Février ; le poisson y vient frayer en abondance, & on les ferme au mois de Mars pour le retenir. Dans les mois de Septembre, d'Octobre & de Novembre, lorsque la lune commence à éclairer la nuit, que le vent vient de terre, & que la fraîcheur de la mer détermine le poisson à y aller : on ouvre les issues, & l'on y place de grandes claies de roseaux faites en forme de prismes : tout le poisson s'y rend, & l'on fait une pêche immense en peu de temps. Aussi la Cour de Rome ne permet-elle pas elle-même que l'on ouvre des avis qui tendroient à dessécher le pays aux dépens des vallées de Comacchio. J'ai ouï dire d'ailleurs au P. Boscovich qui est un excellent juge dans ces matieres, que ce remede ne dureroit pas longtemps, & que les canaux seroient bientôt remplis par les dépôts bourbeux & limoneux des torrens, qu'on seroit obligé d'y conduire ; ainsi la ligne supérieure paroît la plus certaine, mais elle est extrêmement coûteuse ; la route des vallées de Comacchio ôteroit à la Cour de Rome un revenu trop considérable ; le rétablissement du Reno dans le Pô ne convient ni à Venise ni à Ferrare, ni aux autres pays intéressés ; les autres moyens proposés sont peu certains, tel est le sommaire des difficultés qui ont retenu long-temps sous les eaux cette belle partie de l'Italie.

Enfin la Congrégation des eaux décida au mois de Mars 1765, qu'on n'exécuteroit aucune des lignes proposées, & qu'on feroit encore examiner les choses par des Experts tirés des pays où il n'y auroit aucune relation d'intérêt qui pût les rendre suspects : on choisit le P. Lecchi, de Milan, M. Temanza, de Venise, & M. Veracci, de Florence, qui firent une nouvelle visite au mois de Novembre 1766 ; je ne sais pas le détail de leur avis, mais je sais que le P. Lecchi ayant été mis à la tête de l'exécution des travaux qu'il avoit proposés, il y a eu 2400 travailleurs pendant l'été de 1767 ; on continuera de même dans cette année 1768, & l'on compte remédier presque entiérement aux malheurs de cette inondation. Le P. Lecchi va publier un ouvrage sur cette matiere ; il m'a mandé seulement que la substance de son projet étoit la *Linea de' Primaro*, que j'ai indiquée ci-dessus.

CHAPITRE XXVIII.

Route de Ferrare à Venise.

On va quelquefois par terre de Ferrare à Padoue; on passe le Rheno au pont de Lagooscuro, ensuite le Pô, enfin l'Adige; mais sur l'Etat de Venise, les postes sont fort cheres, les deux chevaux d'une chaise coûtent plus de huit livres de France par poste, si ce n'est pour les Nobles Vénitiens qui payent un tiers de moins; car ils ont toutes sortes de privileges dans l'Etat. Si l'on oublie de prendre un billet de poste avant que de partir, on paie encore bien davantage.

Lorsqu'on veut aller à Venise par eau, l'on s'embarque à Ferrare sur le *Canale Pamfilio*, & l'on arrive en une heure & demie à *Ponte di lago Euro* où l'on débarque pour monter sur les barques du Pô, qui portent les voyageurs jusqu'à la *Cavanella* à 40 milles de Ferrare & à 50 de Venise; il n'y a rien de si beau que la vue du Pô, tant par sa grande étendue que par les canaux qui y aboutissent, les sites qui l'environnent & les barques dont il est couvert; elles vont à la voile & sont presque toutes en bec de corbin; mais aussi c'est un fleuve terrible, dont les débordemens sont si dangéreux, que dans toutes les provinces où il passe, on a sans cesse les yeux ouverts sur l'état de ses eaux; les cailloux, le sable & le limon épais qu'il charrie & qu'il dépose continuellement, l'auroient fait changer de lit, & parcourir successivement toute la largeur de la plaine, si l'on n'avoit pris le parti fort anciennement de le resserrer entre des digues; mais ce parti a entraîné d'autres inconvéniens; le lit qu'on lui avoit formé entre les digues, se remplissant peu à peu, il a fallu élever sans cesse les digues, elles sont si hautes actuellement, qu'en certains endroits le lit du Pô est de 30 pieds au-dessus du niveau de la campagne; l'inondation du commencement de Novembre 1755, obligea encore à élever de quelques pouces toutes les digues du Ferrarois.

Ainsi le Pô est comme un aqueduc immense qui domine & qui menace continuellement les villages & les campagnes d'une terrible inondation ; aussi prend-on des précautions extrêmes pour prévenir ce danger. Dès qu'il est à 3 pieds 8 pouces au-dessus du niveau ordinaire des moyennes eaux, on le met *in guardia*, c'est-à-dire, qu'on assemble des habitans pour garder les chaussées nuit & jour, les visiter & remédier au moindre danger : quelquefois on est obligé de le mettre en garde deux ou trois fois l'année ; quelquefois aussi il se passe deux ou trois ans sans qu'on l'y mette, cela dépend des pluies & des neiges qui viennent de toutes les montagnes du Piémont & de la Lombardie.

Le Pô en garde.

Les gardes s'établissent en vertu d'une commission du Cardinal Légat, qui ordonne à tous les Gouverneurs, Podestats, Juges, Capitaines de Milices à pied & à cheval, & à tous autres, quelque privilégiés qu'ils puissent être, sous peine d'encourir son indignation, d'obéir au porteur de la commission, comme député de M. le Juge des Sages, & de MM. de la Congrégation des Travailleurs, pour présider à la garde du Pô, dans une certaine étendue ; les Procureurs des Maisons Religieuses & les Particuliers intéressés à la conservation des héritages voisins du Pô, sont ordinairement chargés de ces sortes de commissions.

A la fin d'Octobre 1765, j'ai été témoin d'une crue d'eau qui étoit de cinq pieds au-dessus du terme ordinaire de la garde, & de 11 pouces seulement au-dessous de la crue extraordinaire de 1755; il y avoit alors 3000 personnes dans le Ferrarois, occupées à garder nuit & jour les *Argini*, ou les chaussées, dans des cabannes établies sur les digues du Pô, à droite & à gauche, à des distances de 100 ou 120 toises; il y a trois personnes dans chacune, avec des feux, munies de tous les instrumens nécessaires pour porter de la terre, enfoncer des pieux, reboucher des ouvertures. Des soldats font la ronde pour examiner si personne n'abandonne son poste, & pour empêcher qu'aucune barque ne navigue sur le Pô pendant la nuit, & ne vienne heurter les digues. J'étois avec le courier de Venise, qui a seul droit de naviguer la nuit, & nous faisions route sur le Pô le premier jour où il étoit en garde; on nous cria d'amener, les matelots répondirent, c'est le le Courier, mais ils ne pouvoient se faire entendre, nous fûmes bientôt salués de plusieurs coups de fusils, qui ne firent mal à personne, mais qui obligerent les mariniers d'aborder vers le Capitaine de la Garde pour lui montrer leurs papiers, & y attendre qu'on eût envoyé l'ordre de nous laisser passer à tous les autres Corps-de-Garde.

Les crûes du Pô sont longues, le danger & la garde durent quelquefois quinze jours, parce qu'il a peu de pente dans son lit; on estime cette pente d'un sur 6000, ou un pied sur mille toises, de même que pour la Seine; cependant les eaux du Pô sont plus épaisses & plus troubles; mais la grande quantité d'eau fait qu'il a besoin de moins de pente.

Quand les chaussées d'un fleuve ordinaire viennent par malheur à se rompre en quelqu'endroit, on rebouche promptement l'ouverture, *si ripiglia la rotta*, mais dans un fleuve tel que le Pô, cela seroit probablement sans remede, puisque dans le Reno, qui est beaucoup moindre, on n'a pas pu rétablir la *Rotta Pamfili*, qui avoit été brisée.

De la Cavanella, dans laquelle on entre en quittant le Pô, on va dans un canal à *Laureo*, gros village qui est cinq milles plus loin ; on va ensuite à la *Cavanella del Adige*, qui est trois milles au-delà ; en faisant deux milles sur le fleuve même de l'Adige ; sept milles plus loin on trouve le *Porte di Brondolo*, ce sont des écluses par lesquelles on entre dans les lagunes, c'est-à-dire, dans cette espece de lac, dont les eaux basses & tranquilles ne communiquent pas assez à la pleine mer pour en éprouver les agitations.

Le ciel de ce pays est le plus beau du monde, d'un bleu tendre avec des nuages d'un gris léger, vaporeux & argentin qui se marie admirablement avec le verd de la mer qui est un peu céladon.

En entrant dans les lagunes, les Commis de la Douane de Venise font leur premiere visite, ils emportent eux-mêmes à Venise les choses qui sont sujetes à des droits ; quand on n'est pas avec le Courier, on est exposé à plusieurs visites de la part des Commis qui ont différens départemens, & cela est fort incommode pour les voyageurs.

Chioza. En moins d'une heure on va de Brondolo à Chioza, ville assez agréable, située dans les lagunes à 25 milles de

Venise ; l'Eglise Cathédrale en est belle, les rues larges avec des portiques commodes ; delà on découvre les Alpes du côté de Padoue, & l'on entre dans les lagunes, en suivant le *Lido di Palestrina* ; c'est une langue de terre qui sépare les lagunes d'avec la pleine mer, garnie d'un très-long & très-gros mur en pierre d'Istrie, qui défend le canal contre la mer ; ce mur s'étend presque jusqu'à Palestrine, & l'on se propose de le continuer dans l'espace de sept à huit lieues. A six milles de Chioza, on trouve Palestrine, gros village sur le bord de la mer, dont tout le rivage sur une longueur de près de sept milles, est garni de maisons qui font un effet très-agréable. On voit ensuite *Malamocco*, dont le rivage est également peuplé ; cette ville est à cinq milles de Venise, & quand on y est, on commence à distinguer le clocher de S. Marc, & les principales tours de Venise ; mais lorsqu'on est vers *San Spirito*, Couvent des Cordeliers à trois milles de Venise, ou à S. Clemente qui en est un peu plus près, on commence à jouir du spectacle frappant de cette belle ville, dont la situation & la Malamocco.

magnificence étonnent toujours ceux même qui sont le plus en garde contre l'admiration. C'est par le canal de la *Giudeca*, & en face de la place S. Marc que l'on arrive à Venise, & l'on entre dans le grand canal qui fait encore un des plus beaux points de vue qu'il y ait dans l'Univers.

Fin du Tome septieme.

TABLE DES CHAPITRES

Contenus dans ce Volume.

CHAPITRE I. *Description du Pausilipe & de la route de Pouzol.* P. 1.

CH. II. *Description de Pouzol & de Baies.* 33

CH. III. *Description de Monte nuovo, du lac d'Averne & de la Grotte de la Sibylle.* 57

CH. IV. *Du Château Royal de Portici.* 76

CH. V. *Des découvertes faites à Herculanum.* 88

CH. VI. *Description du Cabinet de Portici.* 110

CH. VII. *Des Peintures antiques d'Herculanum.* 133

CH. VIII. *Du Mont Vésuve.* 153

CH. IX. *De la nature des laves du Mont Vésuve.* 182

CH. X. *Des ruines de Pompeii, de Stabia & de Pæstum.* 207
CH. XI. *Description du Château & de l'Aqueduc de Caserte.* 219
CH. XII. *Route de Naples à Rome par l'Abbaye du Mont Cassin.* 238
CH. XIII. *Route de Rome à Spolette, par Citta Castellana & Terni.* 269
CH. XIV. *Description de Spolette & de Foligno.* 288
CH. XV. *Description d'Assise.* 298
CH. XVI. *Description de Pérouse.* 310
CH. XVII. *Description de Cortone.* 335
CH. XVIII. *Description d'Arezzo.* 357
CH. XIX. *Des environs d'Arezzo, & du Val d'Arno qui conduit à Florence.* 367
CH. XX. *Route de Foligno à Lorette, & description de cette derniere ville.* 372
CH. XXI. *Description d'Ancone.* 383
CH. XXII. *Route de Sinigaglia, Fano, Pesaro & Rimini.* 390
CH. XXIII. *De la République de S. Marin.* 406
CH. XXIV. *Description de Ravenne.* 412
CH. XXV. *Route de Rimini à Bologne.* 432

CH. XXVI. *Description de Ferrare.* 439

CH. XXVII. *Des travaux faits pour l'écoulement des eaux, entre Bologne & Ferrare.* 455

CH. XXVIII. *Route de Ferrare à Venise.* 465

Fin de la Table des Chapitres.

www.ingramcontent.com/pod-product-compliance
Lightning Source LLC
LaVergne TN
LVHW010830120826
845149LV00016B/218

* 9 7 8 2 0 1 2 7 7 7 4 7 7 *